Marion M. Oliner

# Psychische Realität
# im Kontext

Reflexionen über Trauma, Psychoanalyse
und die persönliche Geschichte

Aus dem Amerikanischen übersetzt
von Elisabeth Vorspohl

Brandes & Apsel

Deutsche Originalausgabe des 2012 bei Karnac Books Limited erschienenen Werkes: *Psychic Reality in Context. Perspectives on Psychoanalysis, Personal History, and Trauma.*
Copyright © 2012 Marion M. Oliner and The International Psychoanalytical Association.

Der Brandes & Apsel Verlag bedankt sich für die Finanzierung der Übersetzung bei der Sigmund-Freud-Stiftung.

 **SIGMUND FREUD STIFTUNG**
ZUR FÖRDERUNG DER PSYCHOANALYSE e.V.

1. Auflage 2015
© der deutschen Ausgabe: Brandes & Apsel Verlag GmbH, Frankfurt a. M.
Alle Rechte vorbehalten, insbesondere das Recht der Vervielfältigung und Verbreitung sowie der Übersetzung, Mikroverfilmung, Einspeicherung und Verarbeitung in elektronischen oder optischen Systemen, der öffentlichen Wiedergabe durch Hörfunk-, Fernsehsendungen
und Multimedia sowie der Bereithaltung in einer Online-Datenbank oder im Internet zur Nutzung durch Dritte.
Umschlag: Felicitas Müller, Brandes & Apsel Verlag, Frankfurt a. M.
unter Verwendung eines Bildes von Édouard Vuillard.
DTP: Caroline Ebinger, Brandes & Apsel Verlag, Frankfurt a. M.
Druck: STEGA TISAK d.o.o., Printed in Croatia
Gedruckt auf einem nach den Richtlinien des Forest Stewardship Council (FSC) zertifizierten, säurefreien, alterungsbeständigen und chlorfrei gebleichten Papier.

Bibliografische Information der Deutschen Nationalbibliothek:
Die Deutsche Nationalbibliothek verzeichnet diese Publikation in der Deutschen Nationalbibliografie; detaillierte bibliografische Daten sind im Internet über www.ddb.de abrufbar.

ISBN 978-3-95558-059-9

# Inhalt

Dank     7

Vorwort     11
*Gennaro Saragnano*

Einleitung     13

*Prolog A*
Persönliche Gedanken über drei Analysen und ihre Folgen     21

*Prolog B*
»Entschuldigen Sie, dass ich geboren wurde« –
das Schicksal einer deutschen Jüdin im Zweiten Weltkrieg     33

*1. Kapitel*
Der Stellenwert historischer Ereignisse in der Behandlung     59

*2. Kapitel*
Historische Erfahrung, Erinnerung
und die Assimilation des Traumas     85

*3. Kapitel*
Die schwer fassbare Dimension der äußeren Realität
in der psychoanalytischen Theorie     109

*4. Kapitel*
Die Grenze der Omnipotenz     127

*5. Kapitel*
Das Leben ist kein Traum:
die Bedeutsamkeit der wirklichen Wahrnehmung                 145

*6. Kapitel*
Schluss: »Das Unbewusste hat Augen und kann sehen«         167

*7. Kapitel*
Psychoanalyse unter anderem Blickwinkel:
»Jacques Lacan – die Sprache der Entfremdung«              185

Literatur                                                   223

Über die Autorin                                            233

*Bildlegende*

Edouard Vuillards Porträt auf der Umschlagvorderseite zeigt seine Schwester, die in einer Geste der Befreiung aus der einengenden Behaglichkeit des Zimmers das Fenster aufsperrt. Ich finde in dem Bild wieder, was ich mir für die Psychoanalyse wünsche: möge ihre Konzentration auf die psychische Realität auch die Außenwelt miteinbeziehen.

Es ist mir unmöglich, all jenen Menschen zu danken, die mir geholfen haben, dieses Buch zusammenzustellen. Vieles dessen, was ich in den langen Jahren meiner psychoanalytischen Arbeit als Patientin, Ausbildungskandidatin, als Behandlerin, Dozentin und Supervisorin aufgenommen habe, ist sosehr Teil meiner selbst geworden und in meine Identität eingegangen, dass es die Verbindung zu der ursprünglichen Quelle verloren hat. Mein Dank gilt deshalb all jenen, die die Entstehung des Buches unmittelbar beeinflusst haben.

Der Titel bringt zum Ausdruck, was ich Jacob Arlow zu verdanken habe, dessen Aufmerksamkeit für unbewusste Prozesse und für den *Kontext*, in dem sie sich äußern, einzigartig war – abgesehen von Charles Brenner, meinen letzten Analytiker, dessen Analysestil ganz ähnlich war.

Ein solch langwieriges Unterfangen wie dieses Buchprojekt bedarf der Unterstützung und Ermutigung. Ich erhielt sie vom Publication Committe der Internationalen Psychoanalytischen Vereinigung, dessen Mitglieder meinen Vorschlag, auf der Grundlage meiner zuvor veröffentlichten Artikel ein Buch zusammenzustellen, begrüßten und mir freie Hand bei der Arbeit ließen. Besondere Dankbarkeit schulde ich Gail Reed, denn sie half mir, das Projekt in seine endgültige Form zu bringen. Im IPV-Büro hielt Rhoda Bawdekar stets alle Fäden in der Hand.

Warren Poland und Sibylle Drews meinten schon zu einer Zeit, als mir jeder Gedanke daran noch fern lag, dass meine Schriften zum Trauma und zur Rolle der äußeren Welt eine Buchveröffentlichung verdient hätten. Ihr Zuspruch begleitete mich, als ich später größeres Vertrauen in den Wert meiner eigenen Arbeit entwickelte. Ich danke auch meiner Kollegin Barbara Stimmel von der Freudian Society und Georg Bruns, Deutsche Psychoanalytische Vereinigung, die mir Gelegenheit gaben, im

Jahr 2007 auf dem Berliner IPV-Kongress »Erinnern, Wiederholen und Durcharbeiten« zu sprechen. Barbara Stimmel und Georg Bruns schlossen sich meiner Ansicht an, dass die Geschichte über das Schicksal einer deutschen Jüdin im Zweiten Weltkrieg dem Thema wie auch dem Ort der Veranstaltung angemessen sei. Ich hielt meinen Vortrag in einem würdevollen Rahmen, und die Aufnahme, die er bei meinen Zuhörern fand, ist mir unvergesslich. Die Reaktion des Auditoriums hat mein Leben verändert. Ich bedanke mich ganz besonders bei Harold Blum und Léon Wurmser für ihre wahrlich denkwürdigen Kommentare. Meine israelischen Freunde Gaby und Alfred Knoll, die wussten, dass ich mich vor dem Aufenthalt in Berlin mit all den historischen Konnotationen dieser Stadt fürchtete, waren gekommen, um mir notfalls durch ihre Anwesenheit den Rücken zu stärken. Diese Vorsichtsmaßnahme war überflüssig, aber ich bin sehr froh, die beiden in meinem Leben zu haben.

Danken möchte ich auch Ilse Grubrich-Simitis, die meine Arbeit seit jeher bestätigte und würdigte. Sie hat sich dafür eingesetzt, meine Schriften in Deutschland bekannt zu machen. Kennengelernt haben wir uns vor vielen Jahren, als sie nach New York kam, um in der Holocaust-Studiengruppe eine Behandlung vorzustellen. Bis heute bereiten mir unser Kontakt und Austausch, unsere gemeinsame Geschichte und die Anregungen, die ich ihrer Forschung über die Geschichte der Psychoanalyse verdanke, große Freude. Ridi und Martin Bergmann haben das Buchprojekt, das uns in unsere gemeinsame frühe Vergangenheit zurückführte, als wir uns in New York der Traumaforschung widmeten, erfreut begrüßt und mir Mut gemacht; die beiden begleiten mein Leben seit den Tagen, als ich in der New York Freudian Society meine psychoanalytische Ausbildung absolvierte.

Meine Freundin und Kollegin Laura Kleinerman verdient besondere Anerkennung für ihre nie nachlassende Ermutigung. Sie hat das Manuskript trotz zahlreicher anderer Verpflichtungen mit kritischem Blick gelesen und Verbesserungen vorgeschlagen. Dies gilt auch für Marianne Leuzinger-Bohleber und Werner Bohleber. Trotz ihrer umfangreichen beruflichen Aktivitäten waren sie als Freunde und Kollegen immer für mich da. Dafür danke ich ihnen. Geehrt fühlte ich mich durch Ludger

Hermanns, Berlin, der meinen autobiographischen Bericht in seine Buchserie *Psychoanalyse in Selbstdarstellungen* aufnahm. Mein Dank geht auch an Léon Wurmser, der es einrichtete, dass ich 2009 von Jörg Frommer zu einem Plenumsvortrag auf der Magdeburger Tagung der Deutschen Psychoanalytischen Gesellschaft eingeladen wurde. Das Thema der Tagung lautete: »Innere und äußere Realität«. In meinem Vortrag »Drehen Sie sich nicht um, Frau Lot« sprach ich über die Risiken des Erinnerns. Für ein Panel auf dem IPV-Kongress in New Orleans im März 2004, zu dem mich Ilany Kogan, die Panel-Vorsitzende, eingeladen hatte, schrieb ich die Arbeit »Auf der Jagd nach Nazis«, in der ich mein Verständnis der Transmission des Traumas darlegte. Samy Teicher und Elisabeth Brainin haben es mir ermöglicht, meine Überlegungen zur Übermittlung des Traumas auf dem Internationalen Symposium »Die Vertreibung der Psychoanalyse aus Wien 1938 und die Folgen« vorzustellen, das die Wiener Psychoanalytische Vereinigung am 3. und 4. Oktober 2003 zur Gedenken an die vertriebenen Psychoanalytiker veranstaltete. Christian Schneider benutzt diese Arbeit für das Verständnis der Probleme zwischen den Generationen in Deutschland; ich fühle mich durch diese Anerkennung geehrt und möchte ihm dafür danken.

Ira Brenner und Dori Laub heißen mich in ihrer Diskussionsgruppe, die sich mit den Auswirkungen des Holocaust auf die nachfolgenden Generationen beschäftigt und sich anlässlich der Tagungen der American Psychoanalytic Association trifft, stets willkommen. Michael Buchholz fühle ich mich aufgrund unseres gemeinsamen Interesses am »Unbewussten an der Oberfläche« verwandt. Diese mir so wertvollen Bestätigungen sind ganz besonders wichtig in einer Zeit, in der die jüngeren Generationen mit der klassischen psychoanalytischen Theorie anscheinend nicht mehr viel anfangen können, weil sie offenbar ihr Erkenntnis- und Gestaltungspotential nicht wahrnehmen.

Für meinen Ehemann, Alan Oliner, stand meine Arbeit immer an erster Stelle. Dies machte es mir leicht, ihr die nötige Zeit zu widmen. Mein Sohn Andrew stand mir trotz seiner anspruchsvollen eigenen Arbeit stets zur Verfügung, stattete mich mit der neuesten Computertechnik aus und gab mir Nachhilfestunden, wann ich immer ich sie brauchte.

Ich danke den folgenden Verlagen und Fachzeitschriften für ihre großzügige Genehmigung, Material zu verwenden, das von ihnen publiziert wurde: Brandes & Apsel, Frommann-Holzboog, *Psyche*, Klett-Cotta, *Journal of the American Psychoanalytic Association* und New York University Press.

Einen besonderen Dank statte ich den Mitarbeiter von Karnac ab. Obwohl das Manuskript durch beängstigend viele Hände wanderte, wusste jeder, der für Oliver Rathbone arbeitete, ganz genau, was zu tun war – mit dem Manuskript ebenso wie mit seiner besorgten Autorin, die angesichts der hochkomplizierten Organisation gelegentlich den Überblick verlor. Persönlich kennengelernt habe ich Rod Tweedy, Kate Pearce und Anita Mason. Ihre Freundlichkeit, respektvolle Einstellung und gewissenhafte Aufmerksamkeit fürs Detail waren mir eine unschätzbare Hilfe.

Die deutsche Ausgabe wurde durch die Bemühungen von Kollegen, von denen mir viele gar nicht persönlich bekannt sind, ermöglicht. Ihnen schulde ich meinen Dank, ebenso wie Sibylle Drews, die sich für das Projekt eingesetzt hat. Sie stellte den Kontakt zu Roland Apsel, dem Verleger, her, dessen positive Einstellung ich von Beginn an als sehr wohltuend empfunden habe. Verwirklicht werden konnte das Projekt dank der Sigmund-Freud-Stiftung, die für die Finanzierung der Übersetzung aufkam. Elisabeth Vorspohl hat mit profundem Sachverstand und großer Sorgfalt gearbeitet. Unser reger Austausch über die deutsche Sprache wird mir fehlen. Er hat mir bewusst gemacht, dass ich trotz meiner Ausbildung in englischer Sprache immer noch eine mir eigentlich unbekannte Verbindung zu der deutschen Sprache habe.

*In diesem Sinne widme ich dieses Buch meinem Sohn Andrew und meiner Tochter Carolyn in Anerkennung ihrer Liebe, ihrer Loyalität und ihrer Bereitschaft zu verzeihen. Ich danke ihnen dafür, das Fenster in die Zukunft geöffnet zu haben.*

Mit diesem Band setzt das Publikationskomitee der Internationalen Psychoanalytischen Vereinigung die Reihe »Psychoanalytic Ideas and Applications« fort.

Die Buchreihe rückt die wissenschaftliche Arbeit bedeutender Autoren in den Blick, die herausragende Beiträge zur Weiterentwicklung des psychoanalytischen Feldes geleistet haben, und bedeutsame Überlegungen und Themen, die in der langen Geschichte der Psychoanalyse konzipiert wurden und es wert sind, von heutigen Psychoanalytikern diskutiert zu werden, vorstellen.

Die Beziehung zwischen psychoanalytischen Theorien und ihren Anwendungen muss unter dem Blickwinkel von Theorie, klinischer Praxis, Behandlungstechnik und Forschung dargelegt werden, damit sie auch der heutigen Psychoanalyse von Nutzen bleiben können.

Das Publikationskomitee möchte diese Überlegungen mit der psychoanalytischen Community und mit Angehörigen anderer Disziplinen teilen, um das Wissen zu erweitern und einen produktiven Austausch zwischen dem Text und seinen Lesern zu fördern.

Marion Oliner erforscht in ihrem Buch *Psychische Realität im Kontext* den Einfluss der äußeren Realität auf das psychische Geschehen. Sie erläutert die Unbestimmtheit der psychoanalytischen Theorie, was die Rolle der Außenwelt und ihrer Eigenschaften betrifft, und die mangelnde Unterscheidung zwischen äußeren Ereignissen einerseits und der Bedeutung, die das Individuum ihnen zuschreibt, andererseits. In dem Mangel an theoretischer Klarheit sieht Marion Oliner die Ursache einer inakzeptablen Aufteilung unserer Patienten in solche, die infolge einer Traumatisierung für eine psychoanalytische Behandlung im Grunde nicht geeignet sind, und in Patienten mit gewöhnlicher Neurose. Was dieses Buch für mich so interessant macht, ist die Tatsache, dass Marion Oliner es nicht für erforderlich hält, die klassische analytische Technik zu modifizieren, um traumatisierte Patienten analysieren zu können. Ebendieser Ansatz ist für die heutige Diskussion über mögliche Unterschiede in der analytischen Behandlung neurotischer bzw. nicht-neurotischer Patienten ausgesprochen relevant. Mehrere Kapitel dieses Buches sind den Konzepten Trauma, Darstellbarkeit, Internalisierung und Externalisierung gewidmet sowie den Ursprüngen von Hass- und Schuldgefühlen, den omnipotenten Phantasien und dem Lust- und Realitätsprinzip. Darüber hinaus bilden sowohl die Lebensgeschichte der Autorin als auch die historischen Ereignisse, die in ihr Werk eingegangen sind, einen wertvollen, raren Hintergrund, der zum Nachdenken herausfordert. Deshalb bin ich sicher, dass dieses Buch weltweit das Interesse aller Psychoanalytiker finden wird.

*Gennaro Saragnano*
*Series Editor*
*Chair, IPA Publication Committee*

Die in diesem Buch versammelten Beiträge überspannen die vergangenen fünfzehn Jahre, in denen ich mich mit dem Einfluss beschäftigt habe, den die äußere Wirklichkeit auf die psychische Realität ausübt. In diesen Jahren haben sich zahlreiche Analytiker, insbesondere in den Englisch sprechenden Ländern und in Deutschland, wo die historischen Ereignisse im Leben ihrer Patienten eine so große Rolle spielen, von der ausschließlichen Konzentration auf die *psychische* Realität abgewandt, um den traumatischen Nachwirkungen der äußeren Realität größere Aufmerksamkeit zu widmen. So entstand ein ganzes Korpus psychoanalytischer Schriften, in denen *Ereignisse* benutzt werden, um die Pathologie zu benennen: *Inzestüberlebende, Holocaust-Überlebende, Transmission* oder Übermittlung des Traumas, um nur einige Beispiele zu nennen. Die Folge war, dass die Patienten in zwei Kategorien unterteilt werden: Auf der einen Seite jene, die an der Lösung ihrer Konflikte gescheitert sind und deshalb als verantwortlich für ihr Leid betrachtet werden, und auf der anderen Seite diejenigen, die zu passiven Opfern äußerer Ereignisse wurden. Das bedeutet, dass persönliche, auf Konflikten beruhende Beweggründe bei den Angehörigen dieser zweiten Gruppe marginalisiert wurden. Dies wiederum hatte zur Folge, dass man bestimmte Konzepte Freuds übernahm, denen die dynamische Dimension fehlt: Da wäre erstens der *Wiederholungszwang*, der angeblich bewirkt, dass Ereignisse wiederholt werden, weil sie geschehen sind. Das Konzept hat seine Berechtigung, bringt aber, wenn es falsch verstanden wird, die Gefahr mit sich, dass unbewusste Schuldgefühle als Ursache der Wiederholung nicht analysiert werden. Diese Faktoren wurden in der analytischen Literatur nicht hinlänglich erforscht. Im Laufe der Jahre habe ich eine Reihe von Artikeln verfasst, in denen ich wichtige, für die psychoanalytische Erforschung des Traumas relevante Elemente herauszuarbeiten versuche.

Die Schwierigkeit, die mich vor allem beschäftigt, hängt mit den Theorien über die Anwendung ereigniszentrierter Konzepte auf psychoanalytische Behandlungen zusammen. In der Literatur wird häufig nicht hinreichend unterschieden zwischen dem Erleben eines Traumas, der allmählichen Assimilation des Traumas und der »Übermittlung des Traumas« an die nachfolgende Generation. Hier bestehen aber wichtige Unterschiede, die wir untersuchen und in der Lehre vermitteln müssen. Zum Beispiel kann man den Wiederholungszwang, der zu einer statischen, repetitiven Existenz führt, als Folge einer Traumatisierung verstehen; Patienten, die vorwiegend unter diesem Symptom leiden, sind aber für eine Analyse möglicherweise nicht geeignet. Bei anderen Traumatisierten hingegen kann die Analyse ihrer unbewussten Omnipotenz, die durch das Überleben einer Katastrophe zusätzlich Nahrung erhielt, ergiebiger sein, als den Patienten an das »wirkliche« Trauma zu erinnern. Die Konzentration auf Ereignisse, die der Patient selbst erlebt hat, bringt die Gefahr mit sich, dass man die Anzeichen für Schwierigkeiten übersieht, die recht eigentlich aus Konflikten mit der Assimilation des Traumas herrühren; diese treten zutage, wenn Patienten, die als analysierbar gelten, ihr Wissen über die für sie selbst unkontrollierbaren Geschehnisse nicht nutzen können, um ihr Leben weiter zu leben.

Meine Betonung des hohen Stellenwerts, der den unbewussten Motivationsfaktoren bei allen analysierbaren Patienten zuzuschreiben ist, hat mir nicht den Blick dafür verstellt, dass die psychoanalytische Theorie einer klaren Unterscheidung zwischen der Rolle der Außenwelt mitsamt ihren Eigenschaften und der Bedeutung, die sie für das Individuum besitzen, ermangelt. Dies ist ein Gebiet, das weiter erforscht werden muss, zumal diese Schwierigkeiten, auch wenn sie anders formuliert werden, zahlreichen aktuellen Diskussionen zugrunde liegen. Dies gilt zum Beispiel für die Überlegungen jener Autoren, die sich mit »Andersheit«, »Intersubjektivität«, »Darstellbarkeit« oder mit dem Thema »reale Beziehung zum Analytiker versus Übertragung« und zahlreichen weiteren Aspekten, die ich hier unmöglich allesamt aufführen kann, beschäftigen. Immer aber dreht es sich um die Frage, wie wir die Art und Weise, wie der primäre Narzissmus überwunden und die Außenwelt in ihrer von der Psyche unabhängigen, der Omnipotenz des Individuums entzogenen Existenz anerkannt wird, erklären können. In der Vergangenheit hat sich der Selbsterhaltungstrieb als Konzept, das die unmittelbare Einwirkung der Außenwelt auf die Psyche erklärte, als hinreichend erwiesen; aus vielen Gründen hat sich dies geändert, vor allem weil die »Triebe« als biologische Gegebenheiten aus dem psychoanalytischen Denken herausgefallen sind. Fortan setzte man den Hauptakzent auf die psychische Realität, und eine Zeitlang hatte es den Anschein, als ob sich Psychoanalytiker um die Lückenhaftigkeit ihrer Theorien über Innen- und Außenwelt keine Gedanken machten.

Tatsächlich findet sich in Freuds frühester Arbeit über die Träume eine Auffassung der äußeren Realität, von der man zu wenig Gebrauch gemacht hat: die lebenslange Suche nach Wahrnehmungsidentität im Schlaf, die nicht zugunsten der Denkidentität (der Realitätsprüfung *per se*) aufgegeben wird. Diese beiden Strebungen bestehen nebeneinander, und die Suche nach Wahrnehmungsidentität trägt nicht nur zur Erklärung der Träume, sondern auch der Enactments bei, in denen die Aktualisierung, ein Ausdruck des Strebens nach Wahrnehmungsidentität, dem Individuum hilft, eine Erfahrung zu bestätigen. Sie dient ihm als erster Schritt, um seine Erfahrungen mit der äußeren Realität in die persönliche Geschichte einzuordnen. Unter diesem Blickwinkel betrachtet, kann man die Wiederholung aus ihrer scheinbar automatischen Verbindung mit dem Todestrieb herauslösen, um ihr spezifisches Ziel für Analysepatienten, die ein Trauma überlebt haben, zu erforschen: Aufgrund der Abwehrmechanismen, die die Integration der Erfahrung in die persönliche Geschichte erschweren, bleiben Katastrophen in der Erinnerung als Fakten lebendig, die für die Gegenwart keine emotionale Relevanz besitzen. Wer gleichwohl unter den Folgen solcher Erfahrungen erleidet, hat ein größeres Bedürfnis, sie ein ums andere Mal zu wiederholen, als Menschen, deren Geschichte sie nicht genötigt hat, solch massive Abwehrmechanismen zu entwickeln.

Mein Hauptthema ist die Diskrepanz zwischen der größeren Freiheit in der Praxis der Traumaanalyse und der Tatsache, dass diese erhöhte Flexibilität keinen Niederschlag in einer schlüssigen theoretischen Formulierung der Rolle, die die äußere Realität in der psychischen Wirklichkeit spielt, gefunden hat. Freuds Diktum lautete, dass die erste Reaktion des Subjekts auf die Außenwelt der Hass sei. Loewald hat erläutert, dass Analytiker sich diese Auffassung auf eine subtile Weise zu eigen gemacht haben – was mir bestätigt wurde, als ich über Jacob Arlows Betonung des *Kontextes* schrieb, in dem Phantasien auftauchen. Für den Leser, der den Artikel begutachtete, war dies unannehmbar, und er ließ mich wissen, dass Arlows Hauptinteresse der unbewussten Phantasie gelte. Offensichtlich war es für diesen Kritiker überhaupt nicht von Belang, dass der *Kontext* nach Arlows Auffassung zu der Phantasie hinzugehört und deshalb für ihre Bedeutung bestimmend ist – gerade so, wie der Tagesrest Licht auf die Bedeutung eines Traumes wirft. Meine Teilnahme an Arlows Seminaren hat mich davon überzeugt, dass es einen soliden Weg zum Verständnis gibt als die Fallberichte, die sich ausschließlich auf die Konstruktionen stützen, zu denen die beiden Beteiligten ohne jeden Rekurs auf die Welt, die unabhängig von ihnen bestand und besteht, gelangen.

Meiner Ansicht nach hatten zahlreiche Analytiker das Bedürfnis, sich von der »klassischen« Analyse zu distanzieren, um das Fenster zum »Anderen« zu öffnen. Ich habe dies nicht für notwendig erachtet. Stattdessen bin ich überzeugt, dass Freuds eigene frühe Schriften und die seiner Schüler genügend Raum für eine Mehrdeutigkeit lassen, an die weitere theoretische Ausformulierungen anknüpfen können. Genau dies habe ich viele Jahre lang getan und nun zum Thema dieses Buches gemacht. Ihm liegt bereits publiziertes Material zugrunde, das ich hier nach Themen, also nicht nach der Chronologie des Erscheinens, zusammengestellt habe.

Prolog A ist meinen drei persönlichen Analysen gewidmet und dem Gewinn, den ich aus der Verschiebung der Betonung von der Natur des Traumas auf das Durcharbeiten seiner unbewussten Bedeutung ziehen konnte. Darüber hinaus enthält er Überlegungen zu den Missverständnissen zwischen Traumaüberlebenden und Menschen, die es als Zuhörer nacherleben. Diese Überlegungen beruhen auf den Analysen, aber auch auf der Erfahrung, die ich 2007 im Anschluss an meinen Plenumsvortrag auf dem Berliner Kongress gemacht habe, den die Internationale Psychoanalytische Vereinigung zum Thema »Erinnern, Wiederholen und Durcharbeiten« veranstaltete.

Prolog B enthält den Vortrag, den ich in Berlin gehalten habe: »›Entschuldigen Sie, dass ich geboren wurde‹ – das Schicksal einer deutschen Jüdin im Zweiten Weltkrieg«.

Im 1. Kapitel erläutere ich vor allem, wie Psychoanalytiker mit historischen Ereignissen im Leben ihrer Patienten umzugehen pflegten. Zur Sprache kommen einige der wichtigen Unterschiede im heutigen psychoanalytischen Denken, die die äußere Realität, ihr Fehlen in den Theorien der Hermeneutiker und ihre exzessive Präsenz in der Selbstpsychologie betreffen. Diese Unterschiede haben zu einer nicht hinnehmbaren Aufteilung der Patienten in Trauma-Opfer und Neurotiker geführt. Das 1. Kapitel ist ein Versuch, unser Wissen um diese wichtige Dimension neu zu beurteilen und den ihr angemessenen Platz in der Psychoanalyse zu finden. Im letzten Abschnitt des Kapitels geht es um Probleme in Behandlungen, in denen aufgrund eines partiellen Fokus wichtige Elemente der Persönlichkeitsorganisation von Trauma-Überlebenden und ihren Kindern aus dem Blick zu geraten drohen.

Im 2. Kapitel untersuche ich, wie sich die Persönlichkeit während Ereignissen organisiert, die zum Auslöser eines traumatischen Prozesses werden. Dabei konzentriere ich mich insbesondere auf solche Geschehnisse, die sich dem Gedächtnis – nach der Erfahrung, für deren äußeren Status die Wahrnehmung bürgt – aufgrund ihrer beiden herausragenden Besonderheiten einprägen: wegen des Bedürfnisses, sie zu wiederholen, und wegen des Bedürfnisses, sie abzutrennen. Ich erläutere die Schwierigkeiten, sie als äußere Ereignisse aufrechtzuerhalten, und die Macht des Unbewussten, das sie im Prozess der Assimilation und Integration verinnerlicht. Abschließend formuliere ich Überlegungen zu den Persönlichkeitsschwierigkeiten, die durch die beiden widersprüchlichen Bedürfnisse, zu vergessen und zu erinnern, hervorgerufen werden. Zur Illustration dient die biblische Geschichte von Lots Frau:

Sie wandte sich um, erblickte die Zerstörung von Sodom und Gomorrha und erstarrte zur Salzsäule.

Das 3. Kapitel ist den Problemen der psychoanalytischen Theorie gewidmet, die die Erforschung der äußeren Realität und ihres Einflusses auf die psychische Realität so schwierig machen. Theorien, die auch die Außenwelt miteinbeziehen, wurden allzu eng an traumatisierende Verführung und Überstimulierung gebunden. Indem ich einen anderen, ebenfalls von Anfang an in der Theorie der Psychoanalyse enthaltenen Blickwinkel beziehe, erläutere ich, dass Träume sowohl innere als auch äußere Faktoren in sich aufnehmen und dass Freuds Auffassung von der Traumarbeit es meiner Ansicht ermöglicht, zu einem schlüssigen Verständnis der äußeren Welt in ihrer engen Verbundenheit mit den Sinnesorganen und dem Tagesrest zu gelangen.

Thema des 4. Kapitels ist die Omnipotenz, die durch die Tatsache, ein Trauma überlebt zu haben, genährt werden und emotional von den Grenzen, die die Außenwelt setzt, nicht profitieren kann. Patienten, die alles auf sich selbst als Urheber zurückführen, können die Entlastungsfunktion der äußeren Welt nicht für sich nutzen. Statt sie als Trost zu empfinden, fühlen sie sich durch sie in ihrer Bedeutung geschmälert. Eine Fallvignette illustriert die Macht, die der Patient über Worte besaß, indem er sie bedeutungslos machte, und seine Überreaktion auf ein *Enactment*, die nur durch die tatsächliche Wahrnehmung, dass das analytische Setting intakt war, beruhigt werden konnte.

Das 5. Kapitel beginnt mit einer Vignette. Sie zeigt, wie eine Wahrnehmung im analytischen Kontext eine starke emotionale Reaktion auslöste. Die Patientin musste die Erfahrung in der Gegenwart verwirklichen: Sie war überzeugt, dass ihre Reaktion durch ein aktuelles Ereignis ausgelöst worden war. Dies führte zu einer Rekonstruktion auf der Grundlage ihrer Kindheit, die sie überzeugend und deshalb sehr hilfreich fand; der Vorfall und seine Bearbeitung demonstrieren, dass eine zufällige Begegnung mit der äußeren Realität überaus starke Gefühle wecken kann. Marcel Proust hat den gleichen Überlegungen in einer Passage seines Werkes auf eindrückliche, bezaubernde poetische Weise Ausdruck verliehen.

Im 6. Kapitel untersuche ich den engen Zusammenhang zwischen den Sinnesorganen und der auf sie einwirkenden Außenwelt. Ich erläutere eingangs die Welt der Psychose, die laut Piera Aulagnier durch eine Amputation der Sinnesorgane infolge mangelnder frühkindlicher Befriedigung charakterisiert ist. Gedanken über die Entwicklung der Fähigkeit, die Welt als äußere zu erleben, schließen sich an; ich vertrete die Ansicht, dass auch ein Trauma zu einer solch massiven Einengung der Gesamtpersönlichkeit – und insbesondere ihrer Beziehung zur äußeren Realität – führen kann, ohne dass es zu der in der Psychose manifesten Selbstamputation kommt. Meine fiktive Illustration dieses Vorgangs lehnt sich an die Geschichte von Lots Frau an; sie wendet den Blick nicht zurück auf das zerstörte Sodom und Gomorrha und verwandelt sich nicht in eine Salzsäule, sondern führt fortan ein Dasein voller Einschränkungen.

Das Schlusskapitel nimmt die Hinweise auf Lacan in den vorangegangenen Kapiteln noch einmal auf. Lacans Theorien laufen meinen eigenen Überlegungen, die ich in den ersten sechs Kapiteln dargelegt habe, zuwider. Während meine Betonung in diesem Buch vorwiegend auf der Integration liegt, bekommen wir es hier mit einem Theoretiker zu tun, der ebendiese Integration als »das Imaginäre« konzeptualisiert und herausstreicht, dass das paranoide Denken vom Streben nach Integration bestimmt sei. Die Grundannahme, die Lacans Sichtweise fundiert, ist die des gespaltenen Subjekts.

## Persönliche Gedanken über drei Analysen und ihre Folgen

Meine frühen traumatischen Erfahrungen machten es für mich unabdingbar, dass ich mich in psychoanalytische Behandlung begab. Doch wie so viele Trauma-Überlebende konnte auch ich mir diese Notwendigkeit nicht eingestehen. Stattdessen begann ich mit der analytischen Ausbildung, um meine persönliche Analyse zu rechtfertigen. Diese Analyse erforderte drei Analytiker, von denen ich wichtiges über den Prozess und über den Umgang mit dem Trauma in der analytischen Arbeit lernte.

In der ersten Analyse lernte ich, wie leicht das Bedürfnis der Patientin, etwas Besonderes zu sein, von einer Analytikerin ausgenutzt werden kann, die sich über die Abstinenzregel hinwegsetzte. Diese Analytikerin nutzte meinen Wunsch, eine gute Patientin zu sein, aus, und ich hielt große Stücke auf mich selbst, weil ich dabei mitmachte, bis ich schließlich begriff, dass die Grenzen überschritten wurden. Ich habe aber auch noch deutlich in Erinnerung, dass ich meine Verletzung und Wut zum Ausdruck bringen konnte, als die Analytikerin eine meiner Sitzungen mit der Begründung absagte, dass eine andere Kandidatin, die sie namentlich nannte, dringender auf die Stunde angewiesen sei als ich. Aus dieser sogenannten Behandlung nahm ich aber genug mit, um zu wissen, dass ich die Gelegenheit nutzen musste, als die Analytikerin mir beschied, dass ich nicht analysierbar sei. Ich beschloss, zu gehen, und kehrte auch nicht zurück, als sie meine Nicht-Analysierbarkeit später vergaß. Nachträglich bin ich zu der Überzeugung gelangt, dass ich die Adoleszenz, die mir verwehrt geblieben war, durchleben und meine

Unterwürfigkeit und die Depression, mit der ich die Behandlung begonnen hatte, zum Teil überwinden konnte.

Dass ich mich in dieser ersten »analytischen« Begegnung ausgenutzt fühlte, veranlasste mich, das regelkonforme Verhalten des zweiten Analytikers vorbehaltlos zu schätzen. Auf ihn übertrug ich die Liebe zu meinem Vater, und ihm bin ich bis heute zutiefst zugetan, obwohl auch er einen gravierenden Fehler machte. Ich führe diesen Fehler darauf zurück, dass er mir wegen des schweren Traumas, das ich erlitten hatte, unbedingt helfen wollte. In den Sitzungen stimmte ich seinen Deutungen zu,[1] doch am nächsten Tag widersprach ich ihnen. Als er mich darauf hinwies, fühlte ich mich wie ein störrischer Dickkopf; ich glaubte, etwas falsch gemacht zu haben, und dieses Problem wurde zwischen uns beiden nie geklärt. Mein dritter Analytiker half mir zu verstehen, dass der zweite für mich der Vater gewesen war, dem gegenüber ich nie negative Gefühle hatte empfinden können; er hatte nicht begriffen, dass meine Gefügigkeit zu meiner Unfähigkeit beitrug, die Schwierigkeiten, die zwischen uns auftauchten, anzusprechen. Der Grund, weshalb ich seine »Blindheit« auf seine außerordentliche Großherzigkeit mir gegenüber zurückführe, hängt mit seinem Zugang zu den Ereignissen zusammen, die ich erlebt habe.

Dies wurde mir klar, als ich über 1942 sprach. Ich erinnere mich nicht mehr ganz genau an meine Assoziationen, aber seine Antwort habe ich nie vergessen: »Es ist passiert.« Ich war verwirrt, sagte ihm aber nicht, dass mir unverständlich sei, weshalb er glaube, mich daran erinnern zu müssen, dass meine Eltern tatsächlich beide deportiert und umgebracht worden waren. Ich selbst hatte es ihm zu Beginn der Analyse mitgeteilt; folglich war es mir ein Rätsel, weshalb er es für notwendig hielt, mich daran zu erinnern.

Als ich später darüber nachdachte, verstand ich, dass er mir hatte helfen wollen, mich für die Ereignisse weniger verantwortlich zu fühlen;

---

[1]   Mein Einverständnis erinnert an eine persönliche Mitteilung von Michael Buchholz, einem deutschen Psychoanalytiker. Er erläuterte, dass Menschen, die Katastrophen überlebt haben, zu überaus tiefer Dankbarkeit neigen. Ich kann diese Einsicht mit größtem Nachdruck bestätigen.

seine Intervention sprach den Bereich der unbewussten Omnipotenz an, die bei allen Trauma-Überlebenden eine so wichtige Rolle spielt. Er ließ die bedeutsame Gelegenheit ungenutzt, mich mit meinen exzessiven Schuldgefühlen, die er in mir wahrnahm, zu konfrontieren, und reagierte auf mein Wissen und Nicht-Wissen (Laub und Auerhahn, 1993), indem er mich an das Geschehen erinnerte, um mich von Schuld zu entlasten. Sein Versuch, mir zu helfen, indem er mich an ein historisches Ereignis, das ich keineswegs vergessen hatte, erinnerte, verwirrte mich, statt mich mit den unbewussten Schuldgefühlen zu konfrontieren, die aus der Verinnerlichung dieser Ereignisse resultieren.

Ich war auf eine dritte Analyse, bei Dr. Charles Brenner, angewiesen und musste meine Schwierigkeiten mit meinem Vater gründlich untersuchen, bis ich erkannte, dass ich unfähig gewesen war, irgendeine Form der Aggression ihm gegenüber zu äußern oder auch nur zu empfinden; ich hatte mich auch gezwungen gefühlt, meine Enttäuschung über seine Unfähigkeit, die Familie zu beschützen und zu retten, für mich zu behalten. Vielmehr hatte ich ihn in Schutz genommen, wenn meine Mutter sich negativ über ihn äußerte. Sobald mir dies klar war, begriff ich ohne Hilfe, wo die zweite Analyse gescheitert war: Ich hatte meine Beziehung zu meinem enttäuschenden Vater ausgelebt, statt sie zu analysieren. Der Analytiker war allzu hilfreich gewesen, vielleicht weil er Verfolgung und Immigration am eigenen Leib erfahren hatte.

Unerschüttert aber blieb mein Glaube an die Psychoanalyse als Behandlung der Wahl für Trauma-Überlebende – wobei ich die Betonung auf Überlebende lege. Den Menschen aber, die unter den historischen Ereignissen zerbrochen und nicht mehr fähig sind, ihr Leben wiederaufzubauen – die wirklichen Opfer –, kann die analysebedingte Schwächung ihrer Abwehrmechanismen Schaden zufügen. Sie sind auf andere, modifizierte Behandlungsverfahren angewiesen. Wie weit solche Modifizierungen gehen sollten, wurde intensiv in der Gruppe der American Psychoanalytic Association diskutiert, die die Auswirkungen des Holocaust auf die Kinder der Überlebenden erforschte. Die Mitglieder waren, was die Abweichungen von der klassischen Analyse betraf, nicht einer Meinung; den Analytikern, die die historischen Ereignisse

nicht thematisierten, wurde von denjenigen, die ebendies für unerläss-
lich hielten, vorgehalten, sich dem Pakt des Schweigens anzuschließen.
Als die Gruppe das Buch *Generations of the Holocaust* (Bergmann
und Jucovy, 1982) zu planen begann,[2] nahmen die Mitglieder, die es
ablehnten, den Gegenstand einer psychoanalytischen Studie durch ein
*Ereignis* zu definieren, nicht mehr teil. Mein eigener Beitrag zu dem
Buch war ein Versuch, das historische Geschehen in die Literatur über
Hysterie zu integrieren, indem ich den schwer fassbaren Charakter beider Phänomene untersuchte (Oliner, 1982).

Letztlich erwies sich die Erforschung der Assimilation des Traumas
unter Bezugnahme auf eine durch Sexualisierung und Triebtheorie fun-
dierte Dynamik als nicht zufriedenstellend – und zwar nicht allein deshalb, weil die amerikanischen Psychoanalytiker sich von der Triebtheorie und dem ökonomischen (quantitativen) Gesichtspunkt distanziert
hatten; vielmehr war mir klar geworden, dass die psychoanalytische
Theorie tatsächlich wenig Präzises zum Prozess der Internalisierung
oder Identifizierung enthält. Der Begriff *Dissoziation*, der das Schicksal
der traumatischen Erfahrung vermeintlich benannte, vertrug sich nicht
mit der Stringenz (Orthodoxie) des französischen psychoanalytischen
Denkens, das mich so intensiv beschäftigte. Mir bereitete sein undy-
namischer Ursprung Unbehagen. Gottlieb (1997) lenkte die Aufmerksamkeit vor etlichen Jahren auf die Terminologie an sich, die er den
Schülern Janets zuschreibt; sie lehnen jeden Einfluss, der vom Individuum ausgehen könnte, ab und vertreten die Ansicht, dass »*das Trauma
seine psychischen Auswirkungen ungeachtet der spezifischen Bedeutungen zeitigt, die die traumatischen Erfahrungen für das betroffene Individuum besitzen*« (S. 927). Die Freud'sche Auffassung aber, die das
Trauma mit einem Durchbrechen der Reizschranke und einem Zuwachs
an Erregung gleichsetzt, konnte – wenn überhaupt – lediglich auf die
sexuelle Verführung zutreffen. Sie erklärt mit Sicherheit nicht das kumulative Trauma (Khan, 1963), die wahrscheinlich häufigste Form der

---

[2]  *Kinder der Opfer, Kinder der Täter – Psychoanalyse und Holocaust.* Frankfurt
am Main 1995. [A.d.Ü.]

24

Traumatisierung. Meine subjektive Reaktion war tatsächlich das Gegenteil dessen, was man unter einem »Überschuß« an traumatisch hervorgerufener Erregung versteht. Ich war der Ansicht, dass das Trauma und die Abwehrmechanismen, die das Überleben ermöglichen, zu einer Verarmung der Persönlichkeit führen. Die Theorien über das traumabedingte unkontrollierbare »Zuviel« an Erregung hatten zur Folge, dass ich mir eine Weile darüber Gedanken machte, ob es bei mir selbst blinde Flecken gab oder ob ich die Kriterien der Traumatisierung womöglich gar nicht erfüllte. Aus sonderbaren Gründen entschied ich mich für beides, bis ich mich aus meinem Versteck hervortraute und über meine eigenen Erfahrungen in den Analysen und als Analytikerin zu schreiben begann.

Der Höhepunkt meiner beruflichen Laufbahn war die Aufnahme meines Vortrags, den ich auf dem internationalen Berliner IPV-Kongress gehalten habe, eine autobiographische Skizze, die hier im Prolog B abgedruckt ist. Die überwältigende Reaktion einer großen Zuhörerschaft veranlasste mich zu weiteren Überlegungen, die ich in einem kurzen Artikel mit dem Titel »Persönliche Betrachtungen über den Objektverlust« (Oliner, [2007] 2009) veröffentlichte. In dieser Arbeit fragte ich nach den Gründen, weshalb der Erfolg meiner Rede meine kühnsten Erwartungen übertraf. Ich gelangte zu der Überzeugung, dass ich mich nicht einfach nur geschmeichelt fühlte, als mir viele Menschen sagten, sie hätten meinen Vortrag als »Höhepunkt« des Kongresses erlebt und meine Geschichte habe sie so tief berührt, dass sie ihnen unvergesslich bleiben werde. Die Erfahrung in Berlin, die Vorbereitungen darauf und die Folgen verwirrten mich und ermöglichten es mir, eine Arbeit über den Gegensatz zwischen den Reaktionen, die ich mit meinem Vortrag weckte, und der Tatsache zu schreiben, dass ich *mich selbst* in der Literatur nie wiedererkenne. Verwirrend fand ich auch das für mich untypische Vertrauen in meinen Text, den ich vorbereitet hatte. Ich kam zu dem Schluss, dass es aus meiner Überzeugung herrührte, die Wahrheit, so wie ich sie sehe, erzählt und all die möglichen Verzerrungen und Unsicherheiten, die mit einer persönlichen Geschichte einhergehen, anerkannt und benannt zu haben. Mein Bericht war eindeutig subjektiv, aber trotzdem wahr. Der zweite nicht einfach zu verstehende Aspekt ist die

Reaktion der Zuhörer. Sie schienen dankbar zu sein, persönlich berührt, so als besäße die Geschichte meiner Kriegserlebnisse und Objektverluste eine persönliche Relevanz für sie selbst und als wäre die Tatsache, dass ich sie ihnen erzählte, ein überaus kostbares Geschenk, für das sie mir immer wieder dankten.[3]

Mein Vortrag (»Das Schicksal einer deutschen Jüdin im Zweiten Weltkrieg«) vermittelte die Erlebnisse, die ich erinnere, zwar mit klarer Eindeutigkeit, aber auch mit einer gewissen Unbestimmtheit hinsichtlich der spezifischen emotionalen Resonanz auf die Ereignisse zum Zeitpunkt ihres Geschehens. Meine Erinnerungen versagten einigen der überholten Theoriemodelle, denen Psychoanalytiker so unverbrüchlich die Treue halten und die uns meiner Ansicht nach aber keine Hilfe sind, die Bestätigung. Besonders fruchtlos ist die Vorstellung, das Wesen des Traumas bestehe in einer Verletzung bzw. einem Durchbruch des Reizschutzes oder in einer Erregung, die die Abwehr überwältigt. Diese Theorie beruht auf dem quantitativen, ökonomischen Zugang, der ja ansonsten eher in den Hintergrund getreten ist und von der Annahme eines hilflosen und hinsichtlich des traumatisierenden Ereignisses unvorbereiteten Opfers ausgeht. Sie beschreibt einen Zustand vollkommener Passivität, der zum Inbegriff des Traumaverständnisses und der traumatischen Belastungsstörungen wurde (Freud, 1920g, 29). Es ist das Trauma, das für das Überschwemmtwerden mit posttraumatischen Belastungsstörungen und für die Flashbacks verantwortlich ist. Hält man an dieser Betrachtungsweise fest, so schließt man viele Erfahrungen aus, die üblicherweise als traumatisch gelten – meine eingeschlossen. Den viel gescholtenen Abwehrmechanismen kommt die wichtige Funktion zu, den Verlust nur schrittweise und allmählich durchsickern zu lassen, und zwar nur dann, wenn etwas daran unvermeidlich wird oder wenn die Person bereit ist, wenigstens einen Teil zur Kenntnis zu nehmen. Das ist nicht immer möglich, und deshalb besitzt die traditionelle Vorstellung des Traumas durchaus Gültigkeit, wenn auch nur in Einzelfällen. Sie ist schlichtweg nicht das einzige Modellkonzept für die Reaktion auf einen Objektverlust.
Eine bessere Konzeptualisierung der dynamischen Vorgänge beim Trauma, und zwar eine, die eine größere Anzahl möglicher Situationsbedingungen erfasst, geht davon aus, dass die prototypischen traumatischen Situatio-

---

[3]  Der folgende Text wurde von Lilli Gast übersetzt und erschien erstmals in: *Jahrbuch der Psychoanalyse* 58: 213-223.

nen jene sind, die vollkommen von den Forderungen der äußeren Realität bestimmt werden, während die Funktionsweise des Lustprinzips und der unbewussten Phantasie entweder vorübergehend oder ein Leben lang ausgeschaltet bleiben. Das wird all jenen Situationen gerechter, in denen die Opfer traumatischer Verluste über eine Abwehr verfügen, die ihnen ein Bewusstsein über ihre Umgebung erlaubt, wenn auch auf einem sehr eingeschränkten Funktionsniveau: teils vermindert, in anderer Hinsicht, etwa der Wahrnehmung, verstärkt. Es ist wohl dieser Gedanke, den mein Vortrag vermittelte und die Zuhörerschaft sichtlich bewegte.

Das Rätsel, das die Popularität eines Modells mit solch eingeschränkter Anwendungsmöglichkeit und Gültigkeit aufgibt, ließe sich zumindest ansatzweise aufklären, wenn man bedenkt, dass der Zuhörer, sei er nun Analytiker oder irgendein anderer Zuhörer, nicht darauf vorbereitet ist, die Geschichte eines Traumas oder eines Objektverlustes zu hören. Daher begegnen die Zuhörer der Geschichte aus einer viel weiteren, umfassenderen Perspektive heraus als die Person, die sie erlebt. Die abwehrfunktionale Einengung des Bewusstseins und der Wahrnehmung, wie sie bei demjenigen einsetzt, der eine Katastrophe überstehen muss, bleibt bei den Zeugen aus. Ohne durch eine solche Abwehr für die Ereignisse und deren Folgen gewappnet zu sein, sind die Zuhörer für einen Moment schutzlos und folglich bereit, mit der theoretischen Vorstellung von einem Durchbruch des Reizschutzes zu sympathisieren. Der Zeuge muss die Situation geschlossen und als ganze in sich aufnehmen, wohingegen die meisten Opfer das Trauma schrittweise, Stück für Stück erfahren. Ich möchte nicht missverstanden werden oder gar die Katastrophen verharmlosen, die Menschen widerfahren können und die ihnen ja auch tatsächlich widerfahren, und ich nehme auch Ereignisse wie den 11. September 2001 nicht aus, bei dem die Opfer, deren Leben plötzlich bedroht war, überhaupt keine Chance hatten, sich darauf vorzubereiten. Solche Situationen, wie sie die klassische Theorie beschreibt, gibt es, und die Opfer des Anschlages auf das World Trade Center haben sie erlebt. Aber sie taugen nicht als Grundmuster für die Definition des Traumas schlechthin. Meine Geschichte ist die eines kumulativen Traumas, in deren Verlauf Hoffnung und Erwartung langsam schwinden, eine Geschichte, in der sich die unbewusste Omnipotenz an die kleinen Siege klammerte, die wir über ein unvermeidliches Schicksal errungen hatten und in der der Zustand völliger Hilflosigkeit, in dem wir uns befanden, unserem Bewusstsein weitgehend entzogen blieb. Versucht man, das Trauma zu begreifen, indem man sich mit Hilfe all seiner

Kenntnisse und Fähigkeiten in die Situation hineindenkt, dann erfährt man doch nichts darüber, wie sie von den meisten Betroffenen erlebt wurde. Empathisch zu sein ist schwierig, wenn nicht gar unmöglich, außer es herrscht Einigkeit darüber, dass die in einer Extremsituation gefangene Person nicht dieselbe ist wie der Zuhörer und, wie in diesem Fall, auch nicht diejenige, die die Geschichte aus der Erinnerung erzählt. Ich habe von Erfahrungen berichtet, deren ganze Tragweite sich mir erst später erschlossen hat.

Ein Witz illustriert den Tunnelblick des Opfers: Zwei Polizisten klingeln an der Haustür und eine Frau öffnet.»Sind Sie die Witwe Brown?«, fragen sie. »Nein, ich bin Frau Brown«, ist ihre Antwort, worauf die beiden erwidern: »Wollen wir wetten?«

Jeder Beobachter hätte die Not der armen Frau sofort erfasst, außer jemand, der das Zurkenntnisnehmen des Verlustes, der sich mit dem Erscheinen der beiden Polizisten an der Tür ja andeutet, aufschieben muss.

Diese Überlegung steht in Einklang mit Henry Krystals Formulierungen in einem Artikel aus dem Jahr 1985 mit dem Titel »Trauma and the stimulus barrier«. Ihm zufolge besteht die Nachwirkung des Traumas[4] in einem Triumphgefühl, das den Moment des Überlebens begleitet, d. h. mit anderen Worten, dieser Moment lässt die erlittenen Verletzungen und Beschädigungen außen vor. Krystal meint, dass das Trauma entlang seiner Bedeutungen und der von ihm ausgehenden affektiven Reaktionen beurteilt werden sollte und nicht nach der Reizintensität. Auf diese Weise vermeidet er den quantitativen Zugang, den ich eingangs erwähnte. »Ich glaube, dass die Tendenz, die Wahrnehmung zu unterdrücken, ›gefühllos‹ oder dumpf zu werden, von einer primären Störung der Affektivität herrührt und oftmals post-traumatischer Natur ist.« (Krystal, 1985, S. 142) »Bewusstseinsveränderungen können dazu führen, dass ein bewusstes Erfassen der Wahrnehmung oder des Impulses erfolgen kann, ohne damit eine gefährliche Reaktion auszulösen.« (Krystal, 1985, S. 151) In diesem Sinn sind die Mehrzahl der klinischen Symptome, die für gewöhnlich von traumatischem Ursprung erachtet werden (z. B. Neurosen) nicht etwa Nachwirkungen eines psychischen Traumas, sondern vielmehr das Ergebnis autoplastischer Veränderungen, die sich während jener Prozesse entwickelt haben, die der Verhinderung des Traumas dienten (Krystal, 1978; 1985, 152). In der Folge schützen sich die

---

[4] Sorgfältig unterscheidet Krystal zwischen dem erwachsenen und dem infantilen Trauma. Bei letzterem ist die affektive Entwicklung noch unabgeschlossen und daher zu einer modulierten Reaktion auf Stress nicht in der Lage.

Opfer durch eine besonders effektive »Reizschranke«, indem sie auf bedrohliche Situationen emotional nicht reagieren. Diese Affektblockade oder
Taubheit läßt sie »kalt«, unzugänglich oder unempathisch werden. Krystal
zitiert G. Klein, der sagte: »Der Preis, den wir für eine effiziente Wahrnehmung bezahlen, ist partielle Blindheit« (Klein, 1970, 218).

Mein Vortrag konzentrierte sich auf meine [Selbst-]Beobachtungen, während ich mir die damalige Zeit und die Ereignisse ins Gedächtnis rief, und
ich glaube, dass meine Erfahrungen gerade dadurch, dass ich sie so erzählte,
wie ich sie erinnerte, zugänglicher wurden und weniger fremd oder merkwürdig erschienen. Er führte vor Augen, dass auch Opfer über eine Abwehr
verfügen, die sie vor einer psychischen Katastrophe schützt. Ich glaube, das
Auditorium war bewegt, sogar zu Tränen gerührt, weil es nicht überwältigt
wurde, ebenso wie auch ich nicht so sehr erschüttert oder zerrüttet war als
vielmehr schwer eingeschränkt. Die Geschichte, die ich erzählte, beinhaltete jene massive Abwehr, die mir ein Überleben sicherte, ohne dabei die
einschlägigen Symptome zu entwickeln wie etwa das Überwältigtwerden
von Gefühlen als Reaktion auf das katastrophische Erleben. Diese Gefühle
sind für den Durchbruch des Reizschutzes verantwortlich und werden in der
Literatur immer wieder als Verursacher des Traumas genannt. Indem ich
die Abwehr gegen die Wirkung des Verlustes betonte, ging es mir nicht darum, den dauerhaften Schaden, den eine solche Erfahrung anrichtet, zu verharmlosen, sondern ihn vielmehr genauer zu fassen. Offensichtlich wussten
die Zuhörer, dass es vieler Jahre der Analyse bedarf, um einige der Folgen
rückgängig zu machen. Die vom Verlust verursachte Pathologie und die
Abwehrfunktionen gegen das Gewahrwerden ihrer ganzen Tragweite und
Bedeutung zeitigten keine Flashback-Erinnerungen, sondern führten eher
zu einer emotionalen Enge und zur Depression.

Ich wünschte mir eine Familie und wollte, wie die meisten Überlebenden
eines Objektverlustes, unbedingt Kinder, denen all das zuteilwerden sollte,
was ich selbst entbehrt hatte. Unglücklicherweise interferiert das Bedürfnis,
seine Kinder glücklich zu machen und ihnen ein gutes Leben zu ermöglichen, mit diesem Ziel. Wie ich nämlich herausgefunden habe, beanspru-
chen Kinder das Recht, unglücklich zu sein. Die gegenwärtige Literatur
spricht von dieser Interferenz als transgenerationelle Weitergabe des Traumas von einer Generation zur nächsten, so als ob »Trauma« ein sinnvoller
Begriff für die schmerzliche Interaktion wäre, die aus der Identifizierung der
zweiten Generation mit ihren Eltern erwächst. Ich habe etwas gegen die un-

dynamische Art, mit der die »Weitergabe des Traumas« ganz konkretistisch so beschrieben wird, als könnte ein Ereignis als solches und aus sich heraus zur Erklärung für komplexe Reaktionen zwischen Eltern und Kindern herangezogen werden. Stattdessen würde ich die Schwierigkeiten gerne mit einer kleinen Vignette illustrieren, die zeigt, wie ich meiner Tochter das Gefühl geben wollte, ich könnte ihr einen Ersatz für die Großmutter beschaffen, die sie nicht hatte: Nachdem meine Tochter in Deutschland der Nachbarin meiner Großmutter begegnet war, sagte sie zu meiner Überraschung, sie könne ja so tun, als sei diese Frau ihre deutsche Großmutter, die sie nie kennengelernt hatte. Ich fragte sie, wie es denn käme, dass nicht die Schwester meiner Mutter, die in den Vereinigten Staaten lebt und die sie gut kennt, eine solche »Als-ob-Großmutter« geworden sei. Ich habe ihre Antwort vergessen, aber sie spielt auch keine Rolle. Es war wichtig für sie, dass die Person, die ihre tote Großmutter ersetzen sollte, möglichst weit weg und ihr nahezu unbekannt war, denn nur so konnte sie die Funktion des verlorenen und wiedergefundenen Objekts erfüllen. So macht sich der Wunsch nach einem geteilten verlorenen Objekt bemerkbar, und die Identifizierung mit der vorangegangenen Generation scheint unvermeidlich. Genau das schafft Probleme, denn diejenigen, die das am eigenen Leib erlitten haben, haben sich in der Regel zum Ziel gesetzt, Eltern von Kindern zu sein, die nicht leiden müssen. In meinem Fall war es genau so, doch ich habe, glaubt man der Literatur, einmal mehr versagt, denn ich hielt die schrecklichen Geschehnisse größtenteils geheim. Wie ich in meinem Vortrag sagte: Es wird so viel darüber geschrieben, wie dringend erforderlich es ist, dass die Eltern ihre Sorgen und Nöte mit ihren Kindern teilen, aber mir ist noch immer nicht klar, wie man seinen Kindern von Konzentrationslagern erzählt. Ich sagte meinem Sohn, als er sechs war und nach meinen Eltern fragte, dass sie von den Deutschen umgebracht wurden und dass dann die Amerikaner kamen und die Deutschen, die das gemacht hatten, töteten. Er hat die Botschaft verstanden – und nie wieder gefragt. Jemand muss dies meiner Tochter zugetragen haben, denn sie hat überhaupt keine Fragen gestellt, bis sie mit 16 die ganze Geschichte wissen wollte. Zu diesem Zeitpunkt, es war im Jahr 1976, habe ich ihre Neugierde begrüßt, und wir unternahmen unsere erste Reise nach Deutschland. Ich wappnete mich mit einem emotionalen Panzer sowohl gegen Hass als auch gegen Wehmut über all das Verlorene.

Als Erwachsene jedoch vermieden meine Kinder Gespräche mit mir über den Holocaust. Zweifellos war ihre Haltung von meinem Wunsch gezeichnet, ihnen die Integration dieses Wissens um die Geschichte vor ihrer Geburt, die mich selbst ja ein Leben lang begleitete, zu ersparen. Es scheint, als befänden sie sich damit in der Ausnahme, wenn man bedenkt, dass eine Vielzahl der Autoren psychoanalytischer Studien über den Zweiten Weltkrieg Kinder von Überlebenden sind. Sie erforschen die Erfahrungen ihrer Eltern oder sie untersuchen den Einfluss, den die Verwüstungen im Leben ihrer Eltern auf ihre eigenen Erfahrungen hatten. Statt diese intensive Beschäftigung mit der Vergangenheit als eine unvermeidliche und zwangsläufige Nachwirkung des Traumas zu akzeptieren, stelle ich lieber die Unvermeidlichkeit selbst in Frage. Hier sind dynamische, von ausgeprägten Komponenten ödipaler Rivalität durchzogene Konflikte sowie eine Vielzahl anderer persönlicher Konflikte am Werk.

Herrscht womöglich Verwirrung darüber, wessen Trauma es ist, seitdem die »Kinder der Überlebenden« beinahe zu einer diagnostischen Gruppe geworden sind? Wenn ich um eine Erörterung der »Weitergabe des Traumas« gebeten werde, stimme ich für gewöhnlich mit dem geläufigsten Zugang zu diesem Problem nicht überein, denn ich lehne die auf das Ereignis gelegte Betonung ab. Ich bin der Überzeugung, dass die Weitergabe vielmehr auf der Ebene der persönlichen Motivation verstanden werden muss, statt historische Tatsachen als Grund für eine Identifizierung heranzuziehen. Dieses Argument habe ich in meiner Arbeit *Hysterische Persönlichkeitsmerkmale bei Kindern Überlebender* (Oliner, 1990) vorgetragen. Ich habe auch meine Einstellung hinterfragt: Will ich denn irgendwelche Besitzansprüche gegenüber jenen geltend machen, die sich das Trauma nur geliehen haben? Ich habe mit Kolleginnen und Kollegen auf dem Panel – alle Kinder von Überlebenden – über die Möglichkeit gescherzt, dass unsere Meinungsverschiedenheiten über einige ihrer Grundannahmen vielleicht daher rühren, dass ich auf mein Eigentumsrecht poche, gerade so, als würde ich fragen: »Wessen Trauma ist es denn?« Doch im Ernst: die Faszination der Katastrophe ist beachtlich, und zwar besonders für die Generation, von der man eigentlich denken sollte, dass sie ihr Leben leben möchte. Das war die offizielle Einstellung der ersten Nachkriegsgeneration in Israel. Nach und nach wurde deutlich, dass diese Haltung auf Verleugnung beruhte und zu manischen Reaktionen führte. In der Folge konnte Hillel Klein der Überlebensschuld etwas Positives abgewinnen, weil sie die Realität des Verlustes anerkannte. Wie kommt es zu einer Identifizierung mit dem Leiden statt mit dem Triumph, der dem Überleben innewohnt?

Zweifellos liegt die Antwort in der Beziehung zwischen einer schikanösen Behandlung und Aggression, wobei es die Kinder der Opfer vermeiden, in die Rolle des Aggressors zu geraten. Interessanterweise gilt das nicht nur für die Kinder der Opfer, sondern gleichermaßen auch für die Kinder der Täter. Mein Freund Christian Schneider (Schneider, 2002), ein deutscher Sozialwissenschaftler, hat die Art und Weise angesprochen, wie sich die Nachkommen der Tätergeneration automatisch mit den früheren Opfern identifizieren, und zwar in einem Maße, das die Urteilsfähigkeit dieser Generation zuweilen einschränkt. Müßig zu erwähnen, dass die Lösung natürlich nicht darin liegt, dass sie sich nun mit skrupellosen Mördern identifizieren, sondern vielmehr in einer größeren Fähigkeit, in der Auseinandersetzung mit diesem Thema an die Stelle einer blinden, gedankenlosen Identifizierung mit jedem, den sie für ein Opfer halten, eine angemessene, reife Antwort treten zu lassen.[5]

Meine Betrachtungen über den Objektverlust, die auch den Verlust abstrakter Objekte wie Sprache, Heimat und Nationalität einschlossen, haben einen weiten Bogen geschlagen: von meinem Vortrag in Berlin mit seinen unerwarteten Konsequenzen bis hin zu einigen meiner Ansichten über den Objektverlust als Erbschaft. Ich habe auch über die Abwehr gegen die Verlusterfahrung und deren Langzeitfolgen gesprochen. Unerwähnt gelassen habe ich indes, wie der Verlust die Persönlichkeit abstumpft und hart werden lässt, und zwar bis zu jener Grenze, an der die »Übung den Meister macht« und jederzeit mit einem Verlust gerechnet wird. Trennungen sind überaus schmerzhaft, und auf dem späteren Wiedersehen lastet eine ängstliche Besorgnis: Vor allem die Frage »werde ich die Beziehung wieder aufnehmen können« ist in bedrohlicher Weise allgegenwärtig. Möglicherweise steht diese Angst in Verbindung mit der »Zerstörung des Objekts«, die Winnicott (1974) als notwendigen Schritt zur Objektverwendung erachtete. Im Fall des Objektverlustes hat das Objekt nicht überlebt und steht folglich für eine Verwendung nicht zur Verfügung. Diese Betrachtungen über den Objektverlust, das wiederholende Nacherzählen, die Zeugenschaft an dieser Erzählung und die Weitergabe, die ja im wesentlichen eine Identifizierung der Kinder mit dem von den Eltern erlittenen Verlust ist, brachten mich zurück zu den vielfältigen Aspekten menschlicher Erfahrung, die bei dem Versuch, sie zu vereinfachen, oftmals entstellt und verfälscht werden.

---

[5]  Diese Tendenz wird auch in den vielen nach Hiroshima benannten Straßen oder Plätzen offenkundig, auf die ich in Deutschland gestoßen bin.

»ENTSCHULDIGEN SIE, DASS ICH GEBOREN WURDE« –
DAS SCHICKSAL EINER DEUTSCHEN JÜDIN
IM ZWEITEN WELTKRIEG[6]

*Dies ist die Geschichte meines Schicksals als deutsche Jüdin, erzählt im Kontext des Themas dieses Kongresses, der sich zur Aufgabe gemacht hat zu untersuchen, welche Arbeit wir Überlebenden leisten mussten, um nach dem Zweiten Weltkrieg ein produktives Leben führen zu können. Mir fiel das Adjektiv »normal« ein, im Zusammenhang mit dem Leben, das ich führen wollte, als ich kurz nach Beginn der Waffenruhe ohne Heimat und ohne Familie dastand; aber der Krieg endete nie wirklich, und diese Erkenntnis und ihre Akzeptanz waren Teil des Durcharbeitens, das ich leisten musste. Die Überschrift dieses Vortrags sind die Worte, mit denen Lilly, meine Stiefschwester, meine Einstellung als Kriegswaise und Flüchtling charakterisierte.* Ich habe keine normalen Anfänge, auf die ich zurückblicken könnte; meine deutsche Kindheit, meine jüdische Kindheit und der Holocaust waren die Bausteine meiner Identität, denn kurz nach meinem dritten Geburtstag kam Hitler an die Macht. Meine Mutter meinte sogar, ich hätte dieses Ereignis vorweggenommen, denn ich hätte geschrien, als sie meinen

---

[6]  Vortrag auf einer von Dr. Barbara Stimmel geleiteten Plenumssitzung des 45. Internationalen Kongresses der IPV 2007 in Berlin. Der hier abgedruckte, von Lilli Gast übersetzte Text ist Teil eines umfangreicheren autobiographischen Beitrags, der 2010 in dem von L. M. Hermanns herausgegebenen Band *Psychoanalyse in Selbstdarstellungen* erschien (Hermanns, 2010). Die Textzusätze für die vorliegende Ausgabe sind am Anfang und Ende mit * gekennzeichnet und wurden von Elisabeth Vorspohl übersetzt.

Kinderwagen in die frische Luft hinausgeschoben habe und eine bestimmte Frau ans Fenster gekommen sei. Niemand hätte meine Reaktion zunächst verstanden, bis sich später herausstellte, dass diese Frau zu den ersten Nazis in der Stadt gehörte.

Alles, was sich nach dem Krieg in meinem Leben ereignete, war eine willkommene Ergänzung, eine angenehme Zugabe zu meinem Leben, aber nichts erlangte eine so fundamentale Bedeutung wie das Gefühl, dass ich mich auf all das, was andere für selbstverständlich halten, nicht verlassen kann. Viele Jahre hatte ich den Eindruck, wie eine in Scheiben geschnittene Wurst zu leben, denn jede Anpassung an eine neue Situation beinhaltete die Notwendigkeit einer neuen Identität. Glücklicherweise verfügte ich über einen verlässlichen, stabilen Kern, aber wie ich noch zeigen werde, war dieser Kern mit Konflikten belastet und musste im Verlauf vieler Jahre analytischer Arbeit erst erträglich gemacht werden.

*Ich danke Ihnen für die Gelegenheit, Ihnen meine Geschichte zu erzählen, und für Ihr Interesse daran.*

Ich habe einen wiederkehrenden Traum, aus dem ich in niedergeschlagener Stimmung erwache. Er beginnt, mit jeweils nur geringen Abweichungen, damit, dass ich mich in einer neuen Wohnung oder einem neuen Haus befinde. Der letzte Traum spielte in einem Haus. Wir waren gerade erst eingezogen, und mir gefiel die Anordnung der Möbel nicht, aber ich war mir nicht sicher, ob meinem Mann eine Änderung recht wäre. Wahrscheinlich würde er finden, es sei zu viel Arbeit. Es war ein gut gebautes Haus, umgeben von etwa acht Hektar Land. Ich sagte mir, ich müsse doch zufrieden sein, aber mir ging die Frage einfach nicht aus dem Kopf, warum wir das alte Haus verkauft haben, jenes Haus, von dem meine Tochter sagte: »Du musst es kaufen, das ist dein Haus«, woraufhin wir es kauften. Das neue ist robuster, stabiler, das Grundstück ist größer, doch wenn ich aus dem Fenster schaue, sehe ich die Ausdehnung des Grundstücks nicht – alles, was ich sehe, sind ein paar mickrige Sträucher ohne jedes Grün daran. Warum nur haben wir das Haus am Wasser mit der wunderbaren Aussicht verkauft? Hatte es finanzielle Gründe? Das ist möglich, aber die Bauweise des neuen ist besser, und dies ist das Argument, mit dem ich versuche, mir das neue Haus als potentielle Verbesserung schmackhaft zu machen. Ich erwache traurig und mit dem Gefühl, etwas Geliebtes verloren zu haben, und es dauert lange, bis mir einfällt, dass sich der Verlust ja nur im Traum zugetragen hat und dass ich das alte Haus noch immer besitze.[7]

Der erste unserer vielen Umzüge fiel in das Jahr 1936, kurz nach meinem sechsten Geburtstag. Wir verließen Andernach am Rhein, die kleine Stadt in Deutschland, in der meine Mutter und ich geboren wurden. Der Rest der Familie, Großmutter, Tanten, Onkel und Cousins, blieb dort. Vor unserem Umzug arbeitete mein Vater seit einem Jahr im Geschäft seines Bruders Berthold in Köln und kam nur an den Wochenenden nach Hause, wo er meine Mutter und mich zurückgelassen hatte. Doch merkwürdigerweise war es seine Teilnahme an der Saarabstimmung, dass ich mich das erst Mal von ihm im Stich gelassen fühlte. Verstand ich denn die politischen Hintergründe dieser Wahl? Verstand ich, dass unser Umzug auch etwas mit der Diskriminierung von Juden zu tun hatte? Zumindest teilweise reagierte unser Umzug nach Köln auf Ertragseinbußen des Geschäftes, das mein Vater mit seinem älteren Bruder Julius unterhielt. Ich fragte mich, warum mein Onkel Julius, sein Bruder, den ich liebte, blieb und das Geschäft weiterführte? Stimmte etwas mit den Fähigkeiten meines Vaters nicht? Ich glaube, dass diese Art von vager Unbestimmtheit und der Mangel an Verständnismöglichkeit, gepaart mit der Trauer um das Verlorene, diese Wiederholungsträume einfärben. Selbst im Traum macht sich ein »Ordnungsruf« gegen die Verlustgefühle bemerkbar, denn jedes Mal versuche ich mich davon zu überzeugen, dass das Neue besser ist als das, was ich aufgeben musste: »Man darf den Eltern das Herz nicht schwer machen«, also musst du dir selbst die Idee aufschwatzen, das Neue sei im Vergleich zum Alten eine Verbesserung. Den offiziellen Grund unseres Umzuges erfuhr ich erst später, wahrscheinlich sehr viel später: Die

---

[7]  *Es ist bemerkenswert, dass ich diesen Traum seit dem Berliner Vortrag nie wieder hatte. Als unsere direkten Nachbarn aber ein relativ unbedeutendes Stück unseres Grundstücks übernahmen, das wir am Ende ersetzen mussten, wurde ich sehr depressiv.*

Diskriminierung der Juden machte es unmöglich, den Lebensunterhalt zweier Familien weiterhin aus den Einkünften des gemeinsamen Geschäftes zu bestreiten.

So viel zur Erklärung der Gefühlsstimmung im Traum. Im wirklichen Leben waren die Verluste enorm: Wie ich erst spät in meinem Leben entdeckt habe, gehörte das Recht auf einen Geburtsort zu jenen Besitztümern, die ich aufgeben musste. Dass »sie« mir mein Anrecht auf einen Geburtsort geraubt hatten, drängte sich mir auf eine eigenartige Weise auf. Es geschah im Jahr 1996, dass ich mir während eines neuerlichen Besuchs in Andernach erstmals wieder Gefühle erlaubte: Ich betrachtete die Leute auf der Straße und dachte, dass all diese Menschen sagen, sie seien hier geboren. Zu meinem Erstaunen wurde mir bewusst, dass ich davon ausging, dass mir das gleiche Recht verwehrt würde. Dies zu realisieren und das Recht auf meinen Geburtsort zurückzufordern war wichtig. Selbst mit Ende sechzig erlangte es eine immense Bedeutsamkeit, dass auch ich einen Ort hatte, an dem ich, wie jeder andere auch, geboren wurde. Es war, als wären mir Wurzeln gegeben worden, die es mir ermöglichten, endlich die Identität einer in Scheiben geschnittenen Wurst abzulegen. Allerdings hatte ich keine Eltern. Meine Eltern wurden 1942 nach Auschwitz deportiert und kamen nicht zurück. Als ich jünger war, fühlte ich mich deshalb allen unterlegen. Es war etwas, wofür man sich schämte, und ich verbarg meine »Familienlosigkeit«, indem ich mich an die Familie, die mich aufnahm, klammerte und versuchte, eine der ihren zu werden. Trotz alledem habe ich niemals wieder zu jemand anders »Mutter« oder »Vater« gesagt.

Erst seit zehn Jahren kann ich sagen, dass sie ermordet wurden, und zwar aufgrund der Forschung eines Deutschen, Herr Reidenbach, aus dem Geburtsort meines Vaters, Merxheim an der Nahe, der die Geschichte der Juden dieses Ortes untersuchte.

Erinnerungen an meine Kindheit in Deutschland waren ein Luxus, den ich mir kaum leisten konnte, es sei denn, ich fühlte mich stark genug. Wie hätte ich bei all dem Verlorenen verweilen sollen, wo ich mich doch dessen, was ich habe, dauernd versichern musste, um überhaupt weitermachen zu können, statt in nostalgischer Sehnsucht und Trauer zu versinken? Tatsache ist: Ich habe alles bis auf mein Leben verloren. Mit einer Aktentasche und den Kleidern, die ich am Leibe trug, überquerte ich 1943 bei strömendem Regen und unter Blitz und Donner die Grenze zur Schweiz. Doch ähnlich wie im Traum hielt ich in einer sehr ambivalenten Weise an der Vergangenheit fest. Weder habe ich sie je vergessen, noch habe ich meine Muttersprache verloren, obwohl ich zugleich jahrelang alle deutschen Produkte gemieden habe. Erst in den letzten zehn Jahren fühlte ich mich zu einem emotionalen Kontakt in Gestalt eines Besuchs in Andernach imstande und konnte das Deutsche in mir akzeptieren.

So bewegte sich die Erinnerung – denn vergessen habe ich niemals – auf merkwürdigen Pfaden. Als ich 1976 nach Andernach reiste, tat ich dies nur aus dem einzigen Grund, dass ich meiner Tochter zeigen wollte, wo ich geboren war. Die Reise durfte und sollte keine andere Bedeutung haben. Ich war zu einer emotionalen Konfrontation mit der Vergangenheit noch nicht bereit, eine kurze Begegnung ausgenommen: Die Frau, deren Eltern das Haus gehörte, in dem wir den zweiten Stock gemietet hatten, während sie das Erdgeschoss bewohnten, wollte mich unbedingt sehen. Tatsächlich hatte sie ihrer Tochter den Namen Marion gegeben und ließ alle wissen, dass sie kostbare Erinnerungen an uns hatte. Zwar konnte ich mich an sie erinnern, aber die Aussicht, sie zu treffen, löste keine sonderlich warmen oder herzlichen Gefühle in mir aus. Dieses Gefühl bestätigte sich, als wir uns begegneten und sie sich in Reminiszenzen an frühere Zeiten erging, und zwar an jene Zeit, in der sie und meine Mutter angeblich gute Freundinnen gewesen seien. Ihre Erinnerungen bewegten mich nicht, und die mangelnde Übereinstimmung unserer Gefühle verwirrte mich, allerdings nur bis sie ihren Bruder erwähnte. Ich brauchte ein wenig, bis mir einfiel, dass es da ja tatsächlich einen Bruder gegeben hatte. Dieser Bruder hatte sich der Hitlerjugend angeschlossen, was dazu führte, dass die Familien von Stund an auf Distanz zueinander gingen. Sie selbst sagte, es wäre gefährlich geworden, an eine jüdische Familie zu vermieten. Doch dies war meine einzige Erinnerung, wohingegen sie jene Zeit vor Martins Beitritt zur Hitlerjugend beschwor, eine Zeit, die für meine Gefühle ihr gegenüber keinerlei Bedeutung hatte. Lag es vielleicht daran, dass jede von uns ihre je eigenen Bedürfnisse ans Erinnerte hatte, oder war ich einfach nur zu jung, um die guten Zeiten mit ihr erlebt zu haben?

Über die Jahre habe ich gelernt, die Selektivität des Gedächtnisses zu akzeptieren, und ich erlaube mir kein Urteil über Menschen, die sich der ganzen Wahrheit nicht stellen können. Als ich jedoch kürzlich Köln besuchte, kam ich an einen »Hiroshima-Nagasaki-Platz«. Das machte mich wütend. Wer sind sie denn, dass sie sich anmaßen, der japanischen Opfer einer Bombardierung zu gedenken, die doch amerikanisches Leben in einem Krieg rettete, den die Vereinigten Staaten nicht begonnen hatten? Ich kann der deutschen Normalbevölkerung ihre Verleugnung nachsehen, mit der sie ihr alltägliches Leben fortführten, während die Juden vernichtet wurden. Aber ich kann kein Urteil verzeihen, das die Nachkommen der Verantwortlichen des Genozids über jene Alliierten fällen, die einen Krieg führten, an dessen Entstehung sie nicht beteiligt waren und in dem sie bestrebt waren, ihn mit den geringstmöglichen Opfern auf ihrer Seite zu gewinnen. Am liebsten hätte ich den Bürgermeister angerufen und ihn gefragt, wo denn der Auschwitz-Platz ist. Stattdessen nahm ich schnell den nächsten Zug zurück nach Andernach.

Die Erinnerung an Deutschland, um zum eigentlichen Thema zurückzukehren, verläuft über Sprache und Musik: Als wir im Mai 1939 nach der Kristallnacht nach Belgien flohen, konnte ich es kaum erwarten, wieder in die Schule zu gehen, nicht ahnend, wie schwierig und demütigend sich dies gestalten würde. Ich konnte die Sprache nicht – eine Schwachstelle, die eine Lehrerin gegen mich verwendete, denn ich war eine Deutsche, und sie hasste Deutschland. Als die Deutschen im darauffolgenden Jahr, also 1940, in dieses Land einmarschierten, freute ich mich, die Soldaten meine Sprache sprechen zu hören: Sie kamen aus meiner Heimat. Ich wusste sehr wohl, dass sie die Feinde waren, und zu keiner Zeit gab ich dem Impuls nach, Kontakt zu ihnen zu suchen, aber die Distanz tat weh. Im Kino sah ich in der deutschen Wochenschau Flugzeuge, die Bomben über London abwarfen. Ich wusste genug, um sie nicht anzufeuern oder in Beifall auszubrechen, aber die Szenen waren mit einer mitreißenden Melodie unterlegt, die mir gefiel, die ich mitsummte und die ich im Gedächtnis behielt. Es war schlechterdings inakzeptabel, diese Melodie zu mögen. Glücklicherweise erfuhr ich Jahre später, dass die Begleitmelodie der Bombardierungsszenen aus Beethovens Ouvertüre »Die Weihe des Hauses« stammte. Damit war die Genehmigung erteilt, sie durfte mir gefallen, und ich hatte einen Grund weniger, mich wegen meiner Identifizierung mit deutschen Dingen schuldig zu fühlen.

Wegen ebendieser Identifizierung mit Deutschland hieß es immer, deutsche Juden seien nicht wirklich jüdisch. Das traf auf uns und auf die Leute, die ich kannte, nicht zu. Wir waren auf die gleiche Weise jüdisch, in der die deutschen Christen christlich waren. Mischehen wurden in den Kreisen meiner Eltern nicht geduldet. Doch ebenso wie die Christen nicht zwischen ihrer Religion und ihrem Deutschsein wählen mussten, fanden meine Eltern, dass man auch als Deutscher jüdisch bleibt, so dass sie die Tragweite der neuen Gesetze und deren Auswirkungen auf die deutschen Juden erst verstanden, als es zu spät war. Dies ist für Juden aus anderen Ländern nur schwer zu verstehen, und ich selbst brauchte etliche Jahre, bis ich begriff, dass das Deutsche die einzige mir bekannte Kultur war und dass Juden anderer Nationalität über eine eigene Kultur verfügen. Wir waren einfach auf die »richtige Weise« jüdisch, heute würde ich eher sagen, auf eine »deutsche Weise« jüdisch, und dies unterschied sich in der Tat von den Gepflogenheiten der Juden aus dem Osten. Selbstverständlich war unser Weg der korrekte: Wir wussten, wie man die vielfach benutzten jiddischen Ausdrücke richtig ausspricht, wir befolgten die Gesetze gewissenhaft, und wir sorgten dafür, nicht aufzufallen und nur ja keine Aufmerksamkeit durch irgendwelche Eigenheiten oder durch unsere Kleidung zu erregen.

Die Verinnerlichung deutscher Werte war es auch, die meinen Vater veranlasste, dem Gesetz Folge zu leisten und sich während der Invasion Belgiens bei den belgischen Behörden zu melden. Alle Männer im Besitz eines deutschen Passes waren dazu verpflichtet, und er konnte nicht ahnen, dass er niemals wieder einen Moment der Freiheit würde genießen können. Nach der Kapitulation ließen die Deutschen die Nichtjuden frei, und die Juden wurden in verschiedene, während des Spanischen Bürgerkriegs in Südfrankreich errichtete Lager verschleppt. Es dauerte Monate, bis wir herausfanden, wo er war.

Auch heute neige ich eher zu einer gewissen Gesetzestreue, obwohl ich vom Verstand her sehr wohl weiß, dass sie auch korrumpiert oder gebeugt werden kann, und so gehorsam bin ich dann doch wieder nicht. Ich sage mir, Rechtsbruch und Gesetzesübertretungen sind nur zu Kriegszeiten Teil des Lebens: Ich muss nicht mehr um des Überlebens willen lügen und betrügen, also werde ich es auch nicht mehr tun. Aber eigentlich denke ich, es liegt vielleicht an meiner deutschen Erziehung, die in mir steckt, obgleich ich erst staatenlos und dann amerikanische Staatsbürgerin war. Zu erkennen, wie sehr ich doch wie andere Deutsche bin, bereitete mir immense Schwierigkeiten, vor allem weil ich der später eingeführten Unterscheidung zwischen Deutschen und Nazis nie etwas abgewinnen konnte. In meiner Kindheit war es ein und dasselbe, denn kein Deutscher hat sich je für uns eingesetzt.

Ich verfüge über eine jahrelange Übung, mich nicht irgendwelchen sehnsuchtsvoll verzehrenden Gefühlen nach all dem Verlorenen hinzugeben. Allerdings wappne ich mich gegen Verluste auf vielerlei grausame Arten. Während des Krieges und seiner Entbehrungen setzte meine Mutter alles daran, zu improvisieren. Die Kuchen, die sie ohne Eier backte, erfüllten sie ebenso mit Stolz wie der Überseekoffer, der uns als Tisch diente; kurz gesagt, all die Dinge, ohne die wir zurechtkamen, weil wir sie ohne Jammern und Wehklagen durch irgendetwas Vorhandenes ersetzen konnten. Im Gegenteil, sie war stolz darauf, dass sie mir einen Mantel aus einer Decke oder einem ihrer alten Mäntel anfertigen lassen konnte. Dieses Improvisationstalent habe ich von ihr übernommen, und meine Fähigkeit, mich den Einschränkungen des täglichen Lebens gut anpassen zu können, erfüllt mich immer wieder mit Stolz. Es ist schon erstaunlich, wie die Entbehrung und der Einfallsreichtum, den es erfordert, sie zu ertragen, narzisstisch besetzt werden können.

# Chronologie

Ich wurde im Jahr 1929 geboren, einen Tag vor dem amerikanischen Börsenkrach – lediglich ein Zufall, nehme ich an. Ich war umgeben von Verwandten: Die gesamte Familie meiner Mutter lebte in Andernach, mein Großvater mütterlicherseits stammte von der anderen Seite des Flusses, und die Familie meines Vaters lebte in einiger Entfernung (heute sind es etwa 90 Minuten mit dem Auto), aber wir haben sie regelmäßig besucht. Meine Mutter fand Merxheim ein wenig primitiv, doch mein Vater war gerne dort bei seinen Eltern und bei seinen vier noch lebenden Brüdern (einer starb am Ende des Ersten Weltkrieges). Die Lage in Merxheim verschlechterte sich sehr, als Jugendliche anfingen, »nur so zum Spaß« Juden zu verprügeln und auf diese Weise die Vorstellung widerlegten, dass die Antisemiten lediglich Befehle befolgen. Tatsächlich befanden sich die Juden in ihren eigenen Dörfern in viel größerer Gefahr als in den großen Städten, wo sie nicht so bekannt waren. Infolgedessen ließen sich meine Großeltern in Andernach nieder.

1936 zogen wir nach Köln, wo meine Eltern mit Bedacht eine Wohnung in der Nähe der jüdischen Schule, auf die ich gehen sollte, wählten. Das Schulgebäude war gut, zu gut für Juden, so dass wir schon bald daraus vertrieben wurden und in ein Gebäude umziehen mussten, das für unbewohnbar erklärt worden war und das ich zudem nur mit der Straßenbahn erreichen konnte. 1937 musste mein Cousin Werner Andernach verlassen. Er war irgendeiner »Rassenschande« beschuldigt worden, die man mir nicht erklärte, jedenfalls zog er bei uns ein. Zu diesem Zeitpunkt war Werner etwa 15 Jahre alt. Er war der Sohn von Blanka, der Schwester meiner Mutter, und einem Mann, der starb, als Werner noch ein Baby war. Meine Tante heiratete danach Onkel Julius, und drei Jahre später heiratete meine Mutter dessen Bruder Jakob. Von Werner hieß es, er sei verzogen, denn wegen seiner Vaterlosigkeit hätten alle Mitleid mit ihm gehabt. Durch seine Übersiedelung nach Köln war ich nicht mehr länger das einzige Kind. Er mochte mich nicht, denn er hielt mich für einen Moralapostel, und zu meiner Schande muss ich gestehen, dass ich aus meinem Groll gegen ihn auch keinen Hehl machte.

An meinem Geburtstag im Oktober 1938 kamen die polnischen Eltern in die Schule, um ihre Kinder abzuholen, damit sie sich von ihren Vätern vor deren Deportation verabschieden konnten. Ich bin mir nicht sicher, ob ich das richtig bemerkte. Aber wenn ich darüber nachdenke, glaube ich, dass mir diese Vorgänge, die sich ja ereigneten, als wir noch eine Familie waren und ich noch Eltern hatte, die mich beschützen konnten, harmloser erschienen, als es angemessen gewesen wäre. War meine Art und Weise, darauf zu reagieren, einfach eine Weigerung, mich mit diesen Kindern zu identifizieren? Fühlte ich mich ihnen überlegen, wie es den deutschen Juden in ihrem Verhältnis zu den osteuropäischen Juden ja nachgesagt wurde? Die Kristallnacht am 10. November bedeutete für mich kaum mehr als einen Vorfall, bei dem mein Vater seine Überlegenheit dadurch unter Beweis stellte, dass er nicht verhaftet wurde. Mich schickte die Schule nach Hause, und schließlich ging die ganze Familie zu unserer Synagoge, um nachzusehen, und fand sie schwer beschädigt vor, noch immer schwelend und glimmend. Mein Vater verbrachte den ganzen Tag im Bahnhofsgebäude, um nicht zu Hause zu sein, falls »sie«, nämlich die mit der furchterregenden Sirene, kämen, um ihn zu verhaften. Vielleicht verdankt sich ja meine Angstlosigkeit, die der Erinnerung an diesen Tag anhaftet, dem Umstand, dass er einer Verhaftung entging, der sich meine Onkel nicht entziehen konnten. So wie ich von ihm erwartete, dass er mich vor meiner Mutter in Schutz nahm, so oblag es ihm auch, mich vor »denen« zu beschützen.

Nach der Kristallnacht bezogen fremde Leute Quartier bei uns. Onkel Julius war nach Dachau deportiert worden, und Tante Blanka kam mit Cousin Karl, Werners Halbbruder, der drei Jahre älter war als ich. Meine Tante weinte so viel, dass meine Mutter ihr androhte, sie aus ihrem Bett zu werfen, so dass sie versprach, nachts nicht mehr zu weinen. Karl, mein Kumpel, und ich gaben uns alle Mühe, die Leute, die aus Berlin gekommen waren, zu identifizieren, denn wir durften nicht wissen, wer sie sind. So spielten wir Detektive und erfanden Geschichten über sie und wer sie wohl sein könnten. Wie Kinder so sind, lachten wir über unsere erfundenen Geschichten. Irgendwann gingen sie weg, und wir erfuhren nicht, dass man sie nach Holland schmuggeln würde. Nachdem ich 1943 die Grenze in die Schweiz überquert hatte, nahm mich die Schwester des einen Mannes, der bei uns Zuflucht gefunden hatte, in ihrem Haus auf. Seltsamerweise erinnere ich die Kristallnacht nicht als so traumatisch, wie man dies für ein neunjähriges Kind annehmen sollte. Für meine Eltern hingegen gab es, so glaube ich, von da an kein Zurück mehr.

Und noch eine andere Tragödie, die mich scheinbar nichts anging, bekam ich mit: Unsere direkten Nachbarn hatten zwei Töchter, die eine schwer zurückgeblieben und verwirrt und die andere ein hübsches, normales Mädchen. Als sich die Gelegenheit ergab, schickten die Eltern die jüngere Tochter mit einem der Kindertransporte nach England, wohl wissend, dass sie selbst wegen des älteren Mädchens in Deutschland bleiben mussten. Sobald die Jüngste das Haus verlassen hatte, wurde die Mutter so hysterisch, schrie und weinte tagein, tagaus, dass sie die Tochter nach Hause zurückholen mussten. Man kann das Schicksal der Familie nur erahnen, und obwohl ich anscheinend relativ unbeteiligt war, war mir, denke ich, schon damals, Anfang 1939, klar, dass dies wohl ihr Todesurteil bedeutete. Ich bin mir dessen so gut wie sicher, und zwar ungeachtet der allgemeinen Übereinkunft, dass Anfang 1939 noch niemand wissen konnte, dass die verbleibenden Juden ermordet würden. Möglicherweise wurde bereits über die Ermordung geistig behinderter Menschen gemunkelt.

Im Mai 1939 überquerten wir die Grenze nach Belgien. Mein Vater ging als Erster, und zwar in der Hoffnung, dass wir die Grenze mit dem Zug passieren könnten. Das klappte aber nicht. Eine Woche nach ihm wurden wir zur Grenze gebracht, wo ich meine erste Grapefruit aß – eine Erinnerung, die mich nie verließ. Wir waren mit Leuten zusammen, die bereits elfmal versucht hatten, die Grenze zu überwinden, und jedes Mal zurückgeschickt wurden, so dass es berechtigte Zweifel gab, ob wir es wohl schaffen würden. Die Zweifel verstärkten sich, als wir mitbekamen, dass wir dem Geräusch eines Zuges folgen sollten und dass der Mann, der dafür bezahlt wurde, uns über die Grenze zu bringen, schwerhörig war. Meine Mutter konnte alle von der Quelle des Zuggeräusches überzeugen, und sie hatte recht. Wir mussten auf einem Bahndamm laufen, und ich wollte ausprobieren, ob es im danebenliegenden Graben weniger mühsam sei. Er war voller Wasser, ich wurde nass und weigerte mich weiterzugehen. Meine Mutter war verzweifelt, und um mich zum Weitermarschieren zu bewegen, versprach sie mir »das größte Eis in Brüssel«. Ich erwiderte, wie sie denn so etwas versprechen könne – werden wir denn dort keine Flüchtlinge sein? Obwohl sie mich nicht überzeugen konnte, lief ich angesichts ihrer Verzweiflung und meines Wissens um den Ernst der Lage weiter. *(Ich habe diese Episode im Zusammenhang mit dem Film *Das Leben ist schön* geschildert, um zu zeigen, dass Kinder so tun können, als ob sie erfolgreich getäuscht worden seien; in Wirklichkeit spüren sie die Angst der Erwachsenen und reagieren auf die Gefahr, die sie signalisiert.)* Ich glaube, ich habe mein Eis bekommen, wenn auch nicht das größte. In Brüssel gab es Eisdielen, die so große Portionen servierten, wie wir sie noch nie zuvor zu Gesicht bekommen hatten.

Als Belgien am 10. Mai 1940 überfallen wurde, hatten wir ein Visum für die Vereinigten Staaten, aber wegen der deutschen Invasion konnten wir das Land nicht verlassen. Wie schon erwähnt, meldete sich mein Vater sofort am ersten Kriegstag mit seinem deutschen Pass bei den belgischen Behörden. Sie behielten ihn gleich da und verbrachten ihn dann in ein Lager nach Südfrankreich, wo ihn die französischen Behörden übernahmen: zuerst St. Cyprien, dann Gurs und schließlich Les Milles. Meine Mutter versuchte, Brüssel zu verlassen, doch unsere Versuche schlugen fehl. Es war demütigend, am Güterbahnhof abgewiesen und wegen unserer deutschen Pässe, trotz des J-Stempels in ihnen, diffamiert zu werden, während ein Verantwortlicher uns mit Beleidigungen überschüttete, wie wir es wagen könnten, hier aufzutauchen und um Evakuierung zu bitten. Nach einem weiteren fehlgeschlagenen Versuch, aus Brüssel herauszukommen, diesmal zu Fuß und in Begleitung einer Frau, die in einem grauen Nadelstreifenanzug, kastanienbrauner Bluse, Hut und Stöckelschuhen, mit ihrer Daunendecke auf dem Arm erschienen war und erklärte, sie sei eine Treppe hinaufgelaufen und nun erschöpft, blieben wir, wo wir waren.

*Die Erinnerung geht merkwürdige Wege, und* ich bin überzeugt, dass selbst bei Kindern eine gewisse Benommenheit oder Stumpfheit einsetzt. Als der Krieg in Belgien anfing, musste meine Mutter aus irgendeinem Grund nach unten gehen, und ich hatte solche Angst, dass mein Zittern das Bett zum Wackeln brachte. Es war aus Metall und machte Lärm. Die permanenten Flüge über Brüssel aus zwei Richtungen und die versehentlich abgeworfenen Bomben machten mir zunächst Angst, doch später scheine ich mich an das Leben in Brüssel ohne meinen Vater gewöhnt zu haben, denn ich hörte auf zu zittern. Hatte sich unsere Situation verbessert? Nein, alles deutete darauf hin, dass die Deutschen den Krieg gewinnen würden und wir in Gefahr waren. Ich war eine gute Schülerin, und mein Leben ging weiter. Ich glaube, es handelte sich hier um einen Prozess der Desensibilisierung, der schließlich seinen Niederschlag im Charakter findet.

Meine Mutter und ich bewohnten mit Werner ein Zimmer. Werner, der ebenfalls nach Belgien geflohen, aber bis zur deutschen Invasion in einem Jugendlager untergekommen war, lebte nun bei uns. Zu dieser Zeit war er ein rebellischer Teenager, der jegliche moralische Orientierung verloren hatte, so dass ihn meine Mutter hinauswarf. Doch als sie erfuhr, dass seine Clique eine ernste Straftat plante, suchte sie die Straßen nach ihm ab, bis sie ihn fand, und brachte ihn zurück in unser Zimmer. All dies forderte seinen Tribut bei meiner Mutter, was ich ihm sehr verübelte. Seiner Mutter und Onkel Julius gelang es, mit Karl nach England zu kommen, und Anfang 1940 erhielten sie ein Visum für die USA. Die Papiere wurden nach Antwerpen geschickt, und als Werner den Konsul eine Woche später traf, teilte man ihm mit, diese Papiere seien »zu alt«. Auf seine Entgegnung, seine Eltern hätten doch gerade erst ein Visum für England bewilligt bekommen, besiegelte der Konsul Werners Schicksal mit den Worten: »Wir sind hier nicht in England.« 1942 kam er im Alter von 20 Jahren in Auschwitz um.

*Drei Monate nach der deutschen Invasion bekamen wir Nachricht von meinem Vater. Er litt unter mehreren Erkrankungen, die mir verschwiegen wurden, und wurde schließlich nach Les Milles, einem Lager in der Nähe von Marseille, verlegt, das nur die Flüchtlinge aufnahm, die in Verhandlungen mit dem amerikanischen Konsul standen. Nun, da der Emigrationsprozess wieder in Gang gekommen war, beschloss meine Mutter im Mai 1941, dass es Zeit sei, sich meinem Vater anzuschließen, damit wir alle zusammen würden ausreisen können.*

Unsere Reise von Brüssel nach Marseille war eine Horrorgeschichte: An der Grenze zwischen Belgien und Frankreich, wo niemand mit irgendwelchen Formalitäten rechnete, wurden wir aus dem Zug gefischt und all unserer Wertsachen beraubt. Meine Mutter hatte sogar etwas ausländische Währung bei sich, soweit ich mich erinnere 400 Dollar, die sie offen bei sich trug, da wir keine Durchsuchung erwarteten. Hätten die Deutschen dieses Geld gefunden, wären wir auf der Stelle deportiert worden. Mit einem geschickten Manöver aber gelang es ihr, die Tasche unter einigen Kleidungsstücken zu vergraben, so dass das Geld nicht gefunden wurde. Währenddessen wurde bei mir eine Leibesvisitation vorgenommen, und die Frau fand zehn Mark bei mir, die sie triumphierend ins Dienstzimmer zurückbrachte. Der Beamte aber wies sie an, mir das Geld zu lassen: Es war einer dieser kleinen Triumphe, die so kostbar waren und die wir wieder und wieder erzählten. Sie nahmen uns unseren gesamten Familienschmuck weg. Ich wusste um die Dollars, die meine Mutter in ihrem Besitz hatte, und ich verstand nicht, wie wir entkommen konnten. Sie erklärte es mir, als wir außer Gefahr waren.

Wir setzten unsere Reise mit dem nächsten Zug fort und kamen an eine Bahnstation, an der viele Leute ausstiegen. Die Frau, deren Aufgabe es war, uns über die Somme-Linie, einem bekannten Kontrollpunkt, zu schmuggeln, sagte uns, wir könnten noch eine Station weiterfahren, aber wir hörten Soldaten auf Deutsch sagen, dies sei der letzte Halt vor der Somme-Linie. Nun steckten wir in dem typischen Dilemma von Flüchtlingen: Wenn wir jetzt aussteigen, werden sie dann merken, dass wir Deutsch verstehen? Andererseits war es überhaupt keine Frage, ob wir im Zug bleiben sollten oder nicht, also taten wir, was wir tun mussten, und stiegen aus – niemand bekam mit, dass wir aufgrund unserer Deutschkenntnisse den Zug verließen.

Wir überquerten die Somme-Linie in einem Viehwaggon, in den wir uns noch in der Dunkelheit geschlichen hatten. Während der Überquerung kauerten wir aneinandergedrängt in einer Ecke, während ein Mann in der Türöffnung stand und mit dem Inspektor sprach. Es waren Momente äußerster Gefahr: Ein Ton, ein Niesen, ein Husten hätte uns verraten. Als wir in Paris ankamen, dachte Werner gar nicht daran, sich innerhalb des für Fußgänger gekennzeichneten Bereichs zu halten, so dass wir, statt die Sehenswürdigkeiten zu besichtigen, ins Hotel zurückkehren mussten. Für meine Mutter wäre es eine Rückkehr zu jenen Orten gewesen, die sie einst mit meinem Vater auf ihrer Hochzeitsreise besucht hatte. Doch sie fand es zu gefährlich, denn immerhin lebten wir in permanenter Angst, verhaftet zu werden. Einmal mehr verübelte ich Werner, dass er die Gefahr, in der wir uns ohnehin schon befanden, noch vergrößerte.

Die nächste Hürde, die es zu überwinden galt, war die Demarkationslinie, die wir bei Tageslicht überqueren mussten, weil der Übergang von der besetzten zur unbesetzten Zone innerhalb Frankreichs nachts von scharfen Hunden bewacht wurde. Ich glaube, das war sehr beängstigend, und ich erinnere mich vage an ein offenes Feld, auf dem wir weithin sichtbar waren. Trotzdem überquerten wir diese Grenze erfolgreich und erreichten den Bahnhof eines Ortes namens Marthon. Meine Mutter kaufte Tickets nach Marseille, und wir warteten im Bahnhof auf den Zug. Als sie rasch ins Dorf ging, um etwas zu erledigen, riet ihr ein Jude, schnell von hier zu verschwinden, denn im Ort wimmele es nur so von Gendarmen, die uns verhaften würden. Wir mussten also das Dorf verlassen und bekamen heraus, dass wir in den nächsten Ort laufen und dort unseren Zug erreichen könnten. Erst dachten wir, wir würden verfolgt, aber bald war niemand mehr zu sehen; wir klopften uns auf die Schulter und schafften es zum nächsten Ort. Dort warteten wir auf den Zug, doch als er ankam, brachte er die Gendarmen, die uns festnahmen. Wir mussten nach Marthon zurückkehren, und meine Mutter erreichte, dass ich auf dem Fahrrad eines der Gendarmen fahren durfte, während alle anderen laufen mussten. Ein weiteres dieser kleinen Erfolgserlebnisse, die sich Flüchtlinge gerne erzählten, wenn sie zusammensaßen. Diese Geschichten und der Humor waren es, die die Last auf unseren Schultern ein wenig leichter machten.

Unser Schicksal war vollkommen ungewiss. Unsere Unterkunft war der Speisesaal des örtlichen Hotels. Dort stand ein Kinderbett, in dem wir nur schräg liegen konnten. Wir waren zu fünft in diesem Bett, eine andere Familie, Mutter und Sohn, die mit uns gereist waren, eingerechnet. Später gingen Werner und der Sohn zum Schlafen auf den Dachboden, und dann teilten nur noch wir drei anderen das schmale Bett. Ich kann mich noch immer an das Essen erinnern, das wir aßen, denn es war französisch und ziemlich schlecht. Ich erinnere das matschige Brot, das in der Zwiebelsuppe schwamm. Außerdem missfiel mir die Vorstellung, dass alle anderen meine Weinration unter sich aufteilten, und eines Tages bestand ich darauf, meine Ration selbst zu trinken. Ich habe mich ganz schön zum Narren gemacht und praktisch den Rest des Tages und die darauffolgende Nacht durchgeschlafen.

Aus irgendeinem Grund blieben wir in diesem Schwebezustand: Genau betrachtet legte die Art der Unterkunft nahe, dass wir für die Deportation vorgesehen waren, doch man ließ uns nun schon über eine Woche in diesem Bett schlafen. Eines Tages konfrontierte meine Mutter einen der uniformierten Beamten mit der Mitteilung, dass ihr Mann ganz sicher ohne uns in die Vereinigten Staaten ausreisen würde, wenn man uns noch länger in Haft hielte, und er behauptete, er hätte ja keine Ahnung gehabt, dass wir meinen Vater treffen wollten und dass der sich bereits in der unbesetzten Zone befände. Das änderte alles, und schon waren wir unterwegs mit einem Saufconduit (Geleitbrief). Niemand konnte uns etwas anhaben. Wenn ich heute auf diese Episode zurückblicke, sieht es so aus, als hätten sie nicht gewusst, was sie mit uns anfangen sollen, und die erste sich bietende Gelegenheit ergriffen, uns loszuwerden, doch das wussten wir damals nicht.

Ich erinnere mich an das Wiedersehen mit meinem Vater in dem Lager, in dem er interniert war. Ich war überglücklich. Er kam auf Urlaub zu uns nach Marseille und bekam einen Malariaanfall. Es war furchtbar, wie er litt, und unglücklicherweise brachte meine Mutter, selbst emotional erschöpft von den vorausgegangenen Strapazen und froh über die Aussicht, die Belastungen nun wieder teilen zu können, ihre Enttäuschung über ihn auch in meiner Gegenwart zum Ausdruck. Dies sind unbeschreiblich schmerzliche Erinnerungen.

Das Zimmer, das wir in Marseille mieteten, spottete jeder Beschreibung. Die Gemeinschaftstoilette war so verdreckt, dass wir lieber eine öffentliche Toilette aufsuchten als die des Hotels. Es war mir ein Rätsel, wie ein so zivilisiertes Land wie Frankreich noch bis weit in die sechziger Jahre hinein derartig widerliche Toiletten haben konnte. Unsere Unterkunft in Aix-en-Provence verfügte über eine saubere Toilette, und wenn wir Besucher hatten, Flüchtlinge wie wir, sorgten sie dafür, nochmals unsere Toilette zu benutzen, ehe sie in ihre Zimmer zurückkehrten. Unsere war das Gespräch in der Flüchtlingsgemeinde.

Warum Aix-en-Provence? Des Glamours wegen? Nein: Einen Monat nachdem wir uns in Marseille niedergelassen hatten, erhielten wir Papiere für eine résidence forcée (Zwangsaufenthalt). Wir wurden irgendwohin aufs Land geschickt, wo wir leben sollten, doch nachdem wir so lange von meinem Vater getrennt waren, wollte sich meine Mutter nicht weit von dem Lager, in dem er interniert war, entfernen, so dass wir in Aix-en-Provence so auftraten, als seien wir gerade erst aus Belgien eingetroffen. Das funktionierte. Ich erinnere mich an ein später stattfindendes Gespräch, in dem jemand die Meinung vertrat, es sei ein Fehler gewesen, nicht aufs Land zu gehen, weil mein Vater möglicherweise hätte fliehen können und alles anders geendet wäre. Aber wer hätte das wissen können?

All das trug sich im Sommer 1941 zu. Noch immer bestand eine geringe Chance, Papiere zu bekommen, die uns die Ausreise aus Frankreich und die Einreise in die USA ermöglichen würden, doch beides war mit Formalitäten verbunden, und eine Auflage folgte der nächsten, so dass wir nie in den Besitz dieser Visa gelangten. Im Dezember ereignete sich der Angriff auf Pearl Harbor, und die Vereinigten Staaten traten in den Krieg ein. Eine weitere Hoffnung schwand. Woran ich mich viel mehr erinnern kann: Ich ging in diesem Jahr zur Schule, war eine gute Schülerin und schloss mit einem Certificat d'Études Primaires[8] ab. Letzteres erwies sich nicht nur als ein Segen, denn insofern ich vollkommen mir selbst überlassen war, blieb mir nun auch der Trost des regelmäßigen Schulbesuches versagt. Stattdessen schälte ich eine Menge Kartoffeln.

Ich kann mich nicht erinnern, wann die Gerüchte, wie sie in Kriegszeiten ja grassieren, sich um Deportationen zu drehen begannen, doch irgendwann erreichten sie uns und wurden Realität. Etwa um diese Zeit erfuhr meine Mutter, dass ihr Bruder, der in Philadelphia lebte, sehr krank war, und ich erinnere mich, wie sie sagte, er sei wahrscheinlich gestorben, doch sei sie von ihrer eigenen Situation derart überwältigt, dass sie sich außerstande sähe, um ihn zu trauern. Als mein Vater eines Sonntags Anfang August 1942 zu uns zu Besuch kam, fand meine Mutter, er solle nicht ins Lager zurückkehren. Mein Vater war überzeugt davon, dass wir es uns nicht leisten könnten, ihn über den Schwarzmarkt zu ernähren, doch versprach er, sofort zu fliehen, falls die Behörden anfingen, Urlaube zu streichen. Die Logik dahinter war, dass eine Urlaubssperre immer die erste Maßnahme war, wenn irgendetwas bevorstand. Doch dieses Mal sannen die Behörden auf eine Überraschung: Am nächsten Morgen war das Lager von gardes mobiles[9] umstellt, allesamt bewaffnet mit Gewehren und Bajonetten. Außerdem wurden auch die Frauen verhaftet. Wir flohen unverzüglich aus unserem Zimmer. Werner war schon früher untergetaucht und lebte bei einem Kürschner als dessen Lehrling.

Da wir aus dem Zimmer nichts mitgenommen hatten, kehrten wir am Tag darauf zurück, um von unseren Habseligkeiten einiges an uns zu nehmen. Als die Vermieterin uns sah, bat sie uns zu warten, sie müsse mit uns reden; allerdings habe sie soeben erfahren, dass es Melonen gäbe, sie käme aber gleich zurück. Tatsächlich ließ sie ihren kleinen Sohn, Jeannot, bei uns. Sobald sie außer Hörweite war, öffneten die Nachbarn die Tür und warnten uns vor der Polizei, die bereits nach uns gesucht hätte, und dass Mme. Pellisier sie holen gegangen sei. Ich

---

8  Abschluss der Grundschule/Volksschulabschluss (Anm. d. Übersetzerin).
9  Spezielle militärische Einheit der Gendarmerie (Anm. d. Übersetzerin).

klebte Jeannot eine, ehe wir die Treppen hinunterliefen. Da wir nicht wussten, zu welcher Polizeistation sie gegangen war, entschieden wir, in Richtung des Platzes zu gehen, wo wir uns versteckten. Und da sahen wir sie auch schon aus einiger Entfernung, wie sie in unsere Richtung mit der Polizei den Hügel heraufkam. So schnell wir konnten, stürzten wir in einen Hauseingang. Sie und die Polizei gingen an uns vorbei, ohne uns zu sehen.

Kurz darauf traf meine Mutter die verhängnisvolle Entscheidung, meinem Vater zu folgen. Wieder einmal gab es Gerüchte, dass Kinder in die USA geschickt würden, und sie wünschte sich sehr, mich aus Europa herauszubekommen. So war sie hin und her gerissen zwischen ihrem Wunsch, mich festzuhalten, womit sie mich allerdings gefährdete, oder ganz allein zurückzubleiben. Zweifellos war sie am Ende ihrer Kräfte, als sie auf diese Lösung kam, aber es war ihr Entschluss, und ich bin sicher, dass sie mich nicht zurate zog. Zu dem Lager fuhren wir in einer dieser Pferdekutschen, die den Cours Mirabeau hinauf- und hinunterfuhren, denn sie wollte schon immer einmal in so einer Kutsche fahren. Also beschloss sie, sich diesen letzten Luxus zu gönnen, und dergestalt erreichten wir das Lager Les Milles. Als mein Vater uns sah, spiegelte sich auf seinem Gesicht der Ausdruck eines Mannes, der sich damit abgefunden hat, noch eine weitere Karte zu akzeptieren, die ihm das Schicksal zuschob. Ich bin sicher, er freute sich, uns zu sehen und nicht mehr allein zu sein, aber auch, dass er sich wegen des Entschlusses meiner Mutter, mich allein zu lassen, schrecklich fühlte. Es war vereinbart, dass am nächsten Tag jemand von der OSE[10] kommen und mich vom Lager abholen sollte, um mich zu einer Gruppe von Kindern unter 18 zu bringen, die möglicherweise in die USA geschickt würden.

Die Nacht im Lager war trostlos und bitter. Morgens wachte ich mit Halsweh auf und wollte meine Eltern nicht verlassen. Sie beschworen mich, es ihnen nicht noch schwerer zu machen, mein Vater segnete mich, und so fuhr ich mit einem Fremden fort. Einige Tage weinte ich,

---

[10] Jüdisches Kinderhilfswerk in Frankreich: *Œuvre de secours aux enfants* (Anm. d. Übersetzerin).

und zwar so sehr, dass mein Essen salzig schmeckte, und dann gewann das normale Leben wieder die Oberhand. Ich musste überleben. Ich war eine unreife Zwölfjährige unter lauter Teenagern, die alle schon früher von ihren Eltern getrennt worden waren und die ihre Freiheit zu begrüßen schienen. Ich hingegen hielt nur Ausschau nach jemandem, der mir Mutter oder Vater sein könnte.

Meine Eltern dachten, ich wäre nicht allein, weil Werner ja in der Nähe sei, doch der wurde vier Wochen nach deren Deportation gefasst. Er schrieb mir ein paar Worte auf eine Postkarte, an die ich mich immer noch erinnern kann: »Sie haben mich direkt bei der Arbeit erwischt.« Also war ich ganz allein, denn meine Mutter hatte mich gewarnt, mich nur ja nicht von Tante Martha einladen zu lassen. Sie war eine angeheiratete Tante; ihr Mann war der Bruder meines Vaters, und ihr Sohn Carlo und ich vertrugen uns nicht. Die beiden Frauen kommentierten das immer mit den Worten »zwei Einzelkinder«, doch ganz offensichtlich war dies reine Höflichkeit. Meine Mutter hegte ganz andere Gedanken, die sie mir nicht verriet, und sie hatte nicht unrecht. Tante Martha führte dann schließlich einen Bruch zwischen Karl und mir herbei, und der Schaden, den sie anrichtete, konnte nie wieder gut gemacht werden.

Das darauffolgende Jahr war das reinste Elend. Zuerst waren wir in einem auf einem Hügel gelegenen Hotel untergebracht, Hotel Bompard über dem alten Hafen von Marseille. Eine Woche nach unserer Ankunft wurden alle Kinder zwischen 15 und 18, die erst kurz zuvor befreit worden waren, zusammengetrommelt. Das Essen, das über die Hilfsorganisation CARE geschickt worden war, war schlecht zubereitet: ohne Salz gekochte Spaghetti, serviert in Wasser, mit einem Teelöffel Marmelade oben darauf, die im Nudelwasser schwamm. Es gab Wanzen, und ich, eine Außenseiterin, trauerte inmitten all der flirtenden und sich widerspenstig gerierenden Teenager. Endlich wurden wir auf andere Heime aufgeteilt, und mein Los war es, in ein orthodoxes Mädchenheim in der Nähe von Limoges gebracht zu werden. Wieder einmal war der Ort glamourös, ein großes Haus, Château du Couret, in einem Park gelegen, durch den ein kleiner Bach floss. In ihm wusch ich meine Socken und holte mir dabei Frostbeulen. Zunächst schien mich das Religiöse nicht zu beunruhigen, aber ich fühlte mich fehl am Platz. Ich war jedoch davon überzeugt, dass Gott meine Eltern zurückschicken würde, wenn ich nur artig sei (es gab bereits Anzeichen dafür, dass wir einander nicht mehr wiedersehen würden). Ich träumte sogar, dass meine Eltern zurückkämen und wir auf einem Elefanten ritten. Mein Hochsitz war wackelig und unsicher. Ich wollte zwar brav sein, hatte aber anscheinend keine Bedenken, die von der Orthodoxie vorgegebenen Regeln zu verletzen und mich zu den anderen zu stellen, die samstags in Erwartung des Postboten am Straßenrand standen, damit ich meine Post noch vor Sonnenuntergang bekomme. Dies nämlich war der Zeitpunkt, an dem die Post verteilt wurde, weil wir am Schabbat kein Papier zerreißen durften. Das brave Kind war offensichtlich rebellischer, als es selbst wusste, und um schließlich zu einem völligen Atheisten zu werden, bedurfte es lediglich einiger beiläufiger Bemerkungen meines Pflegevaters ein Jahr später.

Mein Gepäck wurde an einen falschen Ort geschickt, was bedeutete, dass ich nichts als die dünne Sommerkleidung besaß, die ich auf der Reise von Marseille getragen hatte, wo es bis in den Oktober hinein warm war. Als ich jedoch meinen Mantel im Speisesaal tragen wollte, wurde es mir von Sara, der Erzieherin, mit der Begründung verboten, es ginge nicht, dass ich zu Hause bei Tisch einen Mantel anhabe, schließlich sei das mein Zuhause. Von da an fror ich zwei Monate lang, bis mein Koffer kam. Während die anderen Kinder in die Dorfschule gingen, schälte ich Kartoffeln, denn ich hatte das Grundschulpensum ja bereits absolviert. Ich entwickelte mich zur Bettnässerin und musste im Flur vor dem Zimmer eines Mädchens schlafen, das einen zurückgebliebenen oder geistesgestörten Eindruck machte. Ich hatte Angst vor ihr, fügte mich aber in mein Schicksal. An meinen Beinen hatte ich wunde Stellen, die regelmäßig verbunden werden mussten und erst heilten, als ich in der Schweiz war. Beim Verbinden brachte Sara zum wiederholten Male ihre Meinung über meine Empfindlichkeit zum Ausdruck: Ich war ein verwöhntes, verzogenes Einzelkind.

Eines Tages gab es einen Wechsel auf der Verwaltungsebene. Die Heimleitung wurde jüngeren Leuten übertragen, und ein Gefühl der

Befreiung machte sich bemerkbar. Es ist gut möglich, dass die alte (orthodoxe) Leitung nicht nur ihre Pflichten vernachlässigt, sondern auch betrogen hatte.

Als mich meine Tante Martha in ihre Familie nach Mégève einlud, nahm ich die Einladung an. Sowie ich jedoch dort war und die Grausamkeiten meines Cousins ertragen musste, fiel mir die Warnung meiner Mutter ein, und so nahm ich es als gerechte Strafe hin. Drei Monate später jedoch konnten wir, mein drei Jahre jüngerer Cousin und ich, uns einem kleinen Konvoi von Kindern anschließen, der über die Grenze in die Schweiz geschmuggelt wurde. Zu meiner tiefen Bestürzung ging das Ehepaar, das das Château du Couret betrieben hatte, mit uns. Als ich an einer Stelle einen Abhang in einen kleinen Fluß hinunterrutschte und mich im Gebüsch verfing, wollte Madame nicht, dass Monsieur zu mir zurückging, um mir zu helfen. Ich freue mich sagen zu können, dass er über mehr Menschlichkeit verfügte als sie. Die Grenzüberquerung war ein Alptraum: Wir hatten ein Baby bei uns, dessen Namen wir nicht kannten. Zuerst hatten wir Angst, es könnte schreien, später, wenn es nicht schrie, als es kopfüber von einem zum anderen weitergereicht wurde, waren wir überzeugt, dass es tot sei. Wahrscheinlich waren ihm irgendwelche Medikamente verabreicht worden, doch das wussten wir nicht. Auch das Wetter hätte nicht schlimmer sein können. Wir waren nass bis auf die Knochen und überzeugt davon, wegen der vielen Blitze weithin sichtbar zu sein. Wir hörten Hundegebell und glaubten, nun sei alles verloren, tatsächlich aber hatten wir es in die Schweiz geschafft. Dort wurden wir ins Gefängnis gesteckt, dann in ein Lager und schließlich in ein zweites Lager überführt, was bedeutete, dass man uns nicht zurückschicken würde.

Einer der beiden Männer, die nach der Kristallnacht bei uns in Köln untergekommen waren und aus dem Dorf meines Vaters stammten, hatte eine Schwester in der Schweiz. Sie hatte geholfen, die Post von den unbesetzten in die besetzten Zonen Europas zu befördern, so dass sie auch wusste, dass ich in Frankreich zurückgelassen worden war. Sie hatte versucht, mich legal in die Schweiz zu bringen, indem sie behauptete, sie und meine Mutter, die den gleichen Mädchennamen hatte wie sie, wären Cousinen. Das funktionierte zwar nicht, doch sowie ich in der Schweiz war, schickte sie mir ein Päckchen mit einem Waschlappen, Handtuch, Seife, Käse und Schokolade und bot an, mich aufzunehmen. Die offizielle Quarantänezeit betrug 21 Tage, doch aufgrund ihrer Bemühungen wurde ich schon früher entlassen und machte mich an meine Genesung.

Aber von all dem wusste ich nichts. Ich reiste mit einem anderen Mädchen nach Zürich, und man hatte uns eine Haarbürste mitgegeben, die wir beide benutzen sollten. Ich überredete sie, die Bürste mir zu geben, weil ich bei Fremden leben würde, während sie zu ihrer Tante fuhr. Als der Zug in Zürich einfuhr, sah ich die Frau auf dem Bahnsteig stehen, entschloss mich aber, so zu tun, als würde ich sie trotz der Fotos, die sie mir geschickt hatte, nicht erkennen. Ich wollte die letzten Augenblicke meiner Unabhängigkeit auskosten. Ich dachte, ich hätte etwas zu verlieren, was mich lehrte, niemals davon auszugehen, dass Leute, die jämmerlich und mitleiderregend aussehen, sich notwendigerweise auch so fühlen müssen. Ich trug Lederschuhe, die ich einem anderen Mädchen von dem bisschen Geld, das mir meine Eltern mitgaben, abgekauft hatte. Ich konnte sie aber wegen der wunden Stellen an meinen Beinen nicht zuschnüren (man kann sagen, angesichts der heutigen Mode unter Teenagern war ich mit meinen ungeschnürten Schuhen meiner Zeit weit voraus), aber ich war stolz auf sie ebenso wie auf das mit Stickereien versehene Seidenkleid, dessen Größe mir vier Jahre zuvor gepasst hatte. Ich klammerte mich noch ein paar Minuten länger an meine Unabhängigkeit.

Am 13. August 1943 hatte ich die Schweiz erreicht. Nicht einmal drei Wochen später kam ich in mein neues Zuhause in Zürich. Ich besaß ein eigenes Zimmer, außer wenn dessen rechtmäßiger Bewohner aus Bern nach Hause kam, was allerdings nur selten der Fall war. Die Familie unterschied sich sehr von meiner eigenen Herkunftsfamilie; verglichen mit ihr, in der nichts verborgen blieb, waren sie hier diskret bis zur Schwelle der Geheimnistuerei. Das kam mir zugute, denn als Teenager, zumindest dem Alter nach, brauchte ich den Raum. Meine Pflegeschwester und ich wurden gute Freundinnen und stehen bis heute in engem Kontakt. Ich hatte die Angewohnheit, meine Knöpfe zu zwirbeln, was sie verrückt machte. Sie ist auch diejenige, die meine Haltung mit den Worten »Entschuldigen Sie, dass ich geboren wurde« umschrieb.

Ich wusste sehr zu schätzen, was mir von dieser Familie entgegengebracht wurde, und konnte die Vorteile gegenüber meiner eigenen Herkunft sehr wohl ermessen. Gleich zu Beginn meines Aufenthaltes bat mich Herr Wolffers, vor dem ich gewaltigen Respekt hatte, an einem Samstag, irgendetwas zu schreiben oder zu nähen, und als ich das nicht tun wollte, sagte er nur: »Du glaubst doch nicht daran, oder?« Er hatte das, was ich mir bis dahin nicht wirklich eingestand, in Worte gefasst. Ich rechnete schon noch damit, dass meine Eltern zurückkommen würden, bloß dass ich im Lauf der Zeit und ohne etwas über das Schicksal der deportierten Juden zu wissen immer weniger an ihre Rückkehr dachte. Bei Kriegsende hörte ich von der Vernichtung fast aller Deportierten, und am VE Day[11] ging ich nach Hause und weinte den ganzen Nachmittag. Ein Tag der Abrechnung war gekommen, doch im Grunde verblasste die Phantasie einer Wiedervereinigung mit meinen Eltern jedes Jahr ein wenig mehr. Zudem begann ich mir Sorgen darüber zu machen, wie meine Eltern meine Veränderung wohl aufnehmen würden. Ich hatte die Hoffnung schon lange, bevor ich die offizielle Bestätigung ihres Schicksals erhielt, aufgegeben, und doch glaube ich, dass ich mir bis zum heutigen Tage die Gesichter, die mir auf der Straße begegnen, genauer anschaue als andere Leute.

Viele Jahre war ich der Meinung, dass ich kein Recht habe, mich mit jenen zu vergleichen, die gelitten haben. Ich hatte viel Glück und begegnete guten und großzügigen Menschen. Aber es gab auch Zeiten, in denen ich so unglücklich und deprimiert war, dass ich dachte, es wäre besser gewesen, meine Eltern hätten mich damals mitgenommen. Nichts war einfach, vor allem nicht die Liebeleien, die Ehe und Elternschaft: Mir wurde bewusst, dass ich die Überzeugung meiner Mutter

---

[11] Tag, an dem der Sieg der Alliierten im Zweiten Weltkrieg in Europa gefeiert wird (Anm. d. Übersetzerin).

wiederholte, die dachte, sie sei für ihre Kinder schädlich, so wie auch ich sicher war, aufgrund meiner Geschichte schlecht für meine Kinder zu sein. Aus Angst, sie könnten etwas von meinen Gedanken erfahren, habe ich sie unter dem Deckmantel der Freizügigkeit zu viel sich selbst überlassen.

Es wird so viel darüber geschrieben, wie wichtig es sei, dass die Eltern ihre Sorgen und Nöte mit ihren Kindern teilen, aber mir ist noch immer nicht klar, wie man seinen Kindern von Konzentrationslagern erzählt. Ich sagte meinem Sohn, als er sechs war und nach meinen Eltern fragte, dass sie von den Deutschen umgebracht wurden und dass dann die Amerikaner kamen und die Deutschen, die das gemacht hatten, töteten. Er verstand die Botschaft – und fragte nie wieder. Jemand muss dies meiner Tochter zugetragen haben, denn sie hat überhaupt keine Fragen gestellt, bis sie mit 16 die ganze Geschichte wissen wollte. Zu diesem Zeitpunkt, es war im Jahr 1976, war mir ihre Neugierde willkommen, und wir unternahmen unsere erste Reise nach Andernach – jene Reise, die ich in mein emotionales Rüstzeug hineinflocht. Denn erst zwanzig Jahre später war ich in der Lage, wirklich zurückzukehren, und als eine Freundin – eine Frau, die in Polen mit ihrer Familie überlebt hatte – mich deswegen kritisierte, entgegnete mein Sohn, ich hätte mir das Recht, den Deutschen zu vergeben, verdient. Es war eine so bewegende Äußerung, die mir bis heute kostbar ist. Die Realität ist wahrscheinlich noch viel komplizierter, denn eigentlich wäre es das Vorrecht meiner Eltern, jenen zu vergeben, die sie ihres Lebens im Alter von 42 bzw. 38 beraubten.

Das hartnäckige Gefühl, über das Schicksal triumphiert zu haben, ist zugleich eine Verleugnung all dessen, was meinem Leben zugefügt wurde. Ich lebte, und mithilfe dreier Analysen schaffte ich mir eine Existenz, die meine Erwartungen bei weitem übertraf. Dies ist der exakte Ausdruck meiner Gefühle, die zugleich auf der unumstößlichen Annahme beruhen, dass das, was mir angetan wurde, nicht zählt. Ich glaube, dass diese Vorstellung unter Überlebenden sehr verbreitet ist: Wir haben überlebt, wir hatten Glück, und das ist alles, worauf es ankommt. Primo Levi hat es mit beredten Worten beschrieben.

Wird dort immer eine Leerstelle bleiben? Ganz bestimmt. Wie konnten all die Erlebnisse, von denen ich berichtet habe, und noch viele weitere keine schlimmen Wunden und Narben hinterlassen haben? Ich lebe immer in der Erwartung, das, was ich habe, zu verlieren, seien es Besitztümer oder Menschen. Das waren die Erfahrungen, die mich geprägt haben. Ich teile sie mit anderen. Wir sind nicht die bequemsten oder angenehmsten Menschen, erscheinen uns viel zu selbstverständlich, um anderer Leute Trauer und Leid wirklich verstehen zu können, und zudem neigen wir dazu, diejenigen, die sich von uns entfernen, gänzlich »fallen« zu lassen. Wir haben das Stoische in uns nicht kultiviert: Es wurde uns aufgezwungen, noch ehe es zu einem Teil unseres Selbst wurde, der sogar unsere Träume durchdringt. Narbengewebe ist härter und starrer als gesundes Fleisch.

Von der Deportation kam niemand zurück: Werner und meine Eltern kamen in Auschwitz um, der Bruder meines Vaters und Carlos Vater Salomon wurde von Nizza nach Auschwitz deportiert, der Weg von Berthold und seiner Frau führte von Holland nach Sobibór, Walter und seine Frau wurden von Luxemburg nach Lodz gebracht, und das Leben meiner Großeltern endete in Theresienstadt, wohin sie von Luxemburg aus verschleppt wurden. Die Details über ihr Schicksal kamen erst allmählich im Lauf der Jahre ans Licht. Sie gingen zusammen mit der Welt, wie sie sie kannten, zugrunde. Im Holocaust-Museum in Washington wird Andernach als eine der zerstörten jüdischen Gemeinden geführt; Merxheim war zu klein, um Erwähnung zu finden. Es wurde zerstört, doch dank des unermüdlichen Einsatzes eines Mannes, der auch unter den Zuhörern meines Vortrages in Berlin war, kam eine Ausstellung im Rathaus des Dorfes zustande, die allein der Frage gewidmet war: Was geschah mit den Juden von Merxheim? *Er kannte die Antworten und beschrieb ihr Schicksal mit dem Wort *Mord*.*

## 1. KAPITEL

## DER STELLENWERT HISTORISCHER EREIGNISSE
## IN DER BEHANDLUNG[12]

## Trauma

Das heutige Verständnis der menschlichen Entwicklung erlaubt uns nicht, die Psychopathologie allein nach Maßgabe der Ereignisse zu beurteilen, die einem Individuum im Laufe seines Lebens zustoßen. Immer häufiger zeigen sich Beobachter beeindruckt von den mannigfaltigen Reaktionen, mit denen Individuen äußere Ereignisse entsprechend ihren unbewussten, auf die ersten Lebensjahre zurückgehenden Phantasien assimilieren. Lear (1996) fasst das Ergebnis dieses individualisierten Blicks auf die innere und äußere Welt treffend zusammen: »Der Verzicht auf die Verführungstheorie ist letztlich ein Verzicht auf die Vorstellung, dass das Anführen eines historischen Ereignisses der psychologisch-explanatorischen Aktivität ein Ende setze« (S. 677).

Leider hatte die Anerkennung des subjektiven Charakters der Reaktion auf Schicksalsschläge und Katastrophen gelegentlich zur Folge, dass historische Ereignisse als solche mehr oder weniger verleugnet wurden. Zu konstatieren ist daher die Gefahr, dass das Verhältnis zwischen beiden Elementen aus dem Gleichgewicht gerät (Inderbitzin und Levy,

---

[12] Das Kapitel knüpft an den 1996 erschienenen Beitrag »External reality: the elusive dimension of psychoanalysis« (Oliner, 1996) an. Die deutsche Übersetzung einer geänderten Fassung dieses Beitrags erschien unter dem Titel »Äußere Realität. Die schwer fassbare Dimension der Psychoanalyse« ebenfalls 1996 im *Jahrbuch der Psychoanalyse* 37, S. 9-43.

1994). Die Hervorhebung der Bedeutung, die dem Individuum selbst bei der psychischen Ausgestaltung seiner Erfahrung zukommt, erklärt die Unterschiedlichkeit der Reaktionen auf ein und dasselbe Ereignis und unterstreicht, dass es zu begreifen gilt, wie Geschehnisse der Vergangenheit ihre je persönliche Bedeutung erhalten haben. Freilich ist die Betonung der persönlichen Konstruktion Teil unseres postmodernen Zeitgeistes; sie ist aber auch ein Produkt von Freuds Entdeckung der Rolle, die die Phantasie im Erleben sämtlicher Ereignisse spielt – selbst im Erleben realer Kindesverführung durch einen Elternteil. Die Betonung der unbewussten Phantasie hat jedoch gelegentlich den Eindruck erweckt, als hielten Freud und seine Schüler die reale Beschaffenheit äußerer Ereignisse für unbedeutend. Dieses Urteil ist inakzeptabel, denn es entspricht nicht den Tatsachen. Wir erfahren etwas über Menschen, indem wir in Erfahrung bringen, was sie erlebt haben; die zahlreichen Arbeiten zum Trauma bestätigen das Interesse an diesem Thema. Was wir aber genau erfahren und wie – darüber haben sich die Theoretiker noch nicht geeinigt. Manche Autoren halten es für die beste Lösung, dem Versuch, eine Entsprechung zwischen dem, was sich im Innern der Psyche, und dem, was sich außerhalb der Interpretationsfunktionen des Menschen befindet, ein für alle Mal zu entsagen. Die Vorstellung aber, dass es in der psychoanalytischen Theorie und Praxis keinen Platz gebe für irgendetwas, das jenseits individueller Konstruktionen angesiedelt ist, stellt einige unserer tiefsten Überzeugungen von der entscheidenden Bedeutung einer zuverlässigen, über unsere persönliche Wahrnehmung hinausreichenden Welt infrage (siehe Oliner, 1996; Winnicott, 1971).

Ebendiese Überzeugung hat andere Autoren veranlasst, äußere Ereignisse in einer Weise zu betonen, als besäßen sie eine festgeschriebene, von individuellen Reaktionen unabhängige Bedeutung. Infolgedessen sehen sie über die Diversität individueller Bedeutungsbildungen mehr oder weniger hinweg. Wie schon in der »Einleitung« erwähnt, ist dieses Denken für den Großteil der aktuellen Literatur zum Trauma typisch. Dies geht sogar so weit, dass *Ereignisse* benutzt werden, um die Pathologie der Betroffenen zu kategorisieren. Gottlieb (1997) führt diese Sichtweise auf Pierre Janet und seine »durch den Vietnamkrieg geprägten Nachfolger« zurück, in deren Augen »ein Trauma seine psychischen Folgen *ungeachtet der spezifischen Bedeutungen* entfaltet, *die die traumatischen Erfahrungen für das betroffene Individuum besitzen*« (S. 927). Diese Auffassung steht dem von Krystal (2008 [2010]) formulierten psychodynamischen Verständnis diametral entgegen: »Die Vielfalt der Erfahrungen war ungeheuer. Abhängig von den situativen Herausforderungen beeinflussten Persönlichkeitsmerkmale, gewisse Stärken und Verhaltensmuster den Erfolg der Bemühungen eines jeden Einzelnen« (S. 841).

Die fehlende Integration diametral gegensätzlicher Sichtweisen hat die *psychoanalytische Theorie des Traumas* mit ihrer notwendigen Betonung von Ereignissen in eine unhaltbare Position gebracht. Das Problem äußert sich aber nicht allein in der Theorie des Traumas, sondern auch in einer generellen Unsicherheit, was den Stellenwert der äußeren Realität in der Psychopathologie und deren Behandlung betrifft. Es liegt den Angriffen auf Freuds »Eine-Person-Psychoanalyse« zugrunde und folglich auch der empfohlenen Abhilfe: Intersubjektivität und relationales Denken. Ich halte beide Ansätze für Versuche, eine Schwachstelle an den Grenzen der *psychischen Realität* auszubessern.

Lansky (2004) gelangte in seiner Beurteilung der aktuellen Entwicklungen der Psychoanalyse zu dem Ergebnis:

> Unser Zeitalter legt genauso wie jedes andere enormes Gewicht auf seine Entdeckungen und vorrangigen Interessen, vor allem jene, die zuvor nicht anerkannt oder angemessen ausgearbeitet wurden. So entwickelt sich in jeder Generation ein Ungleichgewicht, für das eine intensive Konzentration auf einen bestimmten Aspekt der psychoanalytischen Forschung, der in der Vergangenheit entweder vernachlässigt oder aber gar nicht gesehen wurde, charakteristisch ist. Damit einher geht eine gleichermaßen starke Abneigung gegen die Sprache, deren man sich in der Vergangenheit bediente, um über ebendiesen Aspekt psychoanalytischer Daten und Konzepte zu sprechen. Ein solches Ungleichgewicht ist zum Teil der Erregung über neue Entdeckungen geschuldet und insofern verständlich; ein anderer Aspekt des Ungleichgewichts, das jede neue Generation ausbildet, hängt aber mit einem revolutionären Drang zusammen, sich aus einer vermeintlichen intellektuellen Beherrschung durch die verflossene Ära zu befreien (S. 152).

Verstärkt wird dieses Ungleichgewicht durch die starken Strömungen, die das Trauma und die Viktimisierung emotional anziehend machen; es läuft der Anerkennung der Effizienz des psychoanalytisch orientieren Behandlungsverfahrens zuwider. Dies gilt selbst in jenen Fällen, in denen historische Ereignisse die Schwierigkeiten mit herbeigeführt haben. Der Einfluss von Forschungsergebnissen hebt die Dualität, die zahlreichen Beobachtungen zum Trauma zugrunde liegt, nicht auf. So schreibt Leuzinger-Bohleber (2003):

> Daher legen sowohl einige der statistisch abgesicherten Ergebnisse als auch die detaillierten klinisch-psychoanalytischen Analysen der Einzelfälle nahe, dass die Ergebnisse der Langzeitbehandlungen der hier diskutierten Kriegskinder umso stabilere Ergebnisse erzielten, je besser es gelungen war, das Trauma in der Übertragung zu bearbeiten und gleichzeitig die historische Realität der traumatischen Erfahrung gemeinsam rekonstruierend zu verstehen. Arbeit in der Übertragung und Rekonstruktion der historischen Realität scheint uns daher nicht ein Gegensatz zu sein, sondern zwei Pole eines Spannungsfelds, die beide in der psychoanalytischen Arbeit mit traumatisierten Patienten zu berücksichtigen sind. (S. 1012f.)

Das Bedürfnis, die Widerspruchsfreiheit zwischen Analyse und Trauma zu unterstreichen, verweist auf die emotionalen und theoretischen Kräfte, die der Dualität von innerem Konflikt und äußerer Realität weiterhin als Grundlage dienen. Reisner (2003) vertritt die Ansicht, das Trauma sei verführerisch. »Ein implizites Thema des Traumanarrativs ist die Annahme, das traumatisierte Individuum sei jeder Verantwortung enthoben« (S. 404). Das Trauma, so Reisner weiter, »*wurde in unserer Kultur und in unserer Behandlung zum Schauplatz, auf dem der Narzissmus seine Vorherrschaft unangefochten behaupten darf*« (S. 408).

Hier wird das Trauma mit Blick auf sein Potential untersucht, die Opfer von Verantwortung freizusprechen. Auch Arlow (1991) betont die Anziehungskraft von Erklärungen, die sich auf äußere Umstände stützen und für die das Subjekt infolgedessen »nicht verantwortlich« ist. Doch er erweitert den Diskussionshorizont, indem er den zeitgenössischen Trend, Schwierigkeiten auf die allerersten Lebensjahre zurückzuführen, miteinbezieht. Dieser Trend kommt den Patienten entgegen, denn er verlegt die Ursprünge ihrer Probleme in eine Phase des Lebens, in der sie nur Bedürfnisse und keinerlei Verantwortlichkeiten hatten. Deshalb konnte es damals keine Schuld und keine Notwendigkeit geben, sich schuldig zu fühlen […] Freilich kommt es in der Kindheit zu gewissen Entwicklungsverzögerungen und -entgleisungen, aber ob diese Beobachtungen als Basis dienen können, auf der sich bestimmte Formen der erwachsenen Psychopathologie vom allgemeinen Einfluss des Konflikts ausschließen lassen, ist in meinen Augen fraglich (S. 13f.).[13]

Dank ihrer unbestrittenen Unschuld werden Opfer zur Ausnahme: Aufgrund der universalen Tendenz, Verantwortung mit Schuld zu verbinden, sind sie im Unterschied zu anderen Menschen, die für ihr Leben selbst verantwortlich sind, um ihren speziellen Status zu beneiden. Terr (1990) bezeichnet die Rolle des Opfers in ihrer umfangreichen Studie über das Kindheitstrauma als »ansteckend« (S. 241-264). Auch Freud wusste schon um diese Zusammenhänge, die für die transgenerationelle Weitergabe des Traumas besonders relevant zu sein scheinen. Dieses Verständnis impliziert, dass nicht wissenschaftliche, sondern emotionale Faktoren die Haltung des Therapeuten gegenüber den Traumata, die ihren Patienten widerfahren sind, bestimmen. In seinem Beitrag »Theories of pathogenesis« schrieb Arlow (1981):

Unter Patienten wie auch Analytikern ist die – häufig unbewusste – Überzeugung weit verbreitet, dass jede Neurose ein Verbrechen und der Patient das Opfer sei und die psychoanalytische Therapie der Arbeit eines Detektivs ähnle, der anhand von Indizien und Spuren die Beweise zusammenträgt, die am Ende zur Entlarvung des Schuldigen führen (S. 500).

Arlow fährt fort:

Heutige Theorien der Pathogenese verbinden häufig die Anziehungskraft der Spezifität mit der Suche nach jemandem, der für die eigenen psychischen Probleme verantwortlich gemacht werden kann (S. 511).

Gemäß diesem Verständnis der Psychopathologie werden oft die Eltern als die Verbrecher enttarnt; sogar noch besser eignet sich ein bekann-

---

[13] Laut Arlow verlangt das Defizit nicht nach Deutung, sondern nach anderen Methoden.

tes Trauma zu dem von Arlow beschriebenen undynamischen Denken. Blévis (2004), ein französischer Lacanianer, formuliert einen nachdrücklichen emotionalen Appell, den er auf seine Überzeugung stützt, dass die Betonung des Traumas – im konkreten Fall ging es ihm um Primo Levis Konzentrationslagererfahrung – auf Kosten der Individualität des Opfers erfolge:

> Ich muss zugeben, dass ich die Position einiger der zahlreichen Psychoanalytiker weder begreife noch teile, die der Überlegung widersprechen, dass das Trauma der Überlebenden über die eigentliche Lagererfahrung hinaus verstanden werden müsse. Keine Deutung des traumatischen Schicksals der Überlebenden, kein Verständnisansatz scheint für sie akzeptabel zu sein, vor allem wenn er psychoanalytisch orientiert ist. In der bloßen Tatsache, sich ein Projekt wie das gegenwärtige vorzustellen, sehen sie eine Art Blasphemie, eine Wiederholung der Verletzung und der Demütigungen – im Grunde eine Wiederholung des Verbrechens […] Die gegenteilige Argumentation drängt sich mir gleichwohl auf; sie verlangt, dass wir das Leben und Schicksal dieser Männer und Frauen nicht ausschließlich im Zeichen der Verbrechen sehen, die die Nazis an ihnen verübt haben. Für die wenigen Überlebenden ist es auch von erheblicher Bedeutung, dass ihr traumatisches Überleben nicht fehlinterpretiert wird, indem man es ausschließlich im düsteren Licht der Lager sieht. (S. 752f.)

Auch Blévis' Argumentation ist emotional aufgeladen und veranlasst ihren Verfasser, die Anwendung der traditionellen analytischen Haltung gegenüber allen Patienten zu empfehlen.

## Notwendige Unterscheidungen

Meiner Ansicht nach wird in der Literatur zum Trauma nicht hinlänglich zwischen den Ereignissen der äußeren Realität und ihren Folgen unterschieden; zwischen Opfern, die von einer Katastrophe gebrochen werden, und solchen, die sie einigermaßen unbeschädigt überleben;

zwischen einer unvorhergesehenen Erfahrung und einer, gegen die es bestimmte Schutzmechanismen, wie lückenhaft auch immer, gab; zwischen einem direkten Trauma und einem solchen, das von vorangegangenen Generationen weitergegeben wurde; für Psychoanalytiker am wichtigsten ist schließlich die Unterscheidung zwischen Ereignissen, die noch nicht lange zurückliegen und dem Opfer deshalb noch gut erinnerlich sind, und solchen Katastrophen, die entsprechend der persönlichen Bedeutung erinnert werden, die sie als Ergebnisse der unbewussten Prozesse angenommen haben, denen diese Erinnerungen im Laufe der Zeit unterlagen.

Weil man diese wichtigen Unterschiede verwischt, konzentriert sich jede Untersuchung auf einen je anderen Aspekt dieses komplexen Phänomens, ohne dessen Spezifität hinreichend zu klären; und sie alle bedienen sich desselben Vokabulars. Und weil man zumeist zwischen einem aktuellen Trauma und früheren Schicksalsschlägen nicht sorgfältig unterscheidet, wird die Zeit, die zwischen dem Ereignis und der aktuellen Erinnerung daran verflossen ist, ignoriert. Weil die Ereignisse die Pathologie definieren und ein einzelner Aspekt mit dem Ganzen verwechselt wird, entsteht ein Ungleichgewicht.[14] Wenn das Trauma im Hinblick auf das Ereignis untersucht wird, durch das es verursacht wurde, und die Psyche, die es erinnert, hintangestellt wird, sind wir mit einer bedauernswerten Aufteilung zwischen Patienten, die unter Lebensereignissen leiden, und den gewöhnlichen Patienten, die zur Entstehung ihrer Symptome aktiv beigetragen haben, konfrontiert. Diese Aufteilung, die man nur allzu bereitwillig akzeptiert hat, besagt implizit, dass unbewusste Faktoren für die Pathologie Traumatisierter keine wesentliche Rolle spielen. Statt also die oben genannten, meines Erachtens wesentlichen Unterscheidungen zu treffen, gibt man einer starken Tendenz nach, zwischen Menschen, die ein identifizierbares Trauma erlitten haben, und anderen, denen ein solches Schicksal erspart blieb,

---

[14] Lansky hält dies für ein Problem, unter dem das psychoanalytische Verständnis häufig leidet: Ein Ungleichgewicht, das zu einem »Pars-pro-toto«-Denken führt, das heißt, ein einzelner Aspekt wird so behandelt, als sei er mit dem Phänomen insgesamt identisch (Lansky, 2004, S. 160).

zu unterscheiden; zwischen Menschen, die unter den Folgen eines Ereignisses leiden, und anderen, denen konflikthafte Motive zu schaffen machen. Der Einfluss der bewussten und unbewussten Phantasie auf die Assimilation des Traumas kommt dabei zu kurz; man schlägt das spezifische Wissen in den Wind, das Psychoanalytiker über das Thema haben, nämlich ihr Wissen um das Wirken unbewusster Prozesse und den prägenden Einfluss, den diese auf Erinnerungen und auf die Bedeutung, die ihnen zugeschrieben wird, haben.

Ungeachtet der objektiven biographischen Daten von Menschen, die wegen eines Traumas um Behandlung nachsuchen, wird ihre subjektive Erfahrung sich vor allem auf das Überleben und nicht auf die Erfahrung der *Viktimisierung* konzentrieren. Die Phantasien, die dieser Einstellung zugrunde liegen, hängen damit zusammen, dass es ihnen gelungen ist, Schicksalsschläge oder Missbrauch durch Assimilation zu meistern. Dass diese Patienten sich in Behandlung begeben möchten, zeigt natürlich, dass ihre Bemühungen nur teilweise erfolgreich waren; die Diskrepanz jedoch zwischen der Geschichte des Traumas und dem Triumph des Überlebens kann zu gravierenden Missverständnissen zwischen Analytiker und Patient führen, vor allem wenn der Analytiker die Ereignisse ins Zentrum der Aufmerksamkeit rückt. Ich habe einige dieser Diskrepanzen im Prolog zu diesem Buch, aber auch in meinem Beitrag »Persönliche Betrachtungen über den Objektverlust« (Oliner, 2007 [2009]) erläutert.

Die Fähigkeit des Individuums, ein Trauma durch Assimilation zu bewältigen, kann freilich entweder durch die Art der Ereignisse oder durch persönliche Grenzen dermaßen überfordert sein, dass die Ereignisse ins Zentrum der Behandlung rücken. In diesen Fällen ist aber die Psychoanalyse wahrscheinlich nicht die Behandlung der Wahl. Menschen, die Ereignisse als Deckphänomen benutzen, sogenannte »konkretistische« Patienten, werden sich einer Behandlung womöglich widersetzen und sie zunichtemachen, auch wenn Deckphänomene an sich natürlich psychoanalytisch untersucht werden können. Psychoanalytiker können Opfer wie die »Muselmänner« in den Konzentrationslagern und jene Überlebenden, denen »sich eine Erfahrung in die Psyche eingebrannt hat wie die Nummer in ihren Unterarm« (Fink, 2003, S. 993), mit der Hilfe, die sie anzubieten haben, nicht erreichen. Gleiches gilt im Falle eines Traumas, das so *frisch* ist, dass es einer aktuellen Wahrnehmung nahe kommt (Erreich, 2003, S. 557)[15] und noch nicht in den Persönlichkeitsanteil assimiliert wurde, über den die unbewusste Phantasie herrscht. Diese Betroffenen suchen nicht nach Einsicht, sondern nach Vergessen mit Hilfe von Medikamenten und nicht-analytischen Interventionen. Ein Problem entsteht aber, wenn die Fachliteratur ein und denselben Begriff, *Trauma*, verwendet, um sowohl das spezifische Schicksal der Opfer zu beschreiben, die die traumatische Erfahrung nicht assimilieren konnten, weil sie noch zu frisch oder allzu überwältigend ist, als auch das Bedürfnis, die Assimilation der Erfahrung durch eine analytische Behandlung besser zu integrieren. ·

Große Aufmerksamkeit findet seit einiger Zeit die Rolle der Dissoziation als Mechanismus, der die Assimilation des Traumas verhindert. Die Dissoziation zielt darauf, die Subjektivität gegen überwältigende Erfahrungen zu isolieren und auf diese Weise das psychische Überleben zu sichern. Ira Brenner (1996, 2001, 2009) hat sich in seinen Arbeiten vorrangig mit dieser Reaktion auf Traumata und ihre Nachwirkungen auseinandergesetzt.[16] Seine gründliche, präzise Beschreibung der Faktoren, die an der Dissoziation beteiligt sind, lässt keinen Zweifel daran, dass dieser Bewältigungsstrategie eine Konstellation von Abwehrmechanismen zugrunde liegt, die in der psychoanalytischen Literatur stärker verankert sind als der Dissoziationsmechanismus an sich. Der Begriff *Dissoziation* taucht weder in Fenichels ([1945] 1974ff.) Monumentalwerk *Psychoanalytische Neurosenlehre* auf noch im *Vokabular*

---

[15]  In den Morgenstunden des 11. September 2001 versuchte ich, die sich aufdrängende Ähnlichkeit zwischen diesem sonnendurchfluteten Tag und dem 10. Mai 1940 zu verscheuchen, als die Deutschen Brüssel über die Luft eroberten. Mein Mantra war: »Nicht zwei Mal in einem Leben«, und ich begründete es vor mir selbst, indem ich mir sagte: »Damals waren wir schwach und schutzlos, heute aber bin ich Bürgerin eines Landes, das sich und mich verteidigen kann.«

[16]  Ich erläutere dies ausführlicher im 6. Kapitel. Siehe auch meinen Beitrag »Das Leben ist kein Traum: Die Bedeutung des Realen« (Oliner, [2010] 2011).

*der Psychoanalyse* von Laplanche und Pontalis ([1967] 1973). Anders als das eindeutig definierte Konzept der Ich-Spaltung im Abwehrvorgang hat das Dissoziationskonzept keinen psychoanalytischen Stammbaum. Es beschreibt einen subjektiven Zustand. Darüber hinaus erinnert der Begriff natürlich an die Kontroverse zwischen Freud und Janet und Freuds Urteil, dass dessen Betonung des veränderten Bewusstseinszustands als traumatypischer Faktor undynamisch sei.

Ich bin der Überzeugung, dass Traumaüberlebende – zu denen ich mich auch zähle – mit der Illusion leben, sich von den Emotionen abgeschnitten zu haben, die mit früheren Erfahrungen zusammenhängen. Ob ein Individuum von Emotionen und inneren Prozessen abgeschnitten sein kann oder nicht und falls ja, inwieweit und für wie lange, ist eine Frage, über die wir gründlicher nachdenken müssen. Glauben wir, dass diese Menschen nicht schlafen und nicht träumen können? Dies entspräche der Illusion, die durch die im Dienste des Überlebens stehende vollständige Abstimmung auf die äußere Welt erzeugt wird (Oliner, 2011), ist aber als Theorie der Art und Weise, wie unsere Psyche funktioniert, nicht unbedingt haltbar.

Diese Illusion scheint auf einer *Befähigungsphantasie* [*enabling fantasy*] zu beruhen, ein Begriff Gottliebs (1997), der sich offenbar auf die infantile Omnipotenz bezieht, die der Dissoziationsreaktion auf das Trauma zugrunde liegt. Die Dissoziation bewirkt dann, dass das Ereignis ohne Beteiligung eines fühlenden Subjekts stattfindet. Damit stellt sich die Frage, welchen Beitrag die unbewusste Omnipotenz zur Anpassung an das Trauma leistet.

Die Anpassung beruht demnach auf einem bewussten Entschluss, ähnlich dem Vorsatz, sich zu konzentrieren oder die Aufmerksamkeit zu sammeln, der sich verhärtet und den Widerstand gegen die Analysearbeit verstärkt. Aufgrund ihrer Funktion, bestimmte Erinnerungsspuren von der gegenwärtigen Persönlichkeitsorganisation abzutrennen, erschwert sie die Aufgabe der Integration und die Entwicklung einer persönlichen Geschichte. Doch ich wiederhole: Die Abgetrenntheit traumatisierender *Ereignisse*, die aufgrund ebendieser Abgetrenntheit der bewussten Wahrnehmung nicht zugänglich sind, ist lediglich ein

Teil des Gesamtbildes. Dynamisch betrachtet, übersieht die Betonung der Dissoziation die Rolle des Bedürfnisses, ebenjene Erfahrungen zu wiederholen und zu aktualisieren, die angeblich unzugänglich sind. Es gilt, beide Aspekte der Traumafolgen zu verstehen: den dissoziierten Charakter der Erinnerungen *und* ihre Wiederholung, denn diese zeigt, dass solche unzugänglichen Erinnerungen bei der Integration der Gesamtpersönlichkeit eine größere Rolle spielen, als die Betonung ihrer Abgetrenntheit uns glauben macht. Auch wenn die Erinnerungen an ein Trauma häufig als »in der Zeit eingefroren« beschrieben werden, treten sie in der Wiederholung, die sie zu reinszenieren und zu aktualisieren versucht, lebendig zutage.

## Der traumatische Prozess

Zwei deutsche Psychoanalytiker, Fischer und Riedesser (2003), haben einige dieser Probleme untersucht, indem sie die Betonung der *Ereignisse* und ihres Stellenwertes für das Trauma infrage stellten und stattdessen auf die dynamischen Aspekte der Erfahrung verwiesen. Die Betonung von Ereignissen, so ihre Erkenntnis, bringt die Gefahr mit sich, dass zahlreiche andere wichtige Aspekte des traumatischen Prozesses übersehen werden. In ihrem enzyklopädischen Werk *Lehrbuch der Psychotraumatologie* begründen sie ihre Ablehnung des Begriffs »posttraumatisch« wie folgt: Die Vorsilbe »post-« sei

> zweifelhaft, da sie eine Gleichsetzung von Trauma und traumatisierendem Ereignis suggeriert, während Trauma nach unserem Verständnis und auch im üblichen Sprachgebrauch eher einen prozessualen Verlauf nahe legt. Das »Trauma« ist nicht vorbei, wenn die traumatische Situation oder das traumatische Ereignis vorüber ist. (S. 46)

Die Betonung der Prozesshaftigkeit verweist auf die psychische Transformation des Traumas; sie ist das Sine qua non der psychoanalytischen

Behandlung der Auswirkungen des traumatischen Prozesses, der Assimilation des Traumas in die persönliche Geschichte. Ähnliches formulierte Rainer Krause, als er das Thema der zeitlichen Festlegung der Ereignisse erörterte:

> Aussagen über den Zeitpunkt von Schädigungen legen nicht unbedingt eine psychogenetische Entstehung nahe, denn Traumen sind immer Folge der Wechselwirkungen von Verarbeitungskapazität des lernenden Organismus und den Umweltbedingungen. (Krause, 1998, S. 41)

Wenn man, wie in Krauses Überlegung impliziert, die Reaktion auf potentiell überwältigende Ereignisse als den traumatischen Prozess begreift, rückt man von dem vorwiegend negativen Verständnis der Wiederholung als Phänomen im Dienste des Todestriebs ab und nähert sich Freuds letzter Triebtheorie an, die Loewald ([1980] 1986) wie folgt interpretiert: »Der Trieb ist kein intrapsychischer Reiz mehr, sondern Ausdruck der Funktion, des ›Drangs‹ des Nervensystems, mit der Umwelt zu verkehren« (S. 224).

Was den Eros betrifft, so besteht eine Grundkomponente des Triebs darin, zu organisieren und zu synthetisieren; ebendiese Aktivität findet Ausdruck in der Wiederholung. Die Tatsache, dass bestimmte Erinnerungen in einer ewigen Gegenwart lebendig bleiben, ermöglicht es, dass sie dem menschlichen Grundbedürfnis nach Integration entsprechend assimiliert werden können.

## Universale, dem Trauma zugeschriebene Bedeutungen

Auch wenn es unmöglich ist, verallgemeinernde Aussagen über die Integration der Persönlichkeit zu treffen, da diese von der Natur des traumatisierten Individuums abhängig ist, gibt es doch einige vorhersagbare Bedeutungen, die fest mit der traumatischen Erfahrung verknüpft sind. So schrieb Freud (1930a): »Das Schicksal wird als Ersatz der Elterninstanz angesehen; wenn man Unglück hat, bedeutet es, dass man von dieser höchsten Macht nicht mehr geliebt wird« (S. 486). Man hat diese Aussage mit der durch das Trauma herbeigeführten Identifizierung mit dem Angreifer in Verbindung gebracht und diese gründlich erforscht (Blum, 1987; A. Freud, 1946). Winnicott ([1960] 1984) indes analysierte auch dieses Phänomen, wie für ihn typisch, unter einem anderen Blickwinkel und schlussfolgerte kurz und prägnant: »In der Psychoanalyse gibt es, wie wir wissen, kein Trauma, das außerhalb der Omnipotenz des Individuums liegt« (S. 47).[17]

Ich betrachte die Verstärkung der unbewussten Omnipotenz als eine der wichtigsten Folgen des Traumas, die man überdies nur allzu leicht übersieht, wenn die *Ereignisse*, die das Individuum ertragen musste, den Beobachter veranlassen, auf Hilflosigkeit und Viktimisierung zu schließen. Diese Merkmale tragen zwar zu dem von Krystal beschriebenen traumatischen Zustand bei, doch die Überlebenschancen werden durch eine gesunde Omnipotenz erhöht (Krystal, 2008, S. 50). Allerdings wird das Muster der Bewältigung infolge der Konzentration auf die Auswirkungen des Traumas vernachlässigt. Wie üblich, besteht der Preis, den Traumaüberlebende zu zahlen haben, in den unbewussten Schuldgefühlen, die aus der Regression auf die Omnipotenz herrühren. Sie wurden schon von Freud (1930a, S. 486) beschrieben, als er die Reaktionen auf Drangsal und Unglück erforschte und entdeckte, dass das Opfer sich in der Beziehung zu einer allmächtigen Elterninstanz phantasiert, von der es nicht länger geliebt wird, weil es sich eines (eingebildeten) Verbrechens schuldig gemacht hat. Wenn man traumatisierte Menschen behandelt, als fehlte ihnen ein dynamisches Unbewusstes, das sämtliche Ereignisse nach Maßgabe seiner eigenen Regeln verarbeitet, bleiben diese irrationalen Phantasien unanalysiert. Die Funktion der Fakten als Deckphänomen wird dadurch verstärkt.

---

[17] Siehe dazu auch Oliner (2006).

# Behandlung von Traumaüberlebenden
# und ihren Nachkommen

In den 1970er Jahren unterstützte die American Psychoanalytic Association eine New Yorker Studiengruppe, die sich der Erforschung der »Auswirkungen des Holocaust auf die zweite Generation« widmete. Diese Gruppe stellte ihre Arbeitsergebnisse auf Kongressen der Internationalen Psychoanalytischen Vereinigung vor. Sie besteht bis heute, obwohl die ursprüngliche New Yorker Gruppe ihre Treffen seit langem eingestellt hat. Zu Anfang äußerten die Teilnehmer und Teilnehmerinnen ihre Bedenken, als Psychoanalytiker über die Folgen von Ereignissen zu diskutieren, statt die Aufmerksamkeit exklusiv der *psychischen Realität* und ihrem prägenden Einfluss auf die Erfahrung zu widmen. Diese Mitglieder, eine kleine Minderheit, zählten nicht zu den Mitverfassern des Buches *Generations of the Holocaust* (Bergmann und Jucovy, 1982[18]), in dem einige deutsche Kollegen auch über Analysen berichteten, die sie mit Nachkommen der nationalsozialistischen Verfolger durchgeführt hatten. In der Gruppe bestand die Überzeugung, dass der Holocaust thematisiert werden müsse und dass sich Analytiker, die die Ereignisse nicht zur Sprache brachten, am »Pakt des Schweigens« beteiligten.

In meinem eigenen Beitrag zu diesem Buch, »Hysterische Persönlichkeitsmerkmale bei Kindern Überlebender« (Oliner, [1982] 1995), habe ich einzuschätzen versucht, ob die psychoanalytische Theorie das historische Trauma abzudecken vermag oder zu kurz greift. Mir ging es darum, unser Verständnis der Hysterie zu erweitern, um bestimmte Probleme zu erklären, die in der Behandlung von Kindern Überlebender auftauchen. Meine Untersuchung stützte sich auf die Annahme, dass die Hysterie mit einer Identifizierung zusammenhängt und dass die den hysterischen Symptomen oder Charakterzügen zugrundeliegende

---

[18] *Kinder der Opfer, Kinder der Täter – Psychoanalyse und Holocaust*. Frankfurt am Main 1995. [A.d.Ü.]

Dynamik die Weitergabe des Traumas erklären könnte, die uns bei Kindern von Überlebenden und ihren Eltern begegnet. Soweit ich weiß, hat mein Beitrag kaum Spuren hinterlassen, was ich darauf zurückführe, dass die Hysterie im modernen psychoanalytischen Denken wenig Interesse findet. Ich bin jedoch nach wie vor überzeugt, dass Analytiker das Konzept des psychischen Konflikts und seiner Lösung auch dann berücksichtigen müssen, wenn sie die Folgen historischer Katastrophen analysieren. Ich habe die scheinbar selbstverständliche, undynamische Verwendung des Begriffs *Identifizierung* für die Transmission von Geschichte infrage gestellt, weil ich den Eindruck hatte, dass zwischen einer Übertragung/Transmission, die über das Radio erfolgt, und der Dynamik, die der Aneignung der Leidensgeschichte der eigenen Eltern zugrunde liegt, allzu wenig unterschieden wurde. Ich war überzeugt, dass unser Wissen nicht ausreichte, um ein solches Urteil zu fällen, und hielt es für wichtig, möglichst unvoreingenommen zu bleiben, aus den Behandlungen, von denen man uns berichtete, zu lernen und auf den Grundlagen der klassischen Analyse und dem Konzept des Konflikts aufzubauen. Leider entspricht dies nicht der allgemein anerkannten Sichtweise. Mich beschäftigt dieses Problem bis zum heutigen Tag, weil die Identifizierung zu den Abwehrmechanismen zählt, die im Dienst der Konfliktlösung aktiviert werden.

## Die Überlebenden

Natürlich ist es gleichermaßen unvorstellbar, Menschen, die ein Trauma überlebt haben, ausschließlich mit Blick auf die unbewusste Phantasie zu behandeln, ohne das, was ihnen widerfahren ist, zu berücksichtigen. In dieser Hinsicht habe ich aus meinen eigenen Erfahrungen, die ich im Prolog A beschrieben habe, Wichtiges gelernt. Die unbewusste Omnipotenz, verstärkt noch durch die Erfahrung, eine Katastrophe überlebt zu haben, macht es unumgänglich, dass der Analytiker sich des anklagenden Charakters von Deutungen bewusst bleibt, die den Patienten als einen Akteur in seiner eigenen Leidensgeschichte sehen. An ebendiesem Punkt sind nicht wenige Behandlungen gescheitert. Der Analytiker muss über eine sehr spezifische Fähigkeit verfügen, das von Felman und Laub (1992, S. 69) erläuterte Wissen und Nicht-Wissen zu thematisieren. Die unbewusste Omnipotenz (Winnicott, [1960] 1984, S. 47) macht es zwingend erforderlich, dass er dem Patienten hilft, Ereignisse zu re-externalisieren, die eine Doppelexistenz in der Außen- und in der Innenwelt führen. Dies muss zudem mit der Anerkennung einhergehen, dass der Patient die Art der Ereignisse zwar kennt, seine Selbstbeschuldigung dieses faktische Wissen aber nutzlos macht. Mein Analytiker wollte mir helfen, indem er mir erklärte, dass diese Ereignisse stattgefunden hatten; ich fand dies verwirrend, denn sie waren mir ja bekannt. Es war für mich notwendig, von dem dritten Analytiker zu hören, dass ich mich unbewusst für meine erlittenen Verluste verantwortlich fühlte und deshalb nicht in der Lage war, meinen Eltern vorzuwerfen, mich verlassen zu haben. Es ist für jedermann leicht, sich von einem kohärenten Narrativ einnehmen zu lassen, aus dem Integration und historisches Gespür zu sprechen scheinen, und darüber hinwegzusehen, woran es diesem Wissen mangelt. In der psychoanalytischen Literatur, die das Vergessen, die fehlende Symbolisierung, die Dissoziation, schwarze Löcher und andere Manifestationen verschütteter Erinnerungen betont, jedoch wenig über nutzloses Faktenwissen zu sagen hat, muss die Sensibilität für die Unzulänglichkeiten faktischen Wissens stärker betont werden. Erschöpfendes psychoanalytisches Verständnis ist nicht über Abkürzungen zu erwerben.

Wie in allen Behandlungen muss der Analytiker eine sensibel kalibrierte Balance aufrechterhalten, die schwierig herzustellen ist und nicht durch strenge Regeln verfügt werden kann. Ein Beispiel für eine Analyse, die nach Meinung einiger Autoren gegen die Regeln verstieß, ist ein Fallbericht Freedmans (1978), der eine Perversion unter Bezugnahme auf die Konflikte des Patienten analysierte, ohne dessen Leben als polnischer Jude während des Zweiten Weltkriegs Rechnung zu tragen. Der Erfolg, von dem Freedman berichtete, veranlasste mich, darüber nachzudenken, welche Rolle die Sexualität bei dem Versuch der Traumabewältigung spielen kann (Oliner, 2000). Andere Autoren lehnten diese Möglichkeit ab. Freedman (1978) schreibt:

Anhand seiner Übertragungsreaktionen konnten wir jedes Element der Perversion auf seine Ursprünge zurückverfolgen. Jede Form von Angst und Hilflosigkeit in einer äußeren Situation weckte Kastrationsängste. Sie hatten sich in der frühen Kindheit im Zusammenhang mit ödipalen Strebungen, Urszenen und Erlebnissen entwickelt, die häufig Deckerinnerungen für Phantasien waren, in denen ihm die Kastration drohte. Strukturiert wurden all diese Ängste durch die Erfahrungen, die er in der Latenz mit den polnischen Lehrern machte (an der Schule, auf die ihn seine Eltern geschickt hatten, weil sie ihn nicht in der Schule der jüdischen Gemeinde, die von den meisten jüdischen Kindern besucht wurde, unterrichten lassen wollten). Die Abwehrmechanismen, die er in der Latenzphase entwickelte, kehrten die Subjekt-Objekt-Beziehung um; das heißt, er befreite sich von seiner Kastrationsangst, indem er den Verfolger in seiner Phantasie in das Opfer verwandelte. (S. 765)

Freedman konnte seine Kritiker, die an dem von ihm berichteten Erfolg der Analyse zweifelten, nicht überzeugen. Perversionen beweisen ebenso wie das Überleben des Traumas die unbewusste Omnipotenz des Individuums; konstitutiv für die Perversion ist der Versuch, existenzielle Konflikte durch Sexualisierung zu bewältigen. Deshalb halte ich es für vorstellbar, dass sich die Analyse einer perversen Sexualphantasie als Schlüssel zu Konflikten erweist, die auf anderem Wege nicht zugänglich sind. Abgesehen davon haben wir keine Möglichkeit, diese Behandlung zu verstehen, die Freedman zufolge erfolgreich war, ohne dass die eherne Regel befolgt wurde, dem Holocaust größere Bedeutung einzuräumen.

# Das Wiederholungsbedürfnis

Eine auffällige Eigenschaft von Patienten, die ein Trauma überlebt haben, ist ihr Bedürfnis, es zu wiederholen. Ich habe meine Überlegungen zu den Ursachen dieses Phänomens in mehreren Artikel erörtert und verweise hier lediglich auf meine jüngste Arbeit zu dem Thema, die auf Deutsch unter dem Titel »Das Leben ist kein Traum: Die Bedeutung des Realen« erschienen ist (Oliner, [2010a] 2011). In diesen Fällen ist selbst das faktische Wissen der Analytikerin um die Ereignisse, die wiederholt werden, für Deutungen nur begrenzt nützlich, denn es berührt nicht die Motive, die den Patienten zur Wiederholung veranlassen. Diese Motive konfrontieren uns mit der Komplexität der Psyche und der fundamentalen Erkenntnis, dass es mehr als einen einzigen Kontext gibt, in dem Erinnerungen aktiviert werden können. Die der Wiederholung zugrundeliegende Dynamik muss restlos verstanden und der Patient muss als aktiver Miturheber der Situation betrachtet werden, die die Wiederholung auslöst. Jede Deutung setzt die Berücksichtigung des gesamten *Kontextes* voraus. In diesem Sinne ermahnte uns Arlow (1995):

> Wir müssen uns der Versuchung bewusst sein, den Produktionen des Patienten eine Lieblingstheorie der Pathogenese als Paradigma überzustülpen […] [wenn man dieser Versuchung nachgibt] lässt man sich leicht in die Irre führen und wartet geduldig ab, um dann selektiv und häufig *kontextlos* Material auszuwählen, das mit dem eigenen Lieblingsparadigma im Einklang zu stehen scheint, während anderes, das ihm nicht entspricht, unbeachtet bleibt (S. 216; meine Hervorhebung).

Für den Beobachter sind Verhaltensweisen besonders irritierend, die dem Lustprinzip zuwiderlaufen – in diesem Fall die Wiederholung schmerzlicher Ereignisse – und deshalb eine Herausforderung an die Empathiefähigkeit darstellen. Ich glaube, dies macht die Versuchung umso größer, ihnen ein Etikett zu verpassen und zum Beispiel von Masochismus, Strafbedürfnis oder von einer Manifestation des Todestriebs zu sprechen. Eine solche Sichtweise kann die Erforschung der Motive blockieren, die das Wiederholungsbedürfnis antreiben, und die Suche nach Verständnis vorzeitig beenden (Inderbitzin und Levy, 1994). Auf tragfähigerem Boden bewegen wir uns, wenn wir annehmen, dass *Wiederholung* zur *Inszenierung* führt und die Inszenierung zur *Realisierung*. Unter dieser Warte können wir die Wiederholung als einen Versuch betrachten, Internalisiertes in der von Freud und Winnicott beschriebenen Weise zu externalisieren. Doch nur eine gründliche Erforschung jeder einzelnen Situation, in der ein Trauma wiederholt wird, bahnt den Zugang zu dem basalen Konflikt.

Dieses Element scheint in der Arbeit der französischen Psychoanalytiker, die vor allem durch ihre Behandlungen der Auswirkungen des Traumas auf nachfolgende Generationen bekannt wurden – Haydée Faimberg (1988) sowie Françoise Davoine und Jean-Max Gaudillière (Davoine und Gaudillière, 2004) – zu fehlen. Faimberg schreibt ausdrücklich über die Wichtigkeit der Übertragung als Kontext, in dem sich diese Auswirkungen zeigen, benutzt aber eine Kurzformel, die den aktuellen Konflikt, der zur Wiederholung der Vergangenheit führt, außeracht lässt. Faimberg (2007) erweist sich als hochbegabte Analytikerin, die diese »entfremdenden Identifizierungen« sensibel aufspürt. Da sie aber die Verbindung zwischen dem gegenwärtigen Konflikt, der das Bedürfnis nach diesen Identifizierungen aufs Neue weckt, und dem Trauma der Elterngeneration nicht aufzeigt, bleibt dem Leser nur, sie für ihren Scharfsinn zu bewundern. Sie verlässt sich auf ihre Gegenübertragung, um ihre Deutungen zu untermauern, erläutert aber nicht die Instrumente, mit denen sie die Verbindungen zur Gegenwart herstellt. Ihr sensibles Gespür für das historische Material, das Patienten in die Sitzungen bringen, ist bemerkenswert, und sie führt das Auftauchen dieser »entfremdenden Identifizierungen« auf die Übertragung zurück. Dazu schreibt Furer (2006) in seiner Besprechung der englischen Originalausgabe ihres Buches *Teleskoping. Die intergenerationelle Weitergabe narzisstischer Bindungen* (Faimberg, [2005] 2009): »Man vermisst in Faimbergs Erklärungen einen Platz für die menschlichen Beweggründe, insbesondere ihre Beteiligung am psychischen Konflikt« (S. 1434).

Diese Methode, die den Akzent auf die Vergangenheit in der Übertragung setzt, betont die Dualität in der Assimilation des Traumas, die zu den Spaltungen in der Persönlichkeitsorganisation geführt hat. Sie erklärt aber nicht die Verbindungen, die in der Gegenwart, insbesondere in der Übertragung, hergestellt werden und zur Folge haben, dass Erinnerungen zu diesem spezifischen Zeitpunkt und in diesem spezifischen Kontext inszeniert oder erinnert werden. Ich führe die Betonung des gespaltenen Subjekts auf den Einfluss von Lacans Theorien zurück, mit denen ich mich im 3. und 7. Kapitel gründlicher auseinandersetze.

Was die Nachkommen betrifft, so prägte Kestenberg ([1982] 1995] den Begriff *Transposition in die Vergangenheit*, um die Regression zu beschreiben, die den Erwerb eines Konzepts von Geschichte und Zeit vereitelt. Dies sind lediglich zwei von zahlreichen Beispielen, die ich in den folgenden Kapiteln ausführlicher diskutieren werde. Im Kontext der Behandlungsschwierigkeiten hat diese Sichtweise den notwendigen Blick auf den unablässigen Versuch verstellt, solche Erinnerungen am Leben zu erhalten und ihnen die Relevanz für die aktuellen Erfahrungen des Individuums zu bewahren; diese Bemühungen können zu gravierenden Verzerrungen des Gegenwartserlebens führen. Sie bringen auch die Gefahr einer Retraumatisierung in der Analyse, wie sie von Bergmann (2000, S. 57) beschrieben wurde, und weiterer Inszenierungen mit sich, die manchmal rätselhaft erscheinen, sich dem psychoanalytischen Verständnis aber durchaus erschließen.

Die Bemühungen, die Gesamtpersönlichkeit zu integrieren, lassen sich am besten im Kontext der theoretischen Annahmen beschreiben, die den unterschiedlichen Sichtweisen zugrunde liegen. Die Wiederholung hochbesetzter emotionaler Erfahrung steht im Einklang mit Ergebnissen der Neurowissenschaftler, die laut de Masi ([2000] 2003) nachgewiesen haben, »dass die Verbindungen vom emotionalen zum kognitiven System widerstandsfähiger sind als Verknüpfungen in die umgekehrte Richtung« (S. 10). Die Wiederholung in Form von Inszenierungen kann als Herstellung solcher Verknüpfungen verstanden werden; das Ergebnis, das die Geschichte ungeschehen macht und sie zum Stillstand bringt, ist eine Konsequenz, aber nicht zwangsläufig ihr

Hauptziel. Vielmehr muss das unablässige Bestreben, Erfahrungen zu *integrieren* – von Arlow der unbewussten Phantasie und von Loewald dem Eros zugeschrieben –, als Gegenpart zur Verdrängung und Dissoziation mitberücksichtigt werden.

Ein Vergleich von Loewalds Unterscheidung zwischen verschiedenen Organisationsstufen und der in der heutigen psychoanalytischen Literatur zur Symbolisierung üblichen Dichotomie zeigt, dass die Bedeutsamkeit, die Loewald dem Eros – ehemals die Synthesefunktion des Ichs – zuschrieb, mit dem Konzept eines durch diese Dichotomie gespaltenen Subjekts nicht vereinbar ist.[19]

# Vom Teleskoping der Generationen zu ihrer Differenzierung[20]

Meiner Ansicht nach wird in unserer Literatur zwischen der Behandlung von Traumaüberlebenden und der Behandlung ihrer Nachkommen nicht hinlänglich unterschieden. Damit geht die Gefahr einher, dass man dem Trauma als Deckphänomen Vorschub leistet. Loftus (2003) schrieb dazu sehr treffend: »Wir scheinen unsere Erinnerungen neu zu erfinden und im Zuge dessen zu der Person unserer eigenen Vorstellung zu werden« (S. 872). Bei den Nachkommen von Traumaüberlebenden spielen die historischen Ereignisse, die für die Erfahrung der Eltern prägend waren, häufig eine signifikante Rolle, weil sie eine spezifische Funktion erfüllen: Die Eltern waren traumatisiert, und die Kinder wuchsen in einer dysfunktionalen Familie heran. Die Desorganisiertheit der Eltern, vor allem ihre Unfähigkeit, den Unterschied zwi-

---

[19] Ich habe die Probleme, die sich aus dem postmodernen Verständnis der Objektivität ergeben, in einer 1996 erschienen Arbeit über die äußere Realität eingehend untersucht.

[20] Ich habe das im Folgenden vorgestellte Material schon einmal in einem 2011 auf Deutsch veröffentlichten Vortrag diskutiert (Oliner, 2011).

schen den Generationen anzuerkennen (Chasseguet-Smirgel, 1984), konfrontiert die Kinder mit Schwierigkeiten insbesondere bezüglich Trennung und Aggression. In manchen Fällen waren extreme Abwehrmaßnahmen notwendig, um die Eltern zu schützen, und die Täter, die den Eltern das Trauma zugefügt haben, boten sich als Objekte der verschobenen Aggression geradezu an. Durch die Identifizierung mit der Viktimisierung der Eltern erhält das historische Trauma dann seine Funktion als Deckphänomen.

Die Kinder leiden unter den Folgen der Traumatisierung ihrer Eltern; sie empfinden die Ängste oder die Depression der Eltern aber bereits zu einem Zeitpunkt, an dem sie deren Ursache weder kennen noch begreifen. Häufig weckt die Dysfunktion der Eltern ihre Aggression, die sie dann zunächst gegen den betreffenden Elternteil richten, aber auch gegen sich selbst, weil sie glauben, für dessen Depression oder Dissoziation verantwortlich zu sein. Erst später, wenn sie die Geschichte der Eltern kennenlernen, hilft dieses Wissen ihnen, die Verfasstheit der Familie zu verstehen und die Aggression zu externalisieren. Es dauert verhältnismäßig lang, bis seine Entwicklung es dem Kind ermöglicht, die persönliche Geschichte seiner Eltern als Vehikel für seine eigene Ängste und seine Aggression zu nutzen. An diesem Punkt kann die Geschichte der Eltern zur Externalisierung verwendet werden. Das Trauma der Eltern kann dann schließlich als *Deckphänomen dienen, der die Externalisierung der Schuldzuweisung* ermöglicht. Er macht die Identifizierung mit dem Aggressor ungeschehen, indem er die die Verantwortung, die ursprünglich den Eltern zugeschrieben wurde, reexternalisiert.

Ferro (2003) betrachtet den Holocaust als »obligatorisches Deckphänomen« (S. 782), das Analytiker und Patient blind macht und die Untersuchung ihrer eigentlichen inneren Wirklichkeit erschwert. Indem Subjektivität und persönliche Verantwortung hinter Deckerinnerungen verschwinden, können diese entlastend wirken und Schuldgefühle lindern. Wie bei allen Deckerinnerungen betrifft der Inhalt reale Ereignisse, die infolge des Drucks, die durch Unglück (Freud, 1930a) und Trauma (Winnicott, 1960) geweckten omnipotenten Schuldgefühle zu re-externalisieren, zu Externalisierungszwecken benutzt werden. Indem sich die Patienten ihrer inneren Vorgänge als äußere Ereignisse erinnern, können sie sich ein Gefühl der Unschuld bewahren.

Die oben beschriebenen Elemente, die mit der durch das Überleben vermittelten narzisstischen Bestätigung zusammenhängen, kommen freilich bei den Nachkommen nicht zum Tragen, im Gegenteil: Die heldenhaften Aspekte, die für die Fähigkeit der Eltern, ihrem Schicksal zu trotzen, charakteristisch sind, geben der nachfolgenden Generation noch mehr Grund als die üblichen ödipalen Konflikte, sich vom Leben der Eltern ausgeschlossen zu fühlen. Blévis (2004) zufolge kehrt die Transmission historischer Ereignisse den Ödipuskomplex um; er beruht nicht auf dem kindlichen Begehren des andersgeschlechtlichen Elternteils, sondern darauf, dass die Mutter/der Vater das Kind begehrt.

Um Missverständnissen vorzubeugen: Ich habe keinen Zweifel daran, dass die Nachkommen traumatisierter Menschen leiden; die Auswirkungen des Schicksals ihrer Eltern aber erzeugen eine andere Dynamik als die Folgen eines Traumas, das man selbst erleidet. Die Dynamik der Transmission, die zur Identifizierung mit dem Schicksal der Eltern führt, wird von dem Bedürfnis genährt, Konflikte, und zwar insbesondere Konflikte im Zusammenhang mit der Aggression, zu lösen. Diese »Transmission« erfolgt individuell spezifisch: Sie findet genauso wie alle anderen Abwehrvorgänge zwischen dem Elternpaar und seinen Nachkommen statt und gehorcht einer Gesetzmäßigkeit, die Analytikern mittlerweile vertraut ist. Unter diesem Blickwinkel betrachtet, lege ich die Betonung hier stärker auf die Rolle, die die Konfliktlösung für die Psychopathologie spielt, und weniger auf das Gewicht der historischen Ereignisse an sich. Die Traumatisierung verursacht Leid und hat zur Folge, dass die Betroffenen, ohne es zu wollen, ihren Kindern Leid zufügen. Aber *die Ereignisse, die traumatisierend waren, können weder Gegenstand der Analyse sein noch als solche weitergegeben werden*. Vielmehr tragen die Nachkommen die Last der Schuldgefühle, der Ängste, der Aggression und insbesondere der omnipotenten Missachtung des Generationenunterschiedes. Dies ist meiner Meinung nach die Ursache zahlreicher Kriege, in denen sich eine Generation gezwungen fühlt, das Unrecht wiedergutzumachen, das ihren Vorfahren zugefügt wurde, und die Demütigung in Aggression zu verwandeln.

Meine Beobachtung der Nachkommen »viktimisierter Eltern« hat mich davon überzeugt, dass sie ein starkes Bedürfnis haben, an historischen Ereignissen als Deckerinnerungen festzuhalten. Deshalb darf die Behandlung ihren persönlichen Mythos nicht unangetastet lassen, sondern muss dieses Thema aufgreifen. Natürlich ist ihre Sichtweise zumeist nicht psychotisch; die Ereignisse sind häufig dokumentiert und verifizierbar. Sie jedoch so zu behandeln, als hätten sie sie selbst erlebt, bedeutet, zwischen Eltern und Kindern nicht zu unterscheiden. Darüber hinaus werden diese problematischen Aspekte in der Literatur nicht ausreichend berücksichtigt; gerade weil Kinder von Überlebenden in der Traumaforschung eine wichtige Rolle spielen, muss der Unterschied zwischen den Generationen immer wieder betont werden. Analytiker müssen daran erinnert werden, dass die Rolle des Opfers potentiell »ansteckend« (Terr, 1990, S. 241) ist.

## Den »erfolgreichen« Traumaüberlebenden analysieren

Natürlich müssen sich Psychoanalytiker, die über einen spezifischen Aspekt der psychoanalytischen Erfahrung schreiben, der in ihren Augen zu wenig Aufmerksamkeit gefunden hat, auf dieses Element konzentrieren. So verhält es sich zweifellos in dem folgenden Abschnitt. Als ich darüber nachdachte, beeindruckte mich der Unterschied zwischen dem äußeren Rahmen, in dem Lebensgeschichten im behaglichen Behandlungszimmer eines Analytikers erzählt werden, und dem Kontext, in dem historische Ereignisse erlebt wurden (ich habe diese Überlegungen auch im Prolog A schon angesprochen). Im folgenden Kapitel erläutere ich einige der Abwehrmechanismen, die es Menschen ermöglichen, unvorstellbare Qualen zu überleben. Diese Abwehr steht demjenigen, dessen Aufgabe es ist, sich empathisch in den Leidenden einzufühlen, nicht zur Verfügung (Oliner, 2007). Die Kommunikation scheitert, so wie es zwischen mir und meinem zweiten Analytiker geschah (siehe Prolog A). In schmerzlicher Erinnerung habe ich nach wie vor auch meinen eigenen Versuch, der Mutter einer Patientin zu helfen, sich in Behandlung zu begeben. Sie hatte Auschwitz überlebt und sprach, wie mir ihre Tochter später berichtete, voller Verachtung über die – von mir nicht in Rechnung gestellte – Sitzung und konnte nichts damit anfangen.

Eine der bedeutsamen Folgen der Assimilation des Traumas ist die Verhinderung einer weiteren Traumatisierung. So schreibt Krystal (1985):

> Die klinischen Syndrome (zum Beispiel Neurosen), die man normalerweise auf ein Trauma zurückführt, sind mehrheitlich keine Nachwirkungen eines psychischen Traumas, sondern Folgen der autoplastischen Veränderungen, die sich im Prozess der Traumaprävention ausbilden. […] Eine besonders effektive »Reizschranke« von Personen, die auf bedrohliche Situationen emotional nicht reagieren, könnte auf die Entwicklung eines affektiven Abblockens (oder einer »Betäubung«) zurückzuführen sein, die sie »kalt«, distanziert oder unempathisch macht. (S. 151f.)

Wann immer ich erklären muss, wie Traumaprävention funktioniert, erzähle ich die amüsante Geschichte von dem Mann, der immerzu mit dem Fuß auf den Boden klopft und von einem anderen Mann nach dem Grund gefragt wird. Er antwortet, dass das Klopfen Elefanten vertreibe, woraufhin ihm der Frager vorhält, dass es doch in dieser Region gar keine Elefanten gebe. Der Zurechtgewiesene triumphiert: »Da siehst du, wie gut es wirkt!«

Die Traumaprävention (Krystal, 1985), ein weiterer Aspekt der Zuschreibung persönlicher Bedeutung an die Ereignisse, soll künftige Wiederholungen verhindern, ist aber wahrscheinlich nicht nur auf das Bedürfnis nach Re-Externalisierung zurückzuführen. Die zugrundeliegende Omnipotenz zielt hier auch darauf, durch die Betonung des Triumphs des Überlebens Schaden ungeschehen zu machen.[21] Wenn

---

[21] Die folgenden Ausführungen fassen eine Passage aus einem Vortrag zusammen, den ich auf einer Tagung der DPG gehalten habe (Oliner, 2011b, S. 271-273). Ausführlicher erörtere ich die Thematik im 2. Kapitel.

wir in Betracht ziehen, dass Menschen, die Extremkatastrophen erlebt haben, Abwehrmechanismen brauchen, um überhaupt funktionieren zu können, und dass unter diesen Abwehrmechanismen eine sehr vorsichtige Einstellung zur Vergangenheit den ersten Platz einnimmt, sehen wir, dass diese Bemühungen um Traumaprävention im Konflikt stehen mit dem anderen Bedürfnis, die Vergangenheit als reales Geschehen zu bestätigen, das heißt, sie durch konkrete Vergegenwärtigung zu externalisieren. Die Abwehr, die das Überleben durch posttraumatische Anpassung ermöglicht, ist vereinbar mit dem Verstreichen der Zeit, befriedigt aber nicht die unbewusste Regression auf Omnipotenz, die sich in den Schuldgefühlen des Überlebenden ebenso wie in seinem »Nie wieder!« äußert.[22] Die Beziehung zur gegenwärtigen Realität ist daher in Wirklichkeit stark eingeschränkt: Sie beruht auf einer Verengung des Charakters, die zu Rigidität und Unbeweglichkeit führt. Ebenso wie der Mann in dem Witz über die Elefanten verwechseln viele Menschen, die ein Trauma erlitten haben, in ihrem Verhalten Überleben mit Leben und *Machen* mit *Ungeschehen-Machen.*[23] In dieser Hinsicht wird das Überleben des Traumas in den Rang einer Leistung erhoben, den Analytiker respektieren müssen, bis die Patienten bereit sind, sich dem nicht wiedergutzumachenden Schaden, der ihrem Leben zugefügt wurde, zu stellen.

---

[22] In diesem Kontext muss ich betonen, dass ich das Wiederholungsbedürfnis nicht als einen Aspekt des biologisch angelegten Todestriebs betrachte, sondern es als den Mechanismus den Ungeschehen-Machens verstehe, dem Freud (1926d) große Bedeutung für das Verständnis der Zwangsneurose zuschrieb.

[23] Lots Frau, die sich dem Gebot, nicht zurückzublicken, widersetzte und deshalb in eine Salzsäule verwandelt wurde, ist ein Beispiel für die fehlende Kreativität von Menschen, die gezwungen sind, in der Vergangenheit zu leben. Hinzu tritt bei einigen Überlebenden die Tendenz zur Omnipotenz.

## 2. KAPITEL

## HISTORISCHE ERFAHRUNG, ERINNERUNG UND DIE ASSIMILATION DES TRAUMAS

## Die Erfahrung

Ursprünglich hatte ich gehofft, in diesem Kapitel erstens zwischen der realen traumatischen Erfahrung und der Art und Weise, wie sie in der Erinnerung auftaucht, zu unterscheiden und zweitens zwischen der Erinnerung an historische Ereignisse und der Assimilation der Erfahrung. Als ich jedoch die Fülle an Material zu diesen beiden Themen zu organisieren begann, wurde mir klar, dass eine Trennung willkürlich ist, weil die subjektive Erfahrung eines Traumas auf dem Erinnern beruht. Und das einzige Kriterium, das wir besitzen, basiert auf der Uniformität, die für den traumatischen Zustand typisch ist. Deshalb werde ich *willkürlich* trennen zwischen der historischen Erfahrung und dem Bild, das sich Analytiker, die die Auswirkungen dieser Erfahrungen zu verstehen versuchen, davon machen. Im ersten Teil des Kapitels betone ich die Ich-Zustände, in denen zwangsläufig die *Wahrnehmung* der äußeren Umstände, ihre *Realität*, die *Psyche* dominieren und determinieren muss. Die Eigenschaften, die das Sinnessystem stimulieren, spielen eine größere Rolle als ihre persönliche Bedeutung, weil sie für gewöhnlich eine aktive Abwehr erfordern. Wir wissen aus den Berichten von Soldaten, dass es möglich ist, eine Verletzung in der Hitze des Gefechts zu ignorieren oder nicht einmal zur Kenntnis zu nehmen. Potentiell traumatisierende Erfahrungen führen also zu einer Persönlichkeitsorganisation, die bestimmte identifizierbare Eigenschaften aufweist.

Reflexion, Emotion und Selbstgewahrsein werden unter die Vorherrschaft der äußeren Realität gebracht und sollen effektives Handeln im Dienste des Überlebens ermöglichen. In diesen Zuständen wird das Ich von der Notwendigkeit, sich vollständig auf die äußere Realität abzustimmen, und von der Gewissheit beherrscht, dass es »da etwas von mir gibt, das hier keinen Platz hat« (Roussillon, 1999, S. 84).[24] Ebendieses Bewältigungsmodell hat weit weniger Aufmerksamkeit erfahren als die Deutung der Folgen des Traumas.

Das Bewältigungsmodell beruht auf einer erfolgreichen Reorganisation der Persönlichkeit, ohne die der Mensch Extremsituationen nicht überleben kann. Am Anfang steht die Sinneswahrnehmung, ein Konzept, dem Analytiker meiner Meinung nach nicht die Aufmerksamkeit widmen, die es verdient. Ich spreche von der Wahrnehmung potentiell traumatisierender Situationen, die dem Realitätsprinzip gehorcht und das Subjekt zu angemessenen Reaktionen veranlasst. Die Art und Weise, wie die Erfahrung künftig im Gedächtnis weiterlebt, hängt von zahlreichen Faktoren ab. Die Fähigkeit, die Außenwelt als vom Selbst getrennt und dem Selbst äußerlich wahrzunehmen und zu erleben, wird durch Unreife zweifellos beeinträchtigt. Andere Faktoren, die das Schicksal der Erinnerung beeinflussen, sind die Bestätigung durch Zeugen, die emotionale Intensität der Erfahrung und – vielleicht der wichtigste Faktor überhaupt – die Frage, ob die Erfahrung womöglich verheimlicht werden muss, wie es zum Beispiel bei Kindesmisshandlung, Inzest oder anderen Ereignissen, deren die Familien sich schämen, häufig der Fall ist. Oft weckt schon die bloße Erinnerung an die Hilflosigkeit Schamgefühle. Die Einsamkeit, die dem Opfer aufgezwungen wird, steigert die Intensität seines Leidens und die Unsicherheit über dessen Gründe. In vielen Fällen muss der Analytiker die Art des Traumas rekonstruieren (Blum, 1996, S. 1157; 1997a, S. 778), weil sich die emotionalen Faktoren, die die Entwicklung bestimmen und es verhindern, dass Erfahrungen persönliche Geschichte werden, der Erinnerung an die Ereig-

---

[24] Steiner spricht von dem »betäubenden Realitätsgefühl«, das in diesen Fällen adaptiv ist.

nisse bemächtigt haben. Dies steht im Einklang mit der im 1. Kapitel zitierten Beobachtung de Masis (2000), dass sich emotionale Faktoren tendenziell gegenüber den kognitiven durchsetzen, vor allem wenn die realitätsgemäße Wahrnehmung (Erreich, 2003) im Laufe der Zeit immer weniger zugänglich ist. Gleichwohl zeigt die Erfahrung auch, dass *die Identität der Wahrnehmungen in der gegenwärtigen Situation und in einer Situation der Vergangenheit* von früh an starke Reaktionen auslösen kann; die Rekonstruktion der ursprünglichen Situation durch den Analytiker wird durch sie bestätigt.

Diese Ich-Zustände, in denen Emotion und Schmerz im Interesse effizienten Handelns in den Hintergrund treten müssen, haben in der traditionellen Literatur keinen Platz gefunden. Auf sie trifft aber Freuds Beschreibung des Hasses als Reaktion des Gesamt-Ichs auf eine Bedrohung zu, die nicht den Status eines Objekts erlangt. Dazu Blum (1997b):

> Freud betrachtete den Hass zunächst nicht einfach als einen Ausdruck von Aggression oder als das Gegenteil von Liebe. Der Hass wurde ursprünglich weder als Abkömmling der Liebe noch als ihr Gegenteil verstanden, sondern als eine andersartige Ich-Einstellung. (S. 360)

> Dass ein Trieb ein Objekt »hasst«, klingt uns […] befremdend, so dass wir aufmerksam werden, die Beziehungen Liebe und Hass seien nicht für die Relationen der *Triebe* zu ihren Objekten verwendbar, sondern für die Relation des *Gesamt-Ichs* zu den Objekten reserviert. (Freud, 1915c, S. 229; Hervorhebung M. O.)

Bergeret (1994; 1996a; 1996b) untersucht die Zustände, in denen das »Gesamt-Ich bedroht ist«, und zieht den Schluss, dass sie auf die Alternative »Töten oder Getötet-Werden« hinauslaufen. Im Einklang mit Freuds Beschreibung des Hasses betont Bergeret, dass die Lebensgefahr nicht als Objekt wahrgenommen wird. Ein – im Zusammenhang mit der Kriegsführung verwendeter – Begriff wie »Entobjektalisierung« (Green, 1993) könnte auf den Prozess zutreffen, allerdings nicht in seinem üblichen pejorativen Sinn. Vielmehr kann eine solche »Entobjektalisierung« als ein psychischer Mechanismus im Dienste des Überlebens betrachtet werden. Der *externe* Status bleibt gewährleistet und wird durch die Sinneswahrnehmung bestätigt. Sobald diese Wahrnehmung verflogen ist, können unbewusste Prozesse die Erfahrung entstellen und das Individuum für die Aggression gegen einen nicht länger erkennbaren Feind bestrafen.[25] Moss (2001), dessen Untersuchung sich auf Hassgefühle im Zusammenhang mit dem Vorurteil gegen bestimmte Gruppen konzentriert, definiert den Hass als eine Beziehung, in der Konflikt durch Eindeutigkeit und Denken durch Wahrnehmung ersetzt werden. Die – stets mit dem Impuls gekoppelte – Wahrnehmung wird zur Tat (S. 1329). Dieser auf Selbsterhaltung zielende Ich-Zustand hängt von der Wahrnehmung der Bedrohung ab, die deren äußere Realität bestätigt.[26] Roussillon (1999) hat diesen Zustand mit folgenden Worten beschrieben:

> Es ist keine Abwehr, die sich eines Prozesses bedient oder die einem Prozess zugrunde liegt, sondern eine Abwehr durch Struktur […] es ist eine Abwehr, die Historisierung und Kausalität an sich auslöscht […] das Ereignis wird weder im betreffenden Augenblick noch nachträglich symbolisiert, weil nämlich das Subjekt, das es hätte empfinden oder registrieren können, nicht anwesend war. (S. 74ff.)

Die beiden folgenden Geschichten illustrieren das Bedürfnis, das Subjekt gegen die emotionale Wahrnehmung eines niederschmetternden Ereignisses abzugrenzen. In der ersten Geschichte geht es um den »Todesmarsch«, den die letzten Häftlinge des Konzentrationslagers Auschwitz 1945 antraten. Der Erzähler berichtet von einem Freund, dem er vergeblich beizustehen versuchte. Der Mann konnte nicht weiter, und als der Erzähler den Schuss hörte, der seinen Leidensgenossen tötete, brach er zusammen und weinte untröstlich:

> Alle meine Nachbarn redeten auf mich ein, mich doch nicht gehenzulassen, ob ich denn ganz verrückt sei, ich hätte wahrlich genug Tote gesehen, und

---

25 Ebendies war das Thema meines Vortrags »Über die Schwierigkeit, seine Feinde zu hassen« (Oliner, 2001).

26 Dieser Zustand wird von Individuen, deren Handeln vom Vorurteil motiviert ist, ausgenutzt. Sie schüren die Angst, um das Objekt ihres Hasses als eine Gefahr für das Überleben der Gruppe auszugeben.

wenn ich lebend davonkommen wolle, dürfte ich nun nicht sentimental werden und wie ein Kind zu heulen anfangen. (Hesdörffer, 1998, S. 213)

Die zweite Geschichte illustriert das Bedürfnis des Täters, dem Leben des Opfers jede Bedeutung abzusprechen. Langer (1991) schildert den Bericht einer Frau, deren Mutter mitansehen musste, wie ein Soldat sie, die Tochter, erschießen wollte. Aber er hatte keine Munition mehr im Lauf, und so ging er einfach weg. »Und niemand sagte etwas […] Es lohnte sich nicht, mich umzubringen, also ging er einfach davon. Nun werden Sie verstehen, weshalb die Leute schweigen: Hätte meine Mutter auch nur ein einziges Wort gesagt, wäre ich heute nicht hier« (S. 72). Bei dieser Mutter setzten sich die Betäubung aller Gefühle und die Entobjektalisierung gegenüber der Liebe zur Tochter und dem Hass auf den Täter durch. Die Persönlichkeit der Mutter organisierte sich um die Beziehung zu einer feindlichen Welt, gegen die sie sich behaupten konnte, indem sie sich mit Gleichgültigkeit wappnete. Nur indem sie sich genauso wie der Feind in seiner totalen Entobjektalisierung des Opfers verhielt, konnte sie den Sieg erringen und das Leben ihrer Tochter retten. Laut deren Zeugnis beurteilte die Mutter die Realität, über die sie triumphierte, indem sie sich der Illusion hingab, dass das Verhalten des Soldaten keine Bedeutung habe (Oliner, 2001).

Weit weniger dramatisch, aber im Einklang mit diesen beiden Geschichten ist meine Erinnerung an den Schock, den mir 1942 im Waisenhaus der Anblick meines eigenen Spiegelbildes versetzte. Ich hatte den Spiegel allabendlich gesehen, doch der Schock, als ich nun auf einmal mich selbst in ihm sah, machte mir klar, dass ich mich eine ganze Weile lang nicht betrachtet hatte. Dies legt die Vermutung nahe, dass ich infolge meines schmerzhaften Verlustes den emotionalen Kontakt zur mir selbst verloren hatte. Von diesem Bedürfnis zeugt auch der jüdische Brauch, in einem Trauerhaus die Spiegel zu verhängen. Der Gleichklang der Geschichten über die lebensrettende Betäubung macht sie glaubwürdig, selbst wenn sie uns nach vielen Jahren und der wiederholten Bearbeitung als Versuch, sie in einen persönlichen Mythos zu integrieren, erzählt werden.

# Die Erinnerungen

Laub und Auerhahn (1993) schreiben über die *Erinnerungen* an diese Ereignisse:

> In Erinnerungen dieser Art liegt das Zentrum des Erlebens nicht länger im erlebenden »Ich«. Ereignisse geschehen irgendwo, haben aber keine Verbindung mehr zu dem bewussten Subjekt [...] Das Individuum »erinnert« Bruchstücke, ohne zu wissen, dass das »Ich« oder das Subjekt, das die Dinge erlebt hat, ein anderes ist als dasjenige, das sich daran erinnert – im Moment des »Erinnerns« fallen beide in eins; ein reflektierendes Selbst ist nicht präsent. Die Erfahrung findet einfach statt – ohne irgendein Subjekt. (S. 291)

> Die Erinnerung ist zeitlos, das Bild erstarrt. (S. 295)

Laub und Auerhahn (1993) erläutern, dass die Erinnerung verkapselt wird. Das spezifische Schicksal dieser faktischen Erinnerungen, das sich von der Art und Weise unterscheidet, wie Ereignisse normalerweise erinnert werden, ist auf die im ersten Abschnitt beschriebene, durch die Erfahrung erzeugte Spaltung zurückzuführen. Aufgrund ihres spezifischen Charakters bleiben diese Erinnerungen in der Persönlichkeit unauslöschlich als Tatsachen erhalten.

Viele Traumaüberlebende erinnern sich an die Fakten ihrer Lebensgeschichte.[27] Die Präzision, mit der die Ereignisse erinnert werden, ist trügerisch; ihr zu vertrauen setzt die Annahme voraus, dass unbewusste Prozesse auf ewig isoliert bleiben können. Oberflächlich betrachtet scheint es tatsächlich möglich zu sein, dass äußere Ereignisse dermaßen überwältigend sind, dass die gesamte Aufmerksamkeit für die Außenwelt und die vollständige Abstimmung auf sie für immer isoliert bleiben. Mein Selbstbild nach dem Krieg beruhte darauf, dass ich mich mit

---

[27] Interessant ist eine von Strous et al. (2004) berichtete Studie, die eine umgekehrte Korrelation zwischen PTBS und Psychose belegt. Das heißt, ein Symptom als Reaktion auf das Trauma beweist, dass die Ereignisse und die Beziehung, in der sie zu dem Individuum, das sie erlebte, standen, wahrgenommen wurden.

einer in Scheiben geschnittenen Salami verglich, deren einzelne Segmente gänzlich voneinander getrennt sind. Grundlegend hierfür war die Annahme einer unbegrenzten Anpassbarkeit an die vorherrschenden Bedingungen. Meine Fähigkeit, mir die Sprache der jeweiligen Länder, in denen ich lebte, anzueignen, bestätigte diese Vorstellung. Es scheint, als sei dieser psychische Zustand der Hypnose, wie Charcot sie im 19. Jahrhundert praktizierte und beschrieb, vergleichbar.

Wird die Hypnose heute oft eingesetzt, um eine verborgene Wahrheit aufzudecken und das Subjekt erneut mit einem originalen, aber verschütteten Selbst oder mit seiner Vorgeschichte zu vereinen, praktizierte man sie damals an der Salpêtrière, um psychischen Inhalt vollständig auszulöschen.

> Der »magnetische Schlaf« steigerte die für die Krankheit charakteristische Ruptur, die Dislozierung zwischen organischer Quelle und körperlichem Symptom, in ein solches Extrem, dass das Original restlos verschwand. In wiederholten Demonstrationen versuchte Charcot, diese Ruptur zu umgehen und sie vollständig zu externalisieren. Dieser Prozess – weniger ein »Das Innere nach außen kehren« als vielmehr eine Auslöschung alles Inneren – machte aus der Hysterikerin eine Art reines Zeichen ihrer Krankheit (Hustvedt, 2011, S. 68).

Erinnerungen an Ereignisse, die zahlreiche Eigenschaften mit der tatsächlichen Erfahrung gemein haben, spiegeln den autohypnotischen Prozess wider, der das Überleben sicherte. Das Bedürfnis, die Externalisierung dieser Ereignisse aufrechtzuerhalten, setzt die Trennung fort, die zuvor zwischen diesen Erinnerungen und unbewussten, auf emotionalen Faktoren und auf der Kontinuität des Selbst beruhenden Prozessen hergestellt wurde. Dass diese Erinnerungen von zwei widerstreitenden Motiven beherrscht werden, ist nicht bewusst. Das Bewusstsein hält an der Illusion fest, dass sie ausschließlich in der äußeren, wenn auch der Vergangenheit angehörenden Realität existieren. Verborgen bleibt dem Subjekt dabei, dass sie fortwährend dem Integrationsprozess, der die Kontinuität des Selbst aufrechterhält, unterliegen. Wenn die Erfahrung dann später im Leben erinnert wird, wirkt die faktische Präzision der Erinnerung wie ein Zeuge; sie bestätigt die äußere Realität der Ereignisse und zerstreut dadurch die Vorstellung, dass ein anderer Prozess stattgefunden hat, vor allem wenn diese äußere Realität nicht durch objektive Zeugen bestätigt wird, die entweder verschwunden sind oder die Ereignisse verleugnen müssen.

Die faktischen Erinnerungen sind Deckphänomenen vergleichbar, die die fortwährende unbewusste Arbeit an der Integration der Gesamtpersönlichkeit und der Zuschreibung persönlicher Bedeutung an diese Ereignisse verbergen.[28] Das Erinnern der Attribute der historischen Ereignisse scheint den üblichen Erinnerungsprozess verhindern zu können. Man hat nachgewiesen, dass der Verlust der Erinnerung an situationsspezifische Eigenschaften der Tendenz Vorschub leistet, Reaktionen auf dispositionelle Faktoren zurückzuführen. Wenn eine erste Reaktion auf ein Ereignis lautet: »Ich bin gestolpert, weil ein Stein auf der Straße lag«, könnte eine spätere Erinnerung an dieselbe Situation in den Worten Ausdruck finden: »Ich bin gestolpert, weil ich so ungeschickt war.« Riccio und seine Mitarbeiter berichten, dass der Kontakt zur äußeren Realität sogar im Labor auffallend dürftig ist (Riccio, Rabinowitz und Axelrod, 1994). Verschiedene Eigenschaften werden unterschiedlich rasch vergessen; Attribute wie Vertrautheit, Wiederholung und Intensität aber machen die Erinnerung dauerhafter, sofern keine starken Abwehrmechanismen wie etwa negative Halluzinationen am Werk sind (Green, 1998). Im Falle der Erinnerungen an Extremsituationen zeugt die Überlebensschuld, eine der häufigsten Reaktionen, von den emotionalen Faktoren, die selbst die präzisen Erinnerungen irgendwann ineffektiv machen. In diesem Kontext lohnt es sich, noch einmal auf Krauses Beobachtung zu verweisen, die ich schon im 1. Kapitel zitiert habe: »Aussagen über den Zeitpunkt von Schädigungen legen nicht unbedingt eine psychogenetische Entstehung nahe, denn Traumen sind immer Folge der Wechselwirkungen von Verarbeitungskapazität des lernenden Organismus und den Umweltbedingungen.« (Krause, 1998, S. 41) Ohne eine Bestätigung des äußeren Status der Ereignisse durch

---

[28] Ich habe die Literatur über die Verkapselung traumatischer Erinnerungen andernorts eingehend diskutiert (Oliner, [1996] 1996, S. 33ff.).

die Umwelt gewinnt der traumatische Prozess an Stärke und kann nur durch bewusste Bearbeitung der Art und Weise, wie die Erfahrung in die unbewusste Phantasie integriert wurde, gelindert werden.

Ich sehe mich zunehmend bestärkt in meiner Überzeugung, dass die Integrationsarbeit ständig aktiv ist, auch wenn die Erinnerungen dissoziiert, verkapselt oder *unsymbolisiert* wirken oder als Deckerinnerungen dienen. Arlow betonte die fortwährende Aktivität der unbewussten Phantasie, und Loewald (1960) verstand die Integration als Funktion des Eros; das heißt, sie ist eher triebhafter Natur als ein Resultat der Synthesefunktion des Ichs. Meiner Meinung nach haben die Traumaüberlebenden dazu beigetragen, dass man eine Trennung zwischen den Ereignissen und ihrer anschließenden psychischen Ausgestaltung konzeptualisierte. So schreibt Charlotte Delbo, eine Auschwitz-Überlebende, in ihren Lebenserinnerungen: »Dann leben Sie also mit Auschwitz? Nein, ich lebe in seiner Nähe. Auschwitz ist da, unveränderbar, eindeutig, aber umgeben von der Haut der Erinnerung, einer undurchlässigen Haut, die Auschwitz von meinem gegenwärtigen Selbst isoliert« (Delbo, 1985, S. 2).

Man könnte annehmen, dass dieser psychische Zustand das reale Erleben widerspiegelt (Oliner, 2001, S. 213) und der spezifische Charakter traumatischer Erinnerungen sich aus dem früheren Ich-Zustand herleitet; mittlerweile denke ich jedoch, dass er auf einer *Illusion beruht, in der die faktische Erinnerung an die Stelle der Wahrnehmung tritt*, die das ursprüngliche Ereignis begleitete. Doch wer braucht einen solchen ständigen Zeugen? Nur jemand, der in einem anderen Teil seiner Persönlichkeit der Gewissheit bedarf, dass ihm das Trauma ohne eigene aktive Beteiligung zugefügt wurde. Meine Erfahrung in meiner zweiten Analyse, die ich im »Prolog A« erwähnt habe, ist ein Beispiel für die subtilen Missverständnisse, zu denen es kommt, wenn lediglich ein Teil der gesamten »Erinnerung« angesprochen wird. Mein Analytiker hörte mich von den Ereignissen sprechen, die ich 1942 erlebt hatte, und er meinte, dass ich daran erinnert werden musste, dass »es geschah«. Dennoch verwirrte mich seine Bemerkung. Wahrscheinlich stützte er seine Intervention auf seine Wahrnehmung, dass ich die *äußere* Natur der furchtbaren Ereignisse verloren hatte – von meinem Leben abgesehen alles verloren hatte. Ich selbst war bewusst der Meinung, mich sehr lebhaft an jene Zeit erinnern zu können. Ich habe seine gute Absicht nie infrage gestellt, verstand aber erst sehr viel später, dass er Ereignisse zu re-externalisieren versuchte, die ich unbewusst auf eine schädliche Weise *internalisiert* hatte. Natürlich hätte ich eine vollständige Deutung gebraucht, die sowohl die lebendigen Erinnerungen als auch die Bedeutung erfasst hätte, die ihnen im Laufe der Zeit zugewachsen war – aufgrund der Heimlichkeit, die sie umgab, und infolge der Ungeheuerlichkeit des Verlustes, aber auch der ausbleibenden Bestätigung durch die Umwelt. Meine Erfahrung war keine, die ich mit anderen teilte. Der Analytiker gab mir die Bestätigung, von der ich nicht wusste, dass ich ihrer bedurfte.

Die Lebendigkeit von Erinnerungen trägt, wie mir später klar wurde, dazu bei, dass sie mit Wahrnehmungen verwechselt werden; dies hilft, eine Erinnerung an das Ereignis als äußere Realität zu bestätigen, und setzt der unbewussten Omnipotenz Grenzen. Bucci (1997, S. 80) beschreibt, dass die Vorstellung eines wahrgenommen Bildes, die tatsächliche Wahrnehmung und die Erinnerung an die Wahrnehmung im Gehirn identische Aktivierungsmuster aufweisen.[29] Das Bedürfnis aber, ein traumatisierendes lebensgeschichtliches Ereignis zu wiederholen, zu vergegenwärtigen und zu realisieren, selbst wenn es bewusst erinnert werden kann, beweist, dass die Fakten durch unbewusste Phantasien verzerrt werden, die das Bedürfnis nach Bestätigung und Zeugenschaft wecken.

Dass ich der Erfahrung einen besonderen Status zuschreibe und das Konzept, dass das Trauma einen fortlaufenden Prozess darstellt, gleichwohl für stichhaltig erachte, beruht auf meiner Überzeugung, dass die genuine Externalisierung in das Verständnis vieler Traumaüberlebender einbezogen werden muss. Trotz faktischer Erinnerungen können ihre

---

[29] Wenn wir niedergeschlagen sind, denken wir, dass uns ein Szenenwechsel guttun wird. Neue Eindrücke heben die Stimmung, weil sie die Sinne stimulieren, so dass sie nicht länger von Bildern aus der Vergangenheit beherrscht werden.

Gefühle bewirken, dass die Ereignisse, die den Prozess in Gang setzten, nur unzulänglich externalisiert werden. Der traumatische Prozess bildet ein Geschehen, in dem Internalisierungsprozesse exzessiv zu werden drohen und die Externalisierung dazu beiträgt, der mit dem Überleben assoziierten Omnipotenz realistische Grenzen zu setzen; das heißt, sie stellt nicht lediglich eine auf der Projektion von Schuldgefühlen beruhende Abwehr dar. In dieser Hinsicht unterscheiden sich die Überlebenden, die sich erinnern, nicht grundlegend von denjenigen, deren Unreife eine Externalisierung verhinderte.

Ich beschließe diese klinische Erörterung des Erinnerns mit dem Hinweis auf neurowissenschaftliche Funde, die ich im 1. Kapitel schon kurz erwähnt habe. Laut de Masi ([2000] 2003) besteht kein Zweifel daran, »dass die Verbindungen vom emotionalen zum kognitiven System widerstandsfähiger sind als Verknüpfungen in die umgekehrte Richtung« (S. 10). Das bedeutet, »dass das Unbewusste einen ausgeprägten Einfluss auf unser Verhalten hat, mit dem wir auf die Wechselfälle des Lebens reagieren« (ebd.).

# Die Assimilation

Die emotionalen Faktoren, die das psychische Leben beherrschen und sich gegenüber dem kognitiven System behaupten, sind für die oben angesprochene »exzessive Internalisierung« verantwortlich. Diese lässt sich besonders deutlich an Personen beobachten, die zum Zeitpunkt der Erfahrung allzu unreif waren, um zwischen der äußeren Welt und der psychischen Realität unterscheiden zu können; sie spielt aber auch eine Rolle bei denjenigen, deren unbewusste Omnipotenz dadurch verstärkt wurde, dass sie überwältigende Erfahrungen überlebt und – ihrer Überzeugung nach – gemeistert haben. Exzessive Internalisierung konfrontiert uns mit der Tatsache, dass Erinnerungen in mehr als nur einem einzigen Teil der Psyche gespeichert werden und dass die Bedeutsamkeit ihrer sensorischen Eigenschaften, die so überaus anschaulich selbst in der Erinnerung und in den Wiederholungen von Kindern zutage treten, die die Ereignisse nicht bewusst wahrgenommen haben, unterschätzt und nicht hinreichend erforscht wurde.[30] Diese sensorischen Eigenschaften vermögen Gefühle zu wecken, die nicht an eine Vorstellung gebunden sein müssen.

In der vermeintlichen Faktizität der Erinnerung an manche Erfahrungen, ihre »nackte Realität« (McDougall, 1972), bleiben zu einem gewissen Grad die Eigenschaften erhalten, die notwendig sind, um ihre vollständige Integration in die psychische Realität zu verhindern und sie zur Abwehr (Neubauer, 1967), insbesondere zur Abwehr von Schuldgefühlen, einzusetzen. Als Deckphänomene schützen diese klar erinnerten Ereignisse vor dem Gewahrwerden ihrer Abwehrfunktion sowie der Art und Weise, wie sie symbolisch repräsentiert werden: Sie erhalten eine hochidiosynkratische Bedeutung, die als gewöhnliches frühkindliches Drama analysierbar ist (siehe Oliner, 1996). Weil sich die Erinnerungen ihre Lebendigkeit und Anschaulichkeit manchmal bewahrt haben, statt im Laufe der Zeit zu verblassen, ist ihre Verwendung für die verzerrte, durch das infantile Drama gefärbte Bedeutung schwierig zu entdecken.

Wir haben es also mit einem doppelten Prozess zu tun: erstens mit dem Schicksal der Erinnerungen, deren sensorische Eigenschaften eine entscheidende Rolle spielen; darauf folgt ein Prozess, der sich im Laufe der Zeit, im Anschluss an die traumatischen Ereignisse, vollzieht. Die Erinnerungen, die von kognitiven, faktischen, ahistorischen und leblosen Elementen durchdrungen waren, für deren Existenz es keine äußere Validierung mehr gibt, mussten in die persönliche Geschichte integriert werden. Im Zuge dieses Integrationsprozesses erfolgt eine psychische Reorganisation durch die unbewusste Phantasie. Nicht kognitive, sondern emotionale Faktoren bestimmen die Assimilation des Traumas; die posttraumatische Reintegration der Persönlichkeit wird

---

[30] Ich führe dieses Versäumnis auf die Annahme eines Todestriebs zurück, der den Wiederholungszwang erklärt. Die Erklärungen beruhen auf den Aktionen, zu denen ein Trieb drängt, und nicht auf persönlicher Motivation, und werden in dem Teil über theoretische Fragen diskutiert.

von zahlreichen persönlichen Faktoren vorgegeben, aber auch von der symbolischen Bedeutung des Unglücks und der ihr inhärenten Omnipotenz (Oliner, 2001).

Primo Levis Werk zeugt von dieser Dualität des Assimilationsprozesses. Levi konnte nicht verhindern, dass seine Gefühle unter die Vorherrschaft seiner unbewussten Selbstverurteilung gerieten. Diese fand Ausdruck in seinem Wertlosigkeitsgefühl, das ihn ungeachtet seiner großartigen Fähigkeit, die Ereignisse des Holocaust in ihrem historischen Kontext darzustellen, beherrschte.

In seinem bemerkenswerten Buch *Die Untergegangenen und die Geretteten* stellte er seine außerordentliche Gabe unter Beweis, leidenschaftslos und bezwingend Zeugnis von den Nazi-Verbrechen abzulegen:

Ich verstehe nichts vom Unbewussten und von der verborgenen Tiefe, aber ich weiß, dass nur wenige etwas davon verstehen und diese wenigen vorsichtiger sind. Ich weiß nicht, und es interessiert mich eigentlich auch nicht, ob in meinen innersten Tiefen ein Mörder haust, aber ich weiß, dass ich ein schuldloses Opfer und kein Mörder gewesen bin. Ich weiß, dass es Mörder gegeben hat, nicht nur in Deutschland, und dass es sie noch gibt, sowohl im Ruhestand als auch noch im aktiven Dienst, und dass sie mit ihren Opfern zu vermengen auf eine kranke Moral, ein ästhetisierendes Getue oder ein unheimliches Anzeichen für Komplizenschaft hindeutet; aber vor allem wird damit jenen, die die Wahrheit bestreiten, ein wertvoller Dienst erwiesen – ob beabsichtigt oder nicht. (Levi, [1986] 1990, S. 46)

Diese Luzidität machte Levi zu einem der meistgelesenen Mahner an den Holocaust. Deshalb überrascht es, wenn man in demselben Werk folgenden Worten begegnet: »Überlebt haben die Schlimmsten, und das heißt die Anpassungsfähigsten.« (S. 82) Und: »Nicht wir, die Überlebenden, sind die wirklichen Zeugen.« (S. 83)

Dank seiner geschärften Wahrnehmungsfähigkeit erkannte Levi gleichwohl das irrationale unbewusste Schuldgefühl, das seinen Selbstanklagen Nahrung gab. Ihm waren die Ähnlichkeiten zwischen den Unterdrückern und ihren Opfern bewusst, der Wunsch, die quälenden Erinnerungen, die sie einten, zu vergessen.

Es ist interessant, die Erinnerungen an extreme Erfahrungen zu untersuchen […] die Erinnerung an ein Trauma, ob es nun erlitten oder zugefügt wurde, ist an sich schon traumatisch, denn es schmerzt oder stört zumindest, wenn man es ins Gedächtnis zurückholt. Wer verletzt worden ist, neigt dazu, die Erinnerung daran zu verdrängen, um den Schmerz nicht zu erneuern; wer dagegen einem anderen eine Verletzung zugefügt hat, verdrängt seine Erinnerung, um sich von ihr zu befreien, um sein Schuldgefühl zu verringern. Wieder einmal haben wir es mit einer paradoxen Analogie von Opfer und Unterdrücker zu tun, und wieder einmal kommt Angst auf: beide sitzen in derselben Falle, aber es ist der Unterdrücker und nur er, der sie aufgestellt hat und zuschnappen lässt: wenn er daran leidet, ist es nur gerecht, dass er daran leidet; aber es ist ungerecht, dass das Opfer darunter leidet und auch noch nach Jahrzehnten leiden muss. Wieder müssen wir bedauerlicherweise feststellen, dass die Verletzung unheilbar ist. (Anissimov, [1996] 1999, S. 494)[31]

Der Absatz endet mit einer Präzisierung der Gemeinsamkeit von Tätern und Opfern: »[…] angesichts der nackten Realität des Faktums, das sich unwiderruflich ereignet hat, brauchen beide Trost und Unterstützung.« (Ebd.)

Diese unbewussten, von Levi so präzise wie anschaulich beschriebenen Prozesse bleiben zumeist so lange verborgen, bis ein Symptom aufbricht oder der Betroffene sich einer Analyse unterzieht. Leichter zugänglich für den gelegentlichen Beobachter und die Traumaüberlebenden selbst ist ihre Verwendung der äußeren Realität. Auch davon zeugt Levis Luzidität.

Die äußere, durch die Sinnesorgane wahrgenommene Realität bestätigt das Überleben und unterstützt die Verleugnung. Harold Blum äußerte in unseren Gesprächen die Besorgnis, dass der psychoanalytische Prozess dem Einfluss von Verlusterfahrungen, Demütigungen, Verletzungen und anderen Schicksalsschlägen, die den traumatischen Prozess in Gang setzen, nicht angemessen Rechnung trage. Die Gefahr der Verleugnung ist wahrscheinlich der Grund dafür, dass Hillel Klein

---

[31] Aus einer Rede zum Thema: »Die Pflicht, Zeugnis abzulegen«, die Leviam 29. Oktober 1983 hielt; zitiert nachAnissimov ([1996] 1999), S. 493-501.

das Schuldgefühl der Überlebenden als ein wünschenswertes Phänomen betrachtet (Klein, Biermann und Nedelmann, 2003). Ich selbst bin zu der Überzeugung gelangt, dass die Assimilation des Traumas einem prozessualen Verständnis zufolge mit einer Verleugnung beginnen könnte, die sich als Triumph manifestiert. Ich vergleiche diese Verleugnung mit einer orthopädischen Prothese; das heißt, die Verluste werden durch die *Realität* der Objekte kaschiert. Eine Bewältigung kann in Form der Anpassung an die gegenwärtige Situation und mit dem Erlangen von Befriedigung (Greenacre, 1949) durch das Schauen und Finden beginnen. Dies sind wichtige Mechanismen; das Finden nimmt einige der illusorischen Aspekte des Wiederfindens (verlorener Objekte) an.

Nachdem ich die Rolle der Illusion in den Assimilationsprozess eingeführt habe, gilt es, die Rolle ihres durch *Wahrnehmung* bestätigten Gegenstücks – der verifizierbaren Realität – zu untersuchen, die gleichfalls einen entscheidenden Beitrag leistet. Die Funktion des *Realen* wurde vielleicht von niemandem deutlicher herausgearbeitet als von Winnicott ([1971] 1993). Er benutzte zwar eine andere Terminologie, doch seine Gegenüberstellung von Objektbeziehung und Objektverwendung betrifft die äußere *Realität* des Objekts. Seiner Ansicht nach setzt der Übergang von der Objektbeziehung zur Objektverwendung die Zerstörung des Objekts voraus:

> Das Subjekt kann jetzt das Objekt, das überlebt hat, *verwenden* [Hervorhebung D.W.W.]. Es ist wichtig festzuhalten, dass das Subjekt das Objekt nicht nur deshalb zerstört, weil das Objekt außerhalb des Bereiches seiner omnipotenten Kontrolle steht. Es ist ebenso wichtig, dies auch von der anderen Seite her zu sehen: dass nämlich das Objekt erst durch die Zerstörung in den Bereich außerhalb der omnipotenten Kontrolle des Subjekts gestellt wird. So entwickelt das Objekt seine eigene Autonomie und sein eigenes Leben auf zweierlei Art und steht, wenn es überlebt, *je nach seinen eigenen Eigenschaften* [Hervorhebung M.O.] dem Subjekt zur Verfügung. (S. 105)

Im Falle der im ersten Teil dieses Kapitels beschriebenen Extremsituationen geht die Zerstörung des Subjekts in wechselndem Maße auch mit der Zerstörung des Objekts einher. Das Gefühl, allein zu sein, verlassen oder missbraucht worden zu sein, ist Ausdruck nicht nur der Vernichtung des Subjekts, sondern auch seiner emotionalen Objektbindungen. Die Sehnsucht nach abwesenden oder verlorenen Objekten kann die zum Überleben notwendige Anpassungsfähigkeit tiefgreifend beeinträchtigen; ebendies erläutert Primo Levi in seiner Beschreibung der »Muselmänner« in Auschwitz, die zum Sterben verurteilt waren, weil sie nicht anders konnten, als in der Vergangenheit zu leben. Der Mechanismus der Verschiebung ermöglicht es, dass Ersatzobjekte als Beweis für eine Art von Überleben anerkannt werden; je näher sie dem verlorenen ursprünglichen Objekt kommen, desto besser erfüllen sie diese Funktion. Die Funktion der materiellen Welt aber hängt davon ab, dass sie ihren *Charakter als Substitut* behält. Wenn sie ihn verliert, wenn sie die Realität des Verlustes zerstört und wenn Finden zu einem Wiederfinden wird, haben wir es mit der Dynamik der Manie zu tun.

Die Verleugnung spielt, wie oben erläutert, im traumatischen Prozess eine wichtige Rolle. Gleichzeitig ist im Prozess der Reintegration der Gesamtpersönlichkeit im Anschluss an die »Armierung des Ichs« (Grubrich-Simitis, 1979, S. 998), deren Charakter sich antithetisch zu dem Bewusstsein für Zeit und Geschichte verhält[32], eine weitere Dynamik aktiv, nämlich das Streben nach persönlicher Kontinuität (Oliner, 2001). Ohne die *Bestätigung der Realität der Ereignisse*, die die Verleugnung stützt, wird die persönliche Geschichte zur Erschaffung persönlicher Kontinuität ungeeignet. Im Anschluss an die traumatischen Ereignisse konnten die Erinnerungen, die von kognitiven, faktischen, ahistorischen und leblosen Elementen erfüllt waren, für deren Existenz es keinerlei äußere Validierung mehr gab, nur unter größten Schwierigkeiten und sehr, sehr langsam in die persönliche Geschichte integriert werden. Die realen Eigenschaften der Erfahrung hingegen wurden infolge der Suche nach persönlicher Kontinuität schwächer. Die kognitiven Faktoren, die die äußeren Attribute der Erinnerungen

---

[32] Die »Erinnerung [an den Holocaust] wird ahistorisch, zu einer Szene aus der Hölle, da sie aus jeglichem Kontext gerissen ist. Historiker jedoch suchen und durchsuchen alles nach Beweisen, bestehen auf Abfolgen und Chronologie und versuchen, die Vergangenheit so präzise wie nur irgend möglich zu rekonstruieren« (Stern, 1997, S. 12).

kennzeichneten, verloren – obwohl sie nie ausgelöscht wurden – durch einen Prozess, der ihre Bedeutung zerstörte, an Macht. Ich habe diesen Prozess im vorangegangenen Abschnitt beschrieben und erläutert, dass die unbewusste Phantasie, die von Gefühlen, die zur persönlichen Geschichte gehören, erfüllt ist, die Internalisierungs- und Integrationsprozesse bestimmt. Und wie schon erwähnt, übt das Unbewusste einen beherrschenden Einfluss auf unser Verhalten aus (de Masi, 2000).[33]

Sofern Analytiker die Komplexität des traumatischen Prozesses nicht aufmerksam berücksichtigen, laufen sie Gefahr, ihre Patienten falsch zu verstehen. Die Literatur betont den *unsymbolisierten* Charakter der Erinnerungen, die durch negative, auf Autohypnose beruhende Halluzination zerstört (Green, 1993) oder dissoziiert wurden, so dass eine Spaltung in der Persönlichkeit entstand (Brenner, 2001). Von der Präsenz und Relevanz dieser Erinnerungen aber zeugt die wiederholte Beobachtung, dass sie in Form von Inszenierungen wieder an die Oberfläche treten, insbesondere, aber nicht ausschließlich, im Kontext der Übertragungsbeziehung in der Analyse. Sie sind keineswegs verkapselt und dermaßen hermetisch vom dynamischen Geschehen in der übrigen Persönlichkeit abgeschnitten, wie es den Anschein hat. Unter diesem Blickwinkel betrachtet, bleiben historische Ereignisse, die Einzelpersonen oder ganze Familien traumatisiert haben, nicht nur, wie dargestellt, als verkapselte Erinnerungen in Menschen, die radikal von dem, was sie determiniert, abgeschnitten sind, erhalten; vielmehr tauchen sie wieder auf, und die Wiederholung ist ein Versuch, sie zu re-externalisieren und *real*, wirklich, zu machen. Dies ist eine wichtige, auf die Re-Integration der Persönlichkeit zielende Funktion des traumatischen Prozesses, die am ehesten als Ausdruck persönlicher Motivation, nicht aber als solcher des Todestriebs zu erklären ist.

In der Behandlung von Traumaopfern ist es von entscheidender Bedeutung, die beiden verschiedenartigen Erinnerungstypen nicht zu ver-

---

[33] De Masis Erläuterungen, die er auf neurowissenschaftliche Erkenntnisse stützt, bestätigen die experimentalpsychologischen Daten, die ich in meiner Studie über die äußere Realität zitiert und oben bereits kurz erwähnt habe.

wechseln, weil man andernfalls durch die Lebhaftigkeit und Anschaulichkeit der Erinnerungen allzu stark beeinflusst wird. Erinnerungen werden nach Maßgabe ihrer unpersönlichen und faktischen Eigenschaften gespeichert, aber auch – und dies trifft auf die meisten Erfahrungen zu – nach Maßgabe der durch die unbewussten Phantasien strukturierten persönlichen Bedeutung (Noy, 1979). Erinnerungen können als *Präsentation* überdauern, als Deckphänomen, das sie aufgrund ihrer faktischen Eigenschaften vom Selbstgefühl abtrennt; sie überdauern aber auch als *Repräsentation*, als integrierter Bestandteil der Lebensgeschichte, der die durch die persönliche Konstruktion des Ereignisses herbeigeführten Transformationen erfahren hat.[34] Jene so deutlich erinnerten Ereignisse werden unbewusst auch als ein Verbrechensschauplatz im Familiendrama repräsentiert und erlangen eine hochgradig individuelle Bedeutung. Analytiker untersuchen *Repräsentationen*; sie müssen die Dualität von Erinnerungen akzeptieren, die im Innern der Psyche Realitätsbereiche entstehen lässt, die der unbewussten Bedeutung ermangeln und von ihr abgetrennt bleiben. Diese müssen als solche erkannt und behandelt werden, ähnlich wie es auch für Deckerinnerungen gilt. Gottliebs Konzept der – bewussten oder unbewussten – Befähigungsphantasie, die der Dissoziation bei der multiplen Persönlichkeitsstörung zugrunde liegt, lässt sich auch auf die Phantasie anwenden, die die traumatisierend wirkende Segmentierung der Persönlichkeit in Extremsituationen fundiert (Gottlieb, 1997, S. 913).

Bevor ich dieses Kapitel über den traumatischen Prozess abschließe, möchte ich einige persönliche Erfahrungen schildern, die meiner Meinung nach Licht auf Winnicotts Konzept der Zerstörung des Objekts werfen.[35]

---

[34] Auch Bucci (1985) hat eine Theorie der dualen Kodierung formuliert. Sie stützt ihre Thesen auf die empirische Forschung und trifft die Unterscheidung anhand der Kriterien verbaler bzw. sensorischer Code.

[35] Ich greife im Folgenden auf einen Vortrag zurück, den ich am 9. Mai 2009 auf einer Tagung der Deutschen Psychoanalytischen Gesellschaft gehalten habe. Der Titel dieses Vortrags, den ich auf Deutsch verfasst habe, lautete: »Drehen Sie sich nicht um, Frau Lot« (Oliner, 2011).

Als der Zweite Weltkrieg fast zu Ende war, bestand eine unserer Unterhaltungen am Esstisch in Zürich aus der folgenden Frage: Was soll nach Kriegsende mit Deutschland geschehen? Diejenigen, die sich an diesem Thema beteiligten, waren Mitglieder meiner Pflegefamilie, die alle, obschon manche von ihnen Schweizer waren, davon ausgehen mussten, dass viele – wenn nicht die meisten – ihrer Angehörigen in deutschen Konzentrationslagern umgekommen sind. Ihre Reaktion war darum, dass sie selbst auch mörderische Szenen erfanden, um sich an den Deutschen zu rächen. Mein Nachkriegswunsch war anders. [...] In dem Bild, das ich mir malte, öffnete sich die Erde, wie durch ein Erdbeben, oder wie in manchen Toiletten, verschluckte Deutschland und vergrub es. Danach fügten sich die Ränder – also die französische Grenze mit der polnischen – zusammen, und es gab nicht einmal ein Loch mehr, das an Deutschland hätte erinnern können. (Oliner, 2011, S. 264f.)

Mein Wunsch ging bekanntlich nicht in Erfüllung, und so fand ich eine andere Lösung, indem ich das Land und was es hervorbrachte, mit anderen Worten: alles – mit Ausnahme seiner Sprache – viele Jahre lang mied. Ich lernte Englisch, und nichts lag mir ferner, als einen »bezaubernden Akzent« zu kultivieren. Auch diese Lösung war eine Art Zerstörung. Sie hinderte mich daran, zurückzublicken, und verhinderte, dass ich von Wut oder Heimweh oder beidem überwältigt wurde. Wir wissen, was mit Lots Frau passierte, als sie zurückschaute: Sie erstarrte zur Salzsäule.

Die Frage stellt sich natürlich, wie die beiden beschriebenen Strebungen [nach Integration bzw. nach Trennung] zusammenwirken bei Individuen, die nicht zurückschauen können. Wie funktioniert die eine Strebung, die die Innenwelt unterdrückt, einschließlich all der Darstellungen, die den Verlust bestätigen, wobei doch in Wirklichkeit die Anerkennung von Verlusten die Grundbedingung für dieses psychische Leben ist? Es sieht so aus, als hätte die negative Halluzination das Ziel, all das, was an Verlust erinnert werden könnte, bildlich zu zerstören und den Ersatz als bare Münze hinzustellen. So sieht es aus, aber dies scheint eben das Resultat von einer Selbstsuggestion zu sein (siehe Gottlieb, 1998, zu dem Thema der »enabling fantasy« [...]). Tatsächlich ist dies aber eine Selbsttäuschung. Das Innenleben geht weiter, wenn das Individuum nicht psychotisch ist und damit die Unterscheidung von Innenwelt und Außenwelt nicht vollständig zusammengebrochen ist. Die lebenslängliche Suche nach der Darstellung der Wunschideen geht weiter, in Träumen und in dem Wiederholungsdrang, ohne dass das Innenleben mit der äußeren Wirklichkeit verwechselt wird. […] Die Gefahr für das Individuum ist immer, dass es nur in seinem Kopf lebt. In der hier vorgeschlagenen Perspektive ist die Wiederholung als *motiviert* anzusehen. Ihre Funktion ist es, die *Wirklichkeit* [Hervorhebung für diese Ausgabe M.O.] zu bestätigen und immer wieder zu zeigen, dass die inneren Bilder nicht erfunden sind. […] Im Gegenteil sind die Eigenschaften der Außenwelt nach unserer Auffassung von höchster Wichtigkeit für die Suche nach Bestätigung, ebenso wie auch das Erlebnis, dass das Gefundene *wirklich* [Hervorhebung für diese Ausgabe M.O.] da ist, ohne mit dem Wunschbild identisch zu sein. […] Ich glaube, dass dieser Gesichtspunkt, der in letzter Zeit völlig vernachlässigt wurde, die einzige Erklärung ist für das enge Verhältnis zwischen den Menschen und der Außenwelt, das wir doch alle benötigen. (Oliner, 2011, S. 270f.)

Dass ich die Katastrophe des deutschen Genozidversuchs überlebt habe und nach vielen Jahren, in denen ich das Land gemieden hatte, freundlich aufgenommen wurde, kam dem Wirklich-Sein gefährlich nahe, ohne doch den Ersatzcharakter zu haben, den die Unterscheidung zwischen Innen und Außen, zwischen Wunschdenken und Gratifikation, zwischen dem Verlust und dem Ersatz für das, was auf ewig verloren ist, voraussetzt.

Bei einem meiner Patienten habe ich die Gefahr, die von einer Gegenwart ausgeht, die zu nahe an das Wunschbild kommt, erlebt. Ich meine eine Gegenwart, die sich so zeigte, als gäbe es nicht genug Unterschied zwischen innen und außen, und die damit unerträglich wurde. Der Patient war ein gut aussehender junger Mann, der sich merklich von seinen Anfängen entfernt hatte. Nun wollte er eine Erbin heiraten, das war sein bewusstes Ziel, das er auch scheinbar erreichte, als er in einem engen Verhältnis zu einem sehr reichen Mädchen stand. Er sprach einmal in einer Therapiestunde vom Geld: Er verdiente damals sehr wenig und machte sich Sorgen über die Zukunft. Ich sagte ihm, dass sich das wohl ändern werde, wenn er dieses Mädchen heirate. Es stellte sich nun heraus, dass […] es für ihn nicht nur fremd klang, dass dies auch wirklich geschehen könnte, sondern es war unerträglich. Er sagte, wie fürchterlich das sei, und brach direkt den Kontakt mit dem Mädchen ab. (Oliner, 2011, S. 271)

Der Patient beendete auch die Behandlung. Die Aussicht auf Wunscherfüllung bedrohte die offenkundig schwache Grenze zwischen Phantasie und Realität.

Wenn wir in Betracht ziehen, dass Opfer von extremen Katastrophen Abwehrmechanismen benötigen, um weiterleben zu können, und dass unter diesen Mechanismen eine ganz vorsichtige Haltung gegenüber der Vergangenheit den ersten Platz einnimmt, dann sehen wir, wie dieses Streben im Konflikt ist mit dem anderen Bedürfnis, nämlich die Vergangenheit unbewusst zu bestätigen. Die Abwehr, die das Überleben möglich macht, indem sie eine posttraumatische Anpassung erlaubt, ist zwar *realitätszugewandt* [Hervorhebung für diese Ausgabe M.O.], und trotzdem befriedigt diese »realistische« Orientierung nach außen gleichzeitig ein unbewusstes irrationales Omnipotenzgefühl. Also, die scheinbare Wirklichkeitsbeziehung hat ihre Grenzen und beruht auf einer strengen Einengung des Wirkungsfeldes. Man könnte sagen, dass Frau Lot einen steifen Hals bekommt und dass sie ihr Überleben mit Leben verwechselt: Anstatt vieles zu *machen*, handelt es sich oft bei ihr um *ungeschehen machen*.[...][36]
Frau Lot lebt also mit einem steifen Hals und denkt, sie hätte so viel vom Leben erfahren, aber sie verwechselt das Rezept zum Überleben mit dem Rezept für [ein zufriedenes] Leben. Wenn sie Glück hat, schläft sie gut. Das ist natürlich nicht garantiert, aber wenn dies der Fall ist, so arbeitet sie nächtlich an der Darstellbarkeit dessen, was sie erlebt hat und nicht sehen will. Irgendwie weiß sie, dass dieser Mechanismus, den sie in der frühesten Kindheit gelernt hat, wichtig ist, um ihr Innenleben von der Außenwelt abzugrenzen und ihre wirklichen Erfahrungen bestätigt zu bekommen. Wie

---

[36] Dies war schon immer meine Ansicht über den Mord an den israelischen Athleten auf deutschem Boden während der Olympiade 1972. In meiner Sicht war es Deutschland so wichtig, unmilitaristisch zu erscheinen, dass das Land unrealistisch handelte, die Gefahr nicht erkannte und dadurch wieder vor der Welt stand, als ob es für den Mord an Juden verantwortlich war. Wiederum denke ich, dass solche Vorgänge nicht von einem biologisch bedingten Wiederholungszwang abhängen, sondern von dem Bedürfnis, die Vergangenheit ungeschehen zu machen, indem das Gegenteil befördert wird. In meiner eigenen Überlebensstrategie ging es vor allem darum, nicht deutsch zu sein.

weit diese Strategie Erfolg hat, hängt natürlich von dem Ausmaß der Verluste ab, auch von jeder einzelnen Persönlichkeit und Entwicklungsstufe, die von den frühesten Erfahrungen geprägt sind. Nirgends sehe ich hier die Notwendigkeit, diese Vorgänge zu erklären durch den biologischen Wiederholungszwang, der Geschehnisse inszeniert, *weil sie geschehen sind.* Für mich sind das Geschichten, die erzählt werden und die an den verärgerten Ausspruch erinnern: »Du hast den Teufel im Leib.« Angemessener als diese Sichtweise scheint mir das hier entwickelte Verständnis, das im Grunde genommen keinen Unterschied erlaubt zwischen denjenigen, die traumatisiert wurden, und dem Rest der Menschheit. Jeder muss die Innenwelt mit der Außenwelt versöhnen, den Unterschied zwischen den beiden immer wieder herstellen und verstehen, dass die Außenwelt tagsüber durch die Sinne in uns eindringt und nachts durch die Suche nach Darstellbarkeit gestaltet wird. Das Besondere der Persönlichkeit der Traumatisierten ist allerdings, dass die beiden Seiten des Wirklichkeitsbezugs miteinander im Konflikt liegen: Die eine Seite muss Verluste vergessen, während die andere sie anerkennen muss. Unbestreitbar erscheint mir, dass diejenigen das größte Bedürfnis nach Darstellbarkeit [...] aufweisen, die die meisten Verluste erlitten und die wenigste Bestätigung erhalten haben für das, was war, und das, was nicht in die Erinnerung dringen darf.[37] (Oliner, 2011, S. 272f.)

Mein Verständnis der Art und Weise, wie ein historisches Trauma an künftige Generationen weitergegeben wird, ist nicht Gegenstand dieses Kapitels. Das bedeutet nicht, dass Kinder, die in Familien hineingeboren werden, die schwere Verluste hinnehmen mussten, nicht leiden. Es bedeutet, dass sie in eine dysfunktionale Familie hineingeboren werden, in der die Rollen vertauscht und die historischen Ereignisse zu einem Bestandteil des Familienmythos werden, der die Aggression der Kinder gegenüber den Eltern, die ihre Elternfunktion nicht zu erfüllen vermögen, dämpft. Die durch Frustration geweckte Aggression richtet sich stattdessen gegen die *realen* Täter, die das historische Verbrechen begangen haben. So erscheinen die Eltern lediglich als Opfer; von deren Triumph, eine Katastrophe überlebt zu haben, bleiben die Nachkommen ausgeschlossen. Das Ergebnis dieser Dynamik äußert sich in

---

[37] Zu den theoretischen Grundlagen dieser Überlegungen siehe die Kapitel, in denen ich die Funktion des Träumens erläutere.

dem Wunsch, für das historische Unrecht Vergeltung zu üben; die erste Generation hingegen bleibt weiterhin auf einen gewissen Grad an Verleugnung angewiesen, die auch eine stärkere Neigung begünstigt, das Leben, das sie sich aufgebaut hat, zu genießen.[38]

---

[38] Diese kurze, auf Verallgemeinerungen beruhende Darstellung betrifft natürlich nicht die Traumatisierten, die unter chronischer Depression und der Unfähigkeit leiden, in der Gegenwart Freude zu finden.

## 3. KAPITEL

## DIE SCHWER FASSBARE DIMENSION DER ÄUSSEREN
## REALITÄT IN DER PSYCHOANALYTISCHEN THEORIE

Hans W. Loewald hat überzeugend dargelegt, dass die psychoanalytische Theorie die äußere Realität von Grund auf negativ beurteilt. So beschrieb schon Freud eine Realität, die die Integrationsfähigkeiten des Säuglings überfordert (Loewald, [1952] 1980, S. 23), eine exzessive Einwirkung durch die Außenwelt, die der Ökonomie des Traumas entspricht, da sich die Umwelt der Entwicklungsphase des Säuglings nicht anpasst. Frühe Kindheit und Trauma gehen Hand in Hand; Loewald, ([1952] 1980) zieht daraus den Schluss: Der »Mainstream der Psychoanalyse hat nicht erkannt, dass die psychoanalytische Theorie, ohne dies zu beabsichtigen, viel von der Art und Weise, wie der Zwangsneurotiker die Realität erlebt und begreift, übernommen und das Ergebnis ganz selbstverständlich als ›die objektive Realität‹ aufgefasst hat« (S. 30). Er vergleicht die historische Sichtweise, das »Bild einer fremden, feindseligen Realität (ein fertiges Produkt, das dem nichts ahnenden Säugling fortan und für alle Zeiten übergestülpt wird)«, mit »der integrierten, dynamischen (stets im Werden begriffenen) Realität, mit deren Ausgestaltung und Organisation wir unser Leben verbringen« (S. 32). Diese Realität wurde in der Vergangenheit fälschlich mit dem Vater in Verbindung gebracht, dem sich das Kind unterwerfen muss:

> Der ausschlaggebende Punkt bei dieser Erörterung ist der, dass die Realität als eine äußere Kraft angesehen wird, die für Freud am typischsten und entscheidensten durch die Vaterfigur repräsentiert wird, die aktiv in der Weise die Entwicklung des Kindes stört, dass das Ich im wesentlichen in die Defensive gedrängt und in der Tat zur Abwehrinstanz innerhalb des

psychischen Apparats wird. Der Eingriff ist gegen das Streben nach Befriedigung des libidinösen Verlangens nach der Mutter gerichtet, und unter dem Ansturm der Realität (Vater) erfährt der psychische Apparat eine Reihe von Modifizierungen, Verdrängungen, Ablenkungen seiner ursprünglichen Neigungen, deren struktureller Repräsentant das Ich ist. (Loewald, [1951] 1986, S. 20)

Da die Erfahrung des Traumas die Mehrzahl der psychoanalytischen Studien über historische Lebensereignisse färbt, wird die äußere Realität zumeist als Bedrohung der Integrität des Individuum erforscht; diese Tendenz kann sich auch auf Freuds Schema der menschlichen Entwicklung stützen, das mit dem primären Narzissmus als erstem Organisationsprinzip anhebt. Demnach weckt die Außenwelt zunächst Hass: »[Er] entspringt der uranfänglichen Ablehnung der reizspendenden Außenwelt von seiten des narzisstischen Ichs« (Freud, 1915c, S. 231). Die Stimulierung durch die Umwelt – durch die »reizspendende Außenwelt« – bedeutet, dass der erste Kontakt mit der äußeren Realität in der normalen Entwicklung zu einem Durchbruch der Reizschranke führt; diese Beschreibung berücksichtigt nicht, dass die Theorie des primären Narzissmus einen Säugling postuliert, der vor der Außenwelt geschützt ist. Und obwohl Freud (1905d) der Ansicht war, dass innere und äußere Stimuli eine »Ergänzungsreihe« (S. 141) bilden, zu der beide Faktoren je unterschiedliche Beiträge liefern, verloren die äußeren Faktoren ihren Platz, weil die Analytiker sich fast ausschließlich auf die psychische Realität und die der Umwelt zugeschriebene persönliche Bedeutung konzentrierten statt auf deren eigene Attribute, die von dem Subjekt, das sie wahrnimmt, unabhängig sind.[39]

Freud war gegen die Eigenschaften der Objekte, die er wahrnahm, nicht immun, doch seine ästhetische Sensibilität bereitete ihm Konflikte. Ein sehr gutes Beispiel für sein persönliches Ringen ist sein Versuch, die physischen Eigenschaften von Michelangelos *Moses* auszudeuten

---

[39]  Melanie Kleins Theorie impliziert meiner Ansicht nach keine andere Auffassung der äußeren Realität. Sie geht davon aus, dass der Säugling in der paranoid-schizoiden Position böse Objektanteile in die äußere Welt projiziert und sich dann von diesen projizierten Anteilen verfolgt fühlt.

(Freud, 1914b). Grubrich-Simitis (2004) zeigt in ihrer gründlichen und sorgfältigen Studie, dass Freuds Interpretation der Statue durch seine eigenen emotionalen Bedürfnisse vorgegeben wurde, auch wenn er erklärte, sie auf die physischen Eigenschaften, etwa die Haltung der Hände, zu stützen. Er selbst stand der Validität seines Ansatzes ambivalent gegenüber; gleichwohl führte er eine Analyse der Form durch, die ihn davon überzeugte, dass die Statue Moses als einen Mann darstelle, der seinen leidenschaftlichen Affekt meistert. Er veröffentlichte die Studie 1914 – entgegen seinen Gepflogenheiten anonym. Grubrich-Simitis erläutert, dass die Statue, die Teil eines päpstlichen Grabmals ist, die Sterblichkeit darstelle. Das Todesthema aber mochte Freud nicht sehen; er wollte seiner Idealisierung eines Mannes Ausdruck verleihen, der sich seiner Bestimmung verpflichtet weiß und seinen Zorn über das Volk, das sich von ihm und seiner Aufgabe abgekehrt hat (so wie Jung sich von Freud selbst abgekehrt hatte), beherrscht. Gleichzeitig war ihm vage bewusst, dass er *die äußere Realität seinem Wunsch unterordnete*, um die nächstliegende Bedeutung ignorieren zu können: Moses hat das verheißene Land nie erblickt.

Diese Episode illustriert Freuds Schwierigkeiten, der äußeren Realität den Platz einzuräumen, der ihr in der menschlichen Erfahrung zukommt. Sie zeigt, wie er seine *Wahrnehmungen* benutzte, um seine *psychische* Realität zu rechtfertigen und das Thema der Sterblichkeit, auf das sich überzeugendere Hinweise finden, zu verleugnen. Wenn man bedenkt, dass es sich hierbei um eine universale Einstellung handelt, müssen wir fragen, ob wir die *psychische* Realität als eine Art Verurteilung ohne Bewährung zu betrachten haben. Sind wir restlos unfähig, die von uns unabhängigen Eigenschaften der Welt zu sehen, weil all unsere Wahrnehmungen durch unsere persönlichen Bedürfnisse strukturiert werden? Meine Antwort ist ein eindeutiges »Nein«. Gleichwohl ist es nicht einfach, zu definieren und zu klären, wie die äußere Welt mitsamt ihren von unseren Wünschen unabhängigen Eigenschaften unser Leben beeinflusst. Obwohl die Fähigkeit, Objekteigenschaften unabhängig von den unbewussten Phantasien, die die Mehrzahl unserer Wahrnehmungen strukturieren, zu erfassen, eine unabdingbare Voraussetzung für Veränderung ist, hat sich die psychoanalytische *Theorie* in diesem Bereich nicht wesentlich weiterentwickelt. In die *Praxis* aber hat die äußere Welt, wie die behandlungstechnischen Modifizierungen zeigen, Einzug gehalten. Das Bedürfnis, mittels dieser Neuerungen den *Anderen* einzuführen, bestätigt allerdings die Vermutung, dass die klassische Analyse dazu verurteilt ist, von allem mit Ausnahme der psychischen Realität abgeschnitten zu bleiben. Ich erlebe dies als eine Amputation der psychoanalytischen Theorie, denn mir ist klar geworden, dass diese seit der *Traumdeutung* (Freud, 1900a) einen Platz für die äußere Realität mit ihren sinnlich wahrnehmbaren Eigenschaften vorgesehen hat.[40]

Ich bezweifele, dass es heute noch klassische Analytiker gibt, die nicht darauf achten, ob und wie Patienten durch Ferien, ausgefallene Sitzungen oder andere Veränderungen des analytischen Behandlungssettings beeinflusst werden. Sobald sich ein Analytiker der Reaktion auf solche Ereignisse vergewissert hat, wird er die Aufmerksamkeit des Patienten darauf lenken. Wenn man diesen behandlungstechnischen Aspekt aber gegenüber Ausbildungskandidaten anspricht, lautet ihre Antwort zumeist, dass man sie gelehrt habe, von sich aus kein Material einzuführen, sondern ausschließlich auf das einzugehen, was der Patient selbst vorbringt. Die Kandidaten werden in einer Orthodoxie unterwiesen, die seit langem nicht mehr praktiziert wird, doch wir haben offenbar keine Möglichkeit gefunden, in der Ausbildung zu vermitteln, wie Analytiker tatsächlich arbeiten. Eine Schwierigkeit ist dabei die Sprache der traditionellen Literatur, die die Psychoanalyse unnötigerweise veraltet erscheinen lässt. Die ökonomischen Formulierungen, die den Einfluss der Außenwelt vorwiegend unter Bezugnahme auf quantitative Faktoren erklären, tragen dazu bei, dass ebendieser Erfahrungsaspekt vernachlässigt wird. Diese Sprache ist zwar im Laufe der Jahre außer Gebrauch gekommen, hat aber verhindert, dass die Psychoanalyse das Vokabular entwickelte, das zur Beschreibung der Interaktion zwischen dem Individuum und der äußeren Welt erforderlich ist. Die Erschütte-

---

[40] Ich verdanke diese Erkenntnis der Arbeit von César und Sára Botella, insbesondere ihrem Buch *La Figurabilité Psychique* (Botella und Botella, 2001).

rung des primären Narzissmus, die hasserzeugende Störung des Gleichgewichts, auf die Umwelt zurückzuführen, bedeutet, die äußere Welt mit Exzess und Trauma in eins zu setzen. Die Definition des Traumas selbst als Durchbrechung der Reizschranke erweitert dieses Bild um Ohnmacht und Hilflosigkeit, ohne der durch die Abwehrmechanismen erzeugten Komplexität auch nur annähernd Rechnung zu tragen. Besonders auffällig wird dies im Falle des kumulativen Traumas.

Der ökonomische Ansatz sei hier anhand von zwei Beiträgen über das Trauma illustriert, in denen äußere und innere Faktoren so behandelt werden, als könne man sie voneinander trennen. Tarantelli (2003) untersucht in ihrem Artikel »Life within death« Katastrophen, die sie als »rein äußerlich« [»utterly external«] bezeichnet und die einen solch durchschlagenden Einfluss ausüben, dass sie zu einem radikalen Bruch in der Psyche führen. Als Extrembeispiel für den psychogenen Tod nennt Tarantelli die *Muselmänner* in den Konzentrationslagern. Sie vergleicht das *Ereignis* mit einer Explosion, die zuerst die Psyche absterben lässt und schließlich den körperlichen Tod herbeiführt. Detailliert analysiert sie diese Extremtraumatisierung, ohne sie aber von jenen Zuständen zu unterscheiden, die dem Anwendungsbereich psychoanalytischer Kompetenz oder Praxis näher liegen.

Ein ähnliches Problem wirft ein 2002 erschienener Beitrag Casonis auf, in dem die Autorin die Folgen eines Vergewaltigungsversuchs mit Besetzungsverschiebungen erläutert:

> Die Depersonalisierungsgefühle, über die Opfer sexueller Gewalttaten so häufig klagen, scheinen also – von der anfänglichen Überwältigung des Ichs abgesehen – durch die Konfrontation mit einem verborgenen Winkel der eigenen Psyche hervorgerufen zu werden, der eine Mischung aus mächtigen sexuellen und destruktiven Abkömmlingen der Partialtriebe in sich birgt. (Casoni, 2002, S. 143)

Casonis Artikel enthält eine bewundernswerte Übersicht der Freud'schen Arbeiten zum Trauma sowie eine Untersuchung der »traumatischen Szene«, die in der schwierigen Behandlung einer suizidalen Frau »als Deckerinnerung, die die Form eines aktiven Prozesses annahm« (S. 137), analysiert wurde. Es fällt mir nicht leicht, diese Arbeit zu kritisieren, denn sie zeugt von einer tiefen Vertrautheit mit Lebens- und Todesthemen in der Behandlung und von der Sensibilität der Autorin. Problematisch aber ist ihre Sprache. Meines Wissens gibt es heutzutage kaum noch Analytiker, die auf Begriffe wie »Abreaktion«, »Bindung der Energie«, »Besetzung« oder »Abfuhr« rekurrieren, um ihr Verständnis darzulegen. Der heute vorherrschenden Terminologie nach zu urteilen, ist es unwahrscheinlich, dass man künftig zu diesen theoretischen Grundlagen zurückkehren wird. Ganz abgesehen davon bringt die Verwendung des Begriffs »Deckerinnerung« für ein Ereignis, das man gewöhnlich als den Auslöser eines traumatischen Prozesses beschreiben würde, die Gefahr mit sich, die Komponenten historischer, also äußerer Ereignisse mehr oder weniger unberücksichtigt zu lassen und eine Abwehr mit einer Erfahrung zu verwechseln; ebendies, so denke ich, hat man der klassischen Analyse zum Vorwurf gemacht.

Beide Artikel beschreiben eine Dichotomie zwischen Innen und Außen, für die sich in der *Praxis* keine Anhaltspunkte finden, denn diese lässt keinen Zweifel daran, dass die Stimulation durch die Außenwelt im psychischen Leben unablässig eine Rolle spielt. Der amerikanische Analytiker Jacob A. Arlow, der vor allem durch seine Studien über unbewusste Phantasien bekannt wurde, war weit entfernt davon, diese als einen Faktor zu betrachten, der die Erfahrung unablässig prägt und strukturiert und die einzige Grundlage darstellt, auf die Psychoanalytiker ihre Deutungen stützen können. Vielmehr kam er der schriftlichen Ausformulierung[41] von Freuds Ergänzungsreihen näher als alle anderen Autoren: Er postulierte zwei Quellen stimulierender Phantasien und illustrierte ihre Interaktion, indem er sie mit einer Leinwand verglich,

---

[41] Ich betone noch einmal, dass Analytiker den Stellenwert, den äußere Faktoren für das psychische Leben ihrer Patienten besitzen, in der Praxis wahrscheinlich flexibler behandeln und höher gewichten. Die Literatur aber vermittelt meiner Ansicht nach ein unnatürliches Bild, das gleichwohl an die Kandidaten weitergegeben wird und zur Folge hat, dass sie eine rigide Einstellung entwickeln oder Schuldgefühle bekommen, weil sie vermeintlich gegen die Regeln verstoßen.

auf die von beiden Seiten Bilder projiziert werden – mit wechselnder Intensität und folglich mit wechselnden Effekten (Arlow, 1969a). In der Praxis widmete er dem *Kontext*, in dem sich unbewusste Phantasien manifestierten, größte Aufmerksamkeit und stellte dabei immer wieder fest, dass dieser für die Auswahl unter mehreren infrage kommenden Bedeutungen maßgeblich war. Er benutzte die Kette der Assoziationen, aus denen die Phantasie auftauchte, oder einen Faktor aus dem Leben des Patienten, der nicht unbedingt in den Assoziationen vorkommen musste, um ihre Relevanz zu bestimmen, und stützte seine Interventionen auf *beide* Faktoren, das heißt, sowohl auf die unbewusste Phantasie als auch auf den Stimulus, der sie aktivierte. Dass ebendies keineswegs psychoanalytisches Allgemeinwissen ist, habe ich erst begriffen, als ich ein Manuskript, das ich bei einer Redaktion eingereicht hatte, zurückbekam. Die Gutachter hatten meinen darin enthaltenen Hinweis auf Arlows Interesse an der äußeren Realität mit einer Korrektur versehen: Arlow sei vor allem durch seine Arbeit über die unbewusste Phantasie bekannt geworden.

Die Unzufriedenheit mit veraltetem Vokabular, die Kritik an Freuds Autoritarismus und das geschärfte Bewusstsein für die Subjektivität des Analytikers – all dies trug dazu bei, dass man sich auf die Suche nach neuen Wegen zur Wahrheit begab. Ich bedauere dies, denn es impliziert, dass die Analytiker, die ehedem ausgebildet wurden, nicht fähig waren, unser Verständnis schlüssig weiterzuentwickeln. Aus den Schriften einiger unserer reflektiertesten Zeitgenossen spricht nach meiner Ansicht eine andere Sprache. Doch vorgefasste Meinungen lassen sich nicht ohne weiteres aus der Welt schaffen. Allzu häufig wird das Neue, nur weil es neu ist, als Verbesserung des Alten betrachtet. Bohleber (2010) zeigt, dass die Objektbeziehungstheorie nicht weniger Tücken birgt als andere Ansätze, die zu einem Reduktionismus tendieren. Für gleichermaßen unbefriedigend halte ich etliche Konzepte, die in der heutigen Literatur häufig verwendet werden. Anstelle des primären oder sekundären Narzissmus ist nun von den guten oder bösen *inneren Objekten* die Rede. Das Objekt wird *internalisiert* und dann entweder projiziert oder im Innern behalten. Durch Projektion wird es zu einem Teil der persekutorischen Welt; doch was hindert es, wenn es introjiziert wird, daran, als Element des sekundären Narzissmus erlebt zu werden oder, anders ausgedrückt: mit der Identität des Subjekts so innig zu verschmelzen, dass es nicht mehr von ihr zu unterscheiden ist? Ich finde es, gelinde gesagt, verwirrend, Objekte so zu behandeln, als könnten sie im Innern des Subjekts agieren. Das Konzept des inneren Objekts vermag das Problem der *Realität des mit eigenen Eigenschaften ausgestatteten Objekts*, dessen inneres Bild mit den Projektionen des Subjekts verschmilzt, auch nicht annähernd zu erklären (Winnicott, 1971). Soweit ich sehe, ist es notwendig, den Unterschied zwischen dem inneren Objekt, dem Psychoanalytiker in der Übertragung, und der realen Person, die außerhalb des Subjekts existiert und andere Eigenschaften besitzt als das innere Objekt, zu beurteilen. Das bedeutet, dass das Konzept eines inneren Objekts die Dichotomie, die im psychoanalytischen Denken zwischen Wahrnehmung und Repräsentation besteht, nicht aufhebt; mir fällt es daher schwer zu erkennen, welche Vorteile es hat, eine innere Struktur mit dem Konzept des inneren Objekts zu beschreiben.

Psychoanalytiker sind heute in der Tat weniger autoritär als in der Vergangenheit und stellen ihre einstigen vermeintlichen Gewissheiten infrage. Dies wäre aber, so behaupte ich, auch ohne Neuerungen möglich, die einen Bruch in der Kontinuität des psychoanalytischen Denkens herbeiführen und den Turmbau zu Babel wiederholen. Um es noch einmal zu betonen: Freuds Schriften spielen in dieser Diskontinuität eine Rolle, insbesondere was den Einfluss der äußeren Realität anlangt. Er postulierte zunächst, dass die Traumarbeit die Außenwelt psychisch darzustellen[42] versuche – das heißt, sie versucht nicht, sie außer Kraft zu setzen. Und ein Teil der Wunscherfüllung in Träumen besteht darin,

---

[42] M. Oliner verwendet in ihrem Text anstelle von »to represent« das Verb »to figure« für »darstellen«. In einer Anmerkung verweist sie darauf, dass die französischen Analytiker César und Sára Botella (S. Botella, 2007; Botella und Botella, 1992, 2001) diesen Aspekt der Traumarbeit zum Hauptthema ihrer Veröffentlichungen gemacht und »Darstellbarkeit« mit »figurabilité« ins Französische übersetzt haben. [A.d.Ü.]

die zurückgelassene Welt wiederzufinden und neu zu gestalten. In seiner Arbeit »Über den Traum« erläutert Freud (1901a) darüber hinaus auch die Wiederholungsfunktion des Traumes: »Die Traumsituation ist oft nichts anderes als eine modifizierte und durch Einschaltungen komplizierte Wiederholung eines solchen eindrucksvollen Erlebnisses« (S. 672).

Die Betonung der Erfahrung und ihrer Wiederholung im Traum lässt auf den *universellen Charakter des Bedürfnisses nach Realität und deren Wiederholung* schließen. Unter diesem Blickwinkel kann man die Wiederholung als Ausdruck des *universellen* Strebens nach wahrnehmbaren Erfahrungen und ihrer Aktualisierung verstehen (Freud, 1914g, S. 131). Zugleich bedeutet dies, anzuerkennen, dass es Teil der menschlichen Natur ist, emotional besetzte Erfahrungen zu wiederholen, indem man sie in Träumen oder handelnd *real* macht. Je nach der Fähigkeit des Individuums, Erfahrungen zu integrieren, wäre das Bedürfnis nach *Realität* dann mehr oder weniger stark.

Als Freud später die Theorie des *Wiederholungszwangs* einführte und diesen als Manifestation des Todestriebs beschrieb, versäumte er es, seine frühere Anerkennung der Bedeutung der Tagesreste für die Traumbildung mit anderen Aspekten der Außenwelt, die *wiederholt* – anders ausgedrückt: durch Aktionen real gemacht – werden, zu integrieren. Er führte die Wiederholung in Träumen auf das Lustprinzip zurück, die Wiederholung im Wachleben hingegen auf den Todestrieb. Um es noch einmal zu betonen: Der Einfluss der Außenwelt wird, einhergehend mit der negativen Bewertung der Wiederholung von Erfahrungen, insgesamt ausgesprochen negativ beurteilt; äußere Einflüsse durchbrechen die Reizschranke und setzen sich im Individuum fest wie unverdaute Nahrung. Sie bestehen aus historischen Ereignissen, die zu wiederholen das Subjekt verurteilt ist, ohne doch den Grund dafür zu kennen. Dieses Paradigma wurde von vielen Psychoanalytikern, die Trauma-Überlebende behandeln, übernommen. Es führte jedoch zu einer unseligen Aufteilung der Patienten in solche, die unter den Folgen von Konflikten leiden, und jene, die durch historische Ereignisse traumatisiert wurden.

Dieser Aufteilung liegt die Vorstellung eines gespaltenen Subjekts[43] zugrunde. Verursacht wird diese Spaltung durch unsymbolisierte historische Ereignisse, die Individuen oder ganze Familien traumatisiert haben und bewirken, dass die Betroffenen radikal von dem, was sie determiniert, abgeschnitten bleiben. Diese dichotome Sichtweise führte zu einer Paradoxie auf dem Gebiet der Traumaforschung: Einerseits werden Ereignisse im Leben des Individuums und seiner Vorfahren besonders betont; andererseits herrscht die Überzeugung vor, dass diese Ereignisse dem Bewusstsein desjenigen, dessen Psyche durch ebendiese Ereignisse geprägt wurde, unzugänglich sind. Demnach lebt die äußere Welt verbindungslos als Fremdkörper im Innern fort (siehe Davoine und Gaudillière, 2004; Faimberg, 2005). Diese Vorstellung entspricht einer lacanianischen Konzeption der Conditio humana; wir müssen akzeptieren, dass wir durch ein strukturiertes Unbewusstes gelebt werden, und dies mit unserem oberflächlichen Gefühl einer imaginären kohärenten Identität[44] vereinbaren (Oliner, 1998; siehe auch 7. Kapitel). Dieser Literatur zufolge bahnt das Phänomen der *Nachträglichkeit*, ein Resultat des Wiederholungszwangs, in der analytischen Behandlung einen Zugang zu dem Ereignis, das unaufhörlich wiederholt wird.[45] Somit kann Verhalten, das nicht durch persönliche Motivation[46] hervorgerufen

---

[43] Lacan zum Beispiel würdigte die Bedeutsamkeit der Triebbindung herab, indem er deren Potential zu paranoiden Konfabulationen betonte. Er führte die im Fort-da-Spiel (Freud, 1920g) und im »Nom-du-Père«, dem »Namen des Vaters« (das französische »nom« klingt wie »non«, nein) manifest werdende Sprache ein, um die Spaltung, die die Auflösung der Mutter-Kind-Einheit begleitet, theoretisch zu fassen. Lacans Formulierung rekurriert nicht auf den Begriff »Separation«, der an Mahlers Theorien erinnert; man könnte sie auch mit den Worten umschreiben, dass es ohne die Lücke kein Sein gibt (siehe 7. Kapitel).

[44] Für Lacan fällt die Kohärenz in den Bereich des Imaginären.

[45] Loewald ([1965] 1986) zitiert Kierkegaard: »Die Dialektik der Wiederholung ist leicht, denn was sich wiederholt, ist gewesen, denn sonst könnte es sich nicht wiederholen; aber eben dies, dass es gewesen ist, macht die Wiederholung zu dem Neuen« (S. 80).

[46] Der Frage, ob die Wiederholung tatsächlich die Ereignisse reproduziert oder ob die persönliche Motivation aus dieser Wiederholung nicht vollständig ausge-

wurde, sondern durch Ereignisse, letztlich gleichwohl durch die Beziehung zu einer realen Person, dem Analytiker, verstanden werden; die Gründe für diese Verbindung aber bleiben unerkennbar, weil die Theorie Desymbolisierung, Fragmentierung, Entfremdung und Dissoziation hervorhebt, nicht aber die Elemente, die die Verbindung zwischen der Gegenwart und der vermeintlich unsymbolisierten und nicht kennbaren Vergangenheit herstellen. Die starke Gewichtung der – immer durch eine Mischung aus Phantasie und Realität konstituierten – Objektbeziehung untermauert die Theorie, die keinen Platz vorsieht für die Annahme, dass Erinnerungen an die Vergangenheit durch eine Wahrnehmung, eine körperliche Sensation oder eine Erfahrung aktiviert werden können. In diesem Denken nimmt die äußere Welt mythische Ausmaße an, allerdings lediglich als eine dissoziierte Geschichte, die untransformiert und scheinbar unverarbeitet weiterlebt, während ihr Wiederauftauchen im Hier und Jetzt der Analyse nur vage mit einer Objektbeziehung in Verbindung gebracht wird. Die Beschreibung der Arbeit mit diesen Patienten, die davon ausgeht, dass die Gegenwart die Vergangenheit zum Wiederauftauchen veranlasst, erklärt, wie im 1. Kapitel erwähnt, nicht, wie die Verbindung hergestellt und wodurch die Wiederholung eines unbekannten Ereignisses in der Analyse aktiviert wird. Der äußere Auslöser der Erinnerung oder der Wiederholung wird in der so formulierten Theorie vernachlässigt. Auch hier zeigt sich der Einfluss Lacans, der die Synthesefunktion des Ichs verwarf, weil sie zum Imaginären führt, und sie nicht nur mit dem wahnhaften Denken paranoider Patienten verglich, sondern auch mit dem der Strukturalisten, von denen er selbst beeinflusst war und die das Bild favorisierten, dass der Mensch von etwas gelebt, besessen, bestimmt wird, das ihm durch Einverleibung tradiert wurde.[47] Dieses Menschenbild privilegiert die Dezentrierung.

---

schlossen werden kann, bin ich in einer früheren Studie nachgegangen (Oliner, 1996).

[47] Ich habe die Schwierigkeiten, die sich aus dem postmodernen Objektivitätsverständnis ergeben, in meiner Studie über die äußere Realität (Oliner, 1996) detaillierter erörtert. Trotz ihrer Relevanz kann ich diese Überlegungen hier nicht wiederholen.

Loewald ([1960] 1986) hielt die Auffassung, dass das Es im Unterschied zum Ich keine Verbindung zur gegenwärtigen Realität habe, nicht für sinnvoll. Er nahm an, dass das Es »mit der Anpassung ebenso befasst und ihr Geschöpf [sei] wie das Ich – nur auf einer ganz anderen *Organisationsstufe*« (S. 221). Weil seine Überlegungen auf einem breiteren, moderneren biologischen Bezugsrahmen beruhten als Freuds Theorie, schrieb er die Bindung, die Systemherstellung oder, anders ausgedrückt, die Synthesefunktion dem Eros und nicht dem Ich zu. Er vertrat die Ansicht, dass die Triebe die Umwelt organisieren und von ihr in derselben Weise organisiert werden, wie es auch für das Ich und seine Realität gilt (ebd.). Loewald führt die in Freuds früherer Theorie enthaltene Schwierigkeit darauf zurück, dass der Begriff *Trieb* hier lediglich einen *inneren* Reiz bezeichnet. Infolgedessen konzentrierte sich die Ich-Psychologie, so Loewald, auf die weitere Erforschung des Ichs, wobei der Triebbegriff gewissermaßen auf der Strecke blieb und nicht weiterentwickelt wurde. Man schrieb die Synthesefunktion dem Ich zu, statt sie – in logischer Erweiterung von Freuds letzter Triebtheorie – als Abkömmling des Eros zu betrachten.

Loewald ([1952] 1980, S. 32) sieht in der *dynamischen* Beschaffenheit der Realität die Ursache dafür, dass das Individuum durch Stimulation in Bewegung versetzt wird. Den französischen Analytikern César und Sára Botella zufolge könnte man die Wahrnehmung, die erste Stufe der Stimulation, als eine Quelle psychischer Energie verstehen (Botella und Botella, 1992). Auf hochtheoretischer Ebene beschreiben sie einen zweifachen Determinismus in der Beziehung zur Außenwelt: für die durch den Verlust der halluzinatorischen Objektbefriedigung aktivierte Wahrnehmung eine unaufhörliche Suche außerhalb des Selbst nach etwas, das auf ewig verloren ist; für den Trieb die Suche nach dem Objekt, die in der Besetzung der Repräsentation durch die paradoxe Rückwendung aufs Selbst erfolgt. Ihrer Ansicht nach beschäftigt sich das Selbst stärker mit der Objektrepräsentation als mit dem Objekt an sich. In ganz ähnlicher Weise vermutet Loewald ([1951] 1986), dass nicht eine bedrohliche Realität die Gefahr ausmacht, gegen welche die Abwehr mobilisiert werden muss, sondern dass der Verlust der Realität dasjenige ist, was gefürchtet werden muss (S. 25).

Loewalds Theorie der triebhaften Bindung zwischen Individuum und Umwelt erklärt, weshalb Sinneswahrnehmungen je nach Situation auf unterschiedlichen – subsymbolischen oder symbolischen – Organisationsstufen in die Psyche eingehen. Sein Verzicht auf die strikte Trennung zwischen Innen und Außen bestätigt die von Bucci (1997, S. 80) zitierten Ergebnisse hirnbildgebender Untersuchungen, die bei der Wahrnehmung eines Bildes und bei der bloßen Erinnerung an ein wahrgenommenes Bild identische Aktivierungsmuster nachweisen. Das heißt: Wir sehen, wenn wir uns lediglich eine Erinnerung vorstellen. Diese Tatsache macht das »source monitoring« (Johnson, 2006) – der Fachbegriff für die Ergründung des Ursprungs einer Idee – besonders schwierig, zugleich aber auch überaus wichtig für Individuen, die unter den Folgen eines Traumas leiden. Sie müssen sich vergewissern können, dass ihrer unbewussten Omnipotenz, die durch das Überleben eines Traumas Nahrung erhält, Grenzen gesetzt sind.

Wenn man Loewalds (1973) Beschreibung unterschiedlicher Organisationsstufen mit der Dichotomie vergleicht, die die heutige psychoanalytische Literatur über Symbolisierung und Repräsentation durchzieht, zeigt sich, dass die große Bedeutung, die Loewald der ständigen bindenden Aktivität zuschrieb, derjenigen der dissoziativen Faktoren entspricht, die beträchtlich größere Aufmerksamkeit fanden. Damit durch die Übertragung eine Wiederholung der Lebensgeschichte ausgelöst werden kann, muss es ein gemeinsames Element geben, das die Vergangenheit mit der gegenwärtigen Situation verbindet. Selbst wenn sich der Stimulus nicht sofort zu erkennen gibt, ist die Wiederholung kein *Deus ex machina*, der der Intuition, der Gegenübertragung oder dem Gegenübertragungsagieren des Analytikers entspringt. Wahrnehmungen können eine Reaktion auslösen, ohne dass das Subjekt darum weiß oder sich dessen bewusst ist.

In der *Traumdeutung* erläuterte Freud (1900a) die wichtige Rolle, die dem Tagesrest für die Anregung des Traumes und für seine Bedeutung zukommt. Dieser äußere Ereignis*aspekt* stimuliert während des Schlafs weitere psychische Aktivität, und die Traumarbeit versucht, sie den Sinnen zugänglich zu machen; diese Rolle der Tagesreste war dem psychoanalytischen Denken von Anfang an inhärent. Freud (1900a, S. 566) bezeichnete sie als die »Unternehmer« des Traumes, dem ein Wunsch aus dem Unbewussten als Kapital dient. Das Ereignis kann als Gedanke wahrgenommen werden, hängt aber mit einer Sinneswahrnehmung zusammen, die ihn stimuliert.

Abgesehen von diesem spezifischen Part, den die Außenwelt in den Träumen innehat, betrachtete Freud auch die Notwendigkeit der Wahrnehmbarkeit der Realität als entscheidenden Aspekt der Traumarbeit. Deshalb muss man sich fragen, weshalb der spezifische Begriff, mit dem er das Kriterium der Wahrnehmbarkeit bezeichnete, nämlich »Darstellbarkeit«, nicht in die *Standard Edition* übernommen wurde. Dort wurde »Darstellbarkeit« mit »representability« übersetzt, einem Terminus, mit dem man auch *Vorstellbarkeit* wiedergeben würde. Das heißt, ebenjener Aspekt, der etwas wahrnehmbar macht, also dafür sorgt, dass es sich real anfühlt, ist in »representability« nicht enthalten. Träume erzeugen die Illusion einer greifbaren Realität. Sie laufen also der verbreiteten Annahme zuwider, dass der Schlaf in erster Linie ein Rückzug aus der Realität sei. Im Traum versetzen wir uns in eine andere Welt, die wir als Realität erleben. Wenn wir dann beim Aufwachen erkennen, dass es nur ein Traum war, sind wir enttäuscht oder erleichtert; in jedem Fall aber haben wir das Gefühl, dass das Traumgeschehen sich lediglich innerlich abgespielt hat.

Stillschweigend hat man das Bedürfnis nach Realität im psychoanalytischen Prozess immer akzeptiert. Das heutige Verständnis der Inszenierungen [Enactments] *des Analytikers wie auch des Patienten* als unvermeidliche Bestandteile des analytischen Prozesses erkennt implizit an, dass das Realitätsverlangen stärker ist als bisher zugestanden. Inszenierungen erfolgen durch *reales Handeln, das erst nachträglich bedacht werden kann.* Die *Wiederholung* im psychoanalytischen Prozess ist Ausdruck des Aktualisierungsimpulses: Sowohl Inszenierungen als auch Wiederholungen stellen eine Form der *Realisierung* dar, die man gewöhnlich von Erinnerungen im eigentlichen Sinn unterscheidet; in

Wirklichkeit aber sind sie deren Dramatisierung. Auch wenn Psycho-analytiker Bedenken haben mögen – auf die ich später näher eingehen werde –, weiß doch jeder um den hohen Stellenwert des Handelns und des Bedürfnisses, etwas ganz *real* geschehen zu lassen. Die negative Einstellung gegenüber der Wiederholung fand in der psychoanalyti-schen Geschichte eine Selbstbestätigung, als man sie mit dem Todestrieb in Verbindung brachte und als angeboren und unmotiviert beschrieb.[48] Meiner Ansicht nach *sind Wiederholung und Inszenierungen Manifes-tationen des Bedürfnisses nach dem Realen* auf der Suche nach *Wahr-nehmungsidentität*; dieses Bedürfnis aber ist eine Motivationsquelle. In diese Richtung weiterzudenken erscheint mir vielversprechend.

Ich habe bereits erläutert, dass bestimmte theoretische Hypothesen ein umfassendes Verständnis der Komplexität der Psyche erschweren. Dies gilt für den genetischen Ansatz, demzufolge die frühen Entwick-lungsstufen zugunsten der reiferen nicht vollständig aufgegeben wer-den. Daraus resultierte die Annahme, dass frühere Ziele den reiferen weichen; so weicht das Streben nach *Wahrnehmungsidentität* (Freud, 1900a, S. 571, S. 607) dem weiter entwickelten Streben nach Denk-identität. Vielmehr vervollständigt und modifiziert der Reifungsprozess die früheren Tendenzen, ohne sie jemals vollständig auszulöschen. So verhält es sich eindeutig beim Träumen, das an die halluzinatorische Wunscherfüllung gebunden bleibt und insofern eine Rückkehr zu den frühesten Modi der *Realisierung* darstellt. Trotz der vermeintlichen In-fantilität dieses Ziels ist es tatsächlich ein wichtiges Element. Und was das Wachleben betrifft: Die Betrachtung eines Kunstwerks konfrontiert uns mit einer Illusion, deren Einfluss davon abhängt, ob wir das Werk als real erleben: Balter (1999) bezeichnet ebendies als die »ästhetische Illusion«.

Ganz gleich, ob wir auf Loewalds Konzept der unablässigen Be-mühungen, die der Außenwelt entstammenden sensorischen Reize zu

---

48 Ausführlicher diskutiert habe ich dies in meinen Beiträgen »Äußere Realität – die schwer fassbare Dimension der Psychoanalyse« (Oliner, [1996] 1996) und »Das Leben ist kein Traum: Die Bedeutung des Realen« (Oliner, [2010a] 2011).

integrieren, zurückgreifen oder ob wir Arlows Formulierung einer nie erlahmenden Aktivität der unbewussten Phantasie bevorzugen, die sowohl durch äußere als auch durch innere Umstände aktiviert wird – beide Ansätze können uns als Instrumentarium dienen, das unsere Überlegungen zu den beiden Quellen der Ergänzungsreihen erleichtert. Ich halte es nicht für einen Fortschritt, das »Objekt«[49] zu Hilfe zu nehmen, um dem Solipsismus zu entkommen, vor allem wenn es dabei seinen Status als äußeres Objekt oder als der *Andere* einbüßt. Die psychoanalytische Theorie war von Beginn an offen für die Umwelt. Die Psychoanalytiker aber sind so orthodox geworden, dass sie Gefahr laufen, sich lächerlich zu machen. Für ein moderneres Anzeichen derselben Misere halte ich Bollas' ([1987] 1997) Auffassung, »dass wir, um den Patienten zu finden, ihn in uns selbst suchen müssen. Dies macht unmissverständlich deutlich, dass es in der Sitzung zwei ›Patienten‹ und daher zwei einander ergänzende Quellen der freien Assoziation gibt.« (S. 211f.)

Abermals ist der Analytiker dafür verantwortlich, den Patienten zu »finden« – eine Illustration für Bermans (2011) Verweis auf eine Gefahr, die sämtlichen theoretischen Bezugsrahmen inhäriert, wenn der analytische Prozess und die Einsichten, die er gewährt, zum Selbstzweck werden und man über die ausbleibende Veränderung in der Lebenssituation des Patienten hinwegsieht. Berman warnt vor einem analytischen Prozess, der ausschließlich auf die analytische Dyade abhebt, so dass lediglich Übertragung und Gegenübertragung von Belang sind. Er zieht den Schluss:

Möglicherweise macht uns jedes analytische Modell, indem es uns für bestimmte Anliegen sensibilisiert und neue Horizonte eröffnet, gleichzeitig für entsprechende Gefahren anfällig, für potentielle blinde Flecke, die unbemerkt bleiben, wenn der analytische Diskurs zu parteilich, polemisch und voller Abwehr gerät. In der Tat wäre es zuerst und vor allem für die Anhänger einer bestimmten Schule von großem Wert, wenn den spezifischen Gefahren ihres jeweiligen theoretischen Paradigmas und ihrer empfohlenen (Behandlungs-)Technik umfassendere Aufmerksamkeit gewidmet würde. (S. 98)

---

[49] Sonderbarerweise ist gewöhnlich nicht von »Objekten«, sondern vom »Objekt« (Singular) die Rede.

Es ist klar, dass die Probleme sich nicht durch ein neues Vokabular lösen lassen und dass jede neue Schule es erschwert, auf dem Alten aufzubauen. Damit wird zugleich auch die Gemeinsamkeit unseres Projekts untergraben. Indem wir die Tradition ablehnen, die uns als Fundament dienen könnte, vermehren wir die Schwierigkeiten, die unsere Arbeit ohnehin mit sich bringt. Eine der am häufigsten begegnenden Unzulänglichkeiten der ursprünglichen Theorie sowie der Theorien, die als Korrektiv aufgeboten wurden, ist die übertriebene Konzentration des Prozesses auf die *psychische Realität* zu Lasten der Suche nach dem angemessenen Platz der äußeren Welt und ihres Einflusses auf das Individuum und die analytische Beziehung. Ich halte es für ausgeschlossen, dass der einzige Unterschied zwischen Analytiker und Patient das Honorar ist, das der eine zahlt und der andere entgegennimmt.

## 4. Kapitel

## Die Grenze der Omnipotenz

Die *psychische* Funktion der äußeren Welt besteht recht eigentlich darin, die unbewusste Omnipotenz mit den ihr eigenen Unsterblichkeitsphantasien und ihrer Machtphantasie, das Schicksal bestimmen zu können, in die Schranken zu weisen. Die »Befähigungsphantasie« (»enabling fantasy«; Gottlieb, 1997) oder die gesunde »infantile« Omnipotenz (Krystal, 2008, S. 50), die es Menschen ermöglichen können, Katastrophen lebendig zu überstehen, werden zur Bedrängnis, wenn die Betroffenen vergessen, dass die Umstände, die sie überlebt haben, nicht ihr eigenes Werk waren. Die unbewusste Verstärkung des Narzissmus hat in diesen Fällen zur Folge, dass der äußere Charakter historischer Erfahrungen, die häufig auch unvermeidliche Verluste mit sich brachten, nicht anerkannt wird. Die Betroffenen können deshalb nicht davon profitieren, dass ihre Kräfte tatsächlich begrenzt waren und dass Dinge geschehen sind, für die sie keine Verantwortung trugen. Stattdessen benutzen sie die äußere Realität und deren Grenzen zur Abwehr ihrer exzessiven Schuldgefühle. Um Menschen mit dieser Persönlichkeitsstruktur helfen zu können, ist intensives Durcharbeiten erforderlich, zumal sie im Laufe des Prozesses auch das Gefühl entwickeln, an Größe und Bedeutung einzubüßen.

Wenn die äußere Realität in einer Weise erlebt wird, die nicht im Zeichen infantiler Grandiosität steht, erfüllt sie die Funktion der Grenzsetzung; das Leitprinzip des analytischen Settings lautete von Beginn an, dass der Analytiker für eine klar begrenzte Umwelt zu sorgen habe, in der Patienten ihre innere Welt erforschen können, ohne dass dies Konsequenzen in der Außenwelt nach sich zieht. Ihre Aktivität innerhalb dieser Grenzen glich gewissermaßen dem Schlafen und Träumen, wenn man einmal davon absieht, dass sie einen Zuhörer hatten, der ihre innere Welt zu verstehen und sie ihnen zu spiegeln versuchte. Dass sich dieses Schema von einem Vaterbild herleitet, liegt auf der Hand. Die Regeln waren streng, doch innerhalb des Regelwerks herrschte eine große Freiheit, die innere Welt zu erforschen. Diese Freiheit beruhte darauf, dass das Geschehen in den Sitzungen für die äußere Welt folgenlos blieb; der Omnipotenz des Patienten wurde also keine Nahrung gegeben. Dass der Wächter über dieses Setting sich nach und nach veränderte und schließlich das Bild einer kalten, schweigenden und unwirklichen Person abgab, ist zutiefst bedauerlich und war keineswegs geplant: Es war eine Verzerrung wie so viele andere Entwicklungen, die im Laufe der Zeit auftauchten. Die alten Restriktionen waren wichtig, weil sie Sicherheit gewährleisteten, indem sie kein Handeln, sondern lediglich den verbalen Austausch zuließen: Das einzige Ziel bestand darin, die Schwierigkeiten im Leben des Individuums zu begreifen, um ihm die Möglichkeit zu geben, ein Gefühl des Wohlbefindens und der Selbstwirksamkeit wiederzufinden.

Weil einige Analytiker um der analytischen Neutralität willen die Regeln missbrauchten, haben Generationen versucht, die Beziehung mütterlicher und *realer* zu gestalten. Immer häufiger ist von der Dyade[50] die Rede, in der der Analytiker als reale Person wahrgenommen werden muss; dies setzt eine Veränderung der Haltung voraus. Niemand würde behaupten, dass ein Analytiker, der kalt ist wie ein Fisch und seine Kälte unter dem Mäntelchen der Neutralität versteckt, als Norm zu betrachten sei; implizit aber nimmt man an, dass ebendies das unvermeidliche Ergebnis war. Ich bin nicht davon überzeugt, dass Analytiker etwas anderes tun müssen als zu analysieren, solange ihre Patienten sich willkommen fühlen und die Freiheit haben, zu sagen, was immer ihnen einfällt. Es ist die Aufgabe des Analytikers, zu analy-

---

[50] Im 13. Kapitel meines Buches *Cultivating Freud's Garden in France* habe ich erläutert, dass sich zahlreiche französische Analytiker diesem Trend widersetzten (Oliner, 1988, S. 265-288).

sieren, aber es nicht notwendig, dieser Aufgabe auf eine gestelzte, unnatürliche Weise nachzukommen – wovor Arlow (1995) ausdrücklich warnte. Heute dürfen Analytiker, um die Schwierigkeiten ihrer Patienten zu ergründen, auch über sich selbst sprechen und ihr Verständnis auf ihr *Gegenübertragungsagieren* oder auf *Gegenübertragungsinszenierungen* stützen. Anders formuliert: Die Aktivität hat eine wichtige Funktion in den Behandlungsprozessen heutiger Analytiker erhalten; sie wird nicht mehr als unvermeidlicher Eindringling betrachtet, der unwillkommen ist, aber verstanden werden muss, sondern als Schlüssel zum Verständnis.

Die Aktivität besaß in der klassischen Analyse einen besonderen Stellenwert, weil sie auf Konsequenzen zielte: Man betrachtete sie als Erschwernis des Erinnerns, als eine Möglichkeit, die Vergangenheit in die Gegenwart einzubringen, aber in Form eines Erinnerns, das sich über die Geschichte hinwegsetzt. Die Vergangenheit in die Gegenwart einzubringen bedeutet, Vergangenheit real und als äußere Realität *präsent* zu machen. Das Geschehen hat nicht die Qualität einer Erinnerung, die ihm einen Platz im Kontext der Vergangenheit zuweist, sondern wird als Ereignis in der Gegenwart erlebt. Seit einiger Zeit werden zahlreiche Inszenierungen von Analytikern in einer Weise gedeutet, die diese Dimension der Aufhebung von Geschichte und der agierenden Vergegenwärtigung der Vergangenheit für selbstverständlich nimmt. Diese Probleme sind meines Erachtens nach wie vor von Belang und müssen in der Lehre und Supervision thematisiert werden. Entscheidend ist die Frage, wie sich *psychische* Realität manifestiert.

Die Frage, wie es die Sicherheit des Settings beeinflusst, wenn in der Analyse gehandelt wird und Impulse, die zuvor verbal ausgedrückt wurden, Konsequenzen haben, aber nun als selbstverständlicher Teil der Szene betrachtet werden, blieb bislang unbeantwortet. Um diese Probleme gründlicher zu diskutieren, schildere ich einen *Akt* des Trotzes und seine Folgen in der Analyse eines Patienten, dessen verbale Produktionen nicht zu der Verbesserung führten, die die Analyse eigentlich anstrebt. Der Patient war seit Jahren mit einer Analyse zufrieden, deren Auswirkungen auf sein Leben unerheblich blieben; er nahm seine regelmäßigen verbalen Aggressionsausbrüche auf die leichte Schulter und betrachtete sie als die Sorte Material, das Analytikern zusagt.[51] Das folgende Beispiel macht den defensiven Gebrauch deutlich, den der Patient von der »Sicherheit« des verbalen Austausches machte, und illustriert zugleich die dramatischen Folgen von Aktivität.

# Der Fall

Nachdem das Denken des Patienten viele Jahre lang von seinen Schuldgefühlen beherrscht worden war, fand er eine neue Form des Widerstandes: Er musste ein guter Patient sein, der auf meine Interventionen so reagierte, als müsse er sein Verhalten ändern. Um sein Privatleben stand es nicht zum Besten, aber er stellte die Analyse nicht infrage und meinte, er dürfe nicht ständig klagen. Die Episode, von der ich berichten möchte, wurde durch eine Bemerkung meinerseits ausgelöst: Ich hatte mich dazu geäußert, dass der Patient Hut und Mantel mit ins Behandlungszimmer gebracht und sie auf die Couch gelegt hatte, wo sie ihm Platz wegnahmen. Er hatte zuvor den Mantel der Patientin, die vor ihm an der Reihe war, an der Garderobe vor dem Behandlungszimmer hängen sehen. Daraufhin hatte er seinen Mantel im Wartezimmer gar nicht erst ausgezogen. Er legte ihn erst im Behandlungszimmer ab und versuchte, ihn möglichst platzsparend auf der Couch unterzubringen, damit ich nicht sagen würde, dass er es sich unbequem mache. In der nächsten Sitzung brachte er seinen Ärger darüber erneut zur Sprache: »Sie lassen nicht locker. Ich lege meinen Mantel dahin, wo es mir passt. Ich bringe ihr Zimmer ja nicht in Unordnung, also worüber beschweren

---

[51] Ich habe dieses Thema bei passender Gelegenheit mehrfach angesprochen, vor allem wenn er in Auseinandersetzungen mit seiner Frau verbal aggressiv wurde. Ihre Auseinandersetzungen führten nie dazu, dass sich in ihrer Ehe oder an seinen Gefühlen, die er der Beziehung gegenüber empfand, etwas veränderte. Die Übertragung blieb immer idealisiert.

130

sie sich? Mir geht es darum, meine Unabhängigkeit zu demonstrieren. Versuchen Sie, mich davon abzuhalten. Ich mache mich selbst klein. Nächstes Mal bringe ich noch einen Koffer mit und packe ihn ebenfalls auf die Couch. Es ist sehr eindeutig. Ich musste darüber lächeln, genau das tue ich nämlich: Ich zeige Ihnen, wie klein ich bin. Niemand interessiert sich dafür, ob ich es bequem habe. Ich werde es Ihnen zeigen. Passen Sie auf, ich brauche Sie nicht. Ich gebe einen wunden Punkt nach dem anderen zu erkennen. Damit muss ich fertigwerden. Ich habe es nie verkraftet, dass meine Mutter sich nicht um mich gekümmert hat. Ich lege meinen Ranzen neben mich auf die Couch. Mache mich kleiner und kleiner an der Bettkante und beanspruche immer weniger Platz. Vielleicht bin ich dann nicht verwundbar, bringe alles unter meine Kontrolle. Ich mache dicht, damit sie keine Möglichkeit hat, an mich heranzukommen, sie ist eindeutig meine Mutter, Sie. Ich lasse Sie nicht an mich heran. Ich werde nicht zulassen, dass Sie mir helfen. Jetzt habe ich es endlich gesagt. Ich mache es auf meine Weise. Aus Gehässigkeit und um Sie zu ärgern, mache ich mich immer kleiner. In Ordnung, Dr. O., jetzt sind wir wirklich auf einer heißen Spur.[52] Es hat lange gedauert. Habe alles vor Ihnen geheim gehalten.«

Nach dem Wochenende brachte er folgenden Traum:

Ich war bei meinen Eltern, N. [seine Ehefrau] war auch da, die Eltern lebten, waren aber schattenhaft, und ich musste zu meiner Analysesitzung. Ihr Apartment war nicht in dem Teil, wo es sich eigentlich befindet. Es war Ihr Apartment; es war nicht nur sehr dunkel, es wurde entweder renoviert oder verändert oder geputzt. Es sah gar nicht wie Ihr Apartment aus, Dr. O., es war sehr dunkel. Es war nicht auf der Upper West Side. Leute liefen umher. Ich bin zu ihrem Apartment gegangen, Dr. O., und es war chaotisch, überall Dunkelheit. Sie kommen, ich gehe ins Behandlungszimmer, das viel größer ist als in Wirklichkeit, sehr, sehr groß. Habe die Couch hineingetragen; Sie sagten: »Ich hasse diesen Ort.« Auf dem Tisch neben der Couch lagen Radieschen, und dann bin ich eingeschlafen. Sie sind auch eingeschlafen,

---

52 Wörtlich sagte der Patient: »All right, Dr O, we are really on to something.« Auf diese Weise bestätigte er sich immer wieder, dass er mit dem, was er gerade gesagt hatte, zufrieden war. Er sah darin einen Fortschritt in seiner Analyse.

und N. war da und schlief. Ich werde wache und begreife, dass die Sitzung fast zu Ende ist, in diesem dunklen, chaotischen … völlig anders als Ihr Apartment. Der Traum hinterließ ein sehr unbehagliches Gefühl. Meine Eltern waren am Leben, dunkel, dann waren Leute da, liefen umher, putzten, der Traum war nicht lustig. Mehr kann ich beim besten Willen nicht tun. Ich habe mir große Mühe gegeben, mich zu erinnern. [Da bin ich] ein Patient, der glaubt, dass vergangene Nacht etwas Wichtiges geschehen ist, und dann kann ich mich nicht daran erinnern. Wirklich merkwürdig. Ein großes Apartment. Wenn ich's richtig verstehe, eine Botschaft von mir an Sie. Sie werden nicht zufrieden sein, und mir entgeht ein Augenblick des magischen Verständnisses. Die ganze Arbeit an Ihrem Gebäude, und dann war es nicht einmal Ihr Apartment. In der Sitzung einschlafen. Ominös. So dunkel, Dr. O. Imaginäres Apartment. Extreme Angst. Es passt nicht richtig. Ich hasse diesen Ort, das ist etwas, das *ich* sagen könnte … Als ob ich dem Apartment ein Eigenleben gäbe. Die Dunkelheit war mehr eine Stimmung. Ich bin nicht da. Nicht einmal das richtige Apartment, es war nicht Ihr Behandlungszimmer. Es ist so sauber und ordentlich. Alles fällt auseinander, wenn Sie nicht da sind, um die Dinge zusammenzuhalten. Ich habe keine Kontrolle darüber. Dunkelheit, in mir, etwas in mir. Ich bekomme irgendeine Botschaft, über Dunkelheit, Chaos, Machtlosigkeit. Der Traum ängstigt mich. Was bedeutet dieses Chaos? Ich habe hier nichts unter Kontrolle. Ich verliere die Kontrolle, Dr. O. Kontrollverlust. Du verlierst die Kontrolle und das war's mit mir. Da war noch eine Frau, die eine To-do-Liste checkte. Auch eher wie die übrige Dunkelheit. Wieso bin ich hier eingeschlafen? Ich kann damit nicht umgehen, ich konnte nicht damit umgehen, dass Sie eingeschlafen sind. Durcheinander. Man vergisst nichts, durcheinander. Alles war durcheinander, verkehrt herum. N. war bei mir. Irgendeine Familienangelegenheit. Mein Sterben, irgendwie hatte es mit dem Tod zu tun, aus dem Ruder gelaufen, außer Kontrolle, wir alle wurden dadurch irgendwie beeinflusst. Konnte es nicht zusammenbringen. Irgendetwas ist nicht zusammen. Durcheinander, nichts ist sicher. Unerträglich. Helfen Sie mir, aber mischen Sie sich nicht ein. Ich brauche Sie, ich brauche Sie, aber berühren Sie mich nicht. Ich werde nichts erzählen. Ich lasse nicht zu, dass Sie meine Genitalien berühren. Sie ist intrusiv, das ist gefährlich, ich kann sie nicht in mich reinlassen. Es funktioniert nicht mehr, mein Leben steht auf dem Kopf, und ich kann keine Verbindung herstellen zu dem, was mich jetzt antreibt; so, wie es ist, geht es nicht weiter, ich kann so nicht weitermachen.

Wirklich schmerzhaft … Sie würden mich aus meinem Traum erlösen. Messianisch. Ich kann nicht zulassen, dass mich das Chaos überwältigt. Kontrolle, indem ich den Traum erzähle. Überwältigt von all dem. Weglaufen, um mich nicht damit auseinandersetzen zu müssen. Irgendwie wird es mich immer wieder einholen.

In der nächsten Sitzung hängte er seinen Mantel an die Garderobe außerhalb des Behandlungszimmers und kam danach herein. Er berichtete, dass er sich beim Einbiegen in die Straße, in der sich meine Praxis befindet, das Gebäude genau ansehen musste. Er sei froh gewesen, dass sich nichts verändert hatte, denn der Traum habe sich so real angefühlt. Meiner Meinung nach akzeptierte er meine Deutung, dass sein *Akt* des Trotzes sich für ihn so angefühlt habe, als habe er tatsächlich etwas zerstört. Am nächsten Tag kamen diese Sitzungen kaum noch zur Sprache. Allerdings sagte er: »Indem ich den Mantel nicht aufhänge, halte ich mich am Leben. Es war kein messianischer Schritt nach vorn. Ich leide noch immer Todesqualen …«

Dass er den Mantel erst im Behandlungszimmer auszog, war eine trotzige, *reale Aktion*, die er zu trivialisieren versuchte und so darstellte, als stehe sie im Dienst des analytischen Prozesses. Dies entsprach ganz der Art, wie er mit wichtigen Assoziationen umzugehen pflegte; er ließ sie unwichtig erscheinen. Sie waren Teil unserer Arbeit, und deshalb musste man ihre Destruktivität nicht ernstnehmen. Der Albtraum setzte eine Veränderung in Gang. Sein *Akt* des Trotzes hatte gewaltige Konsequenzen: Er reagierte so, als habe er das Setting zerstört, das Gebäude, in dem seine Sitzungen stattfanden, und mich. Es schien, als hätten diese realen Ereignisse unsere Beziehung verändert, weil sie Aktivitäten waren, während seine Bemerkung in der Sitzung, dass er mich nicht an sich heranlasse, als Worte keine Konsequenzen hatten und lediglich insoweit Anlass zum Nachdenken gaben, als wir etwas Analytisches »begriffen« hatten. Selbst die Tatsache, dass sein Privatleben mittlerweile einen Rhythmus angenommen hatte, der ihn, so seine Überzeugung, umbringen würde, schien ihm keine Sorgen zu bereiten, auch wenn ich ihn darauf aufmerksam machte. Erst als es etliche Monate später zu einer weiteren Trotz*handlung* kam, durch die er sich eine körperliche

Verletzung hätte zuziehen können, wurde ihm langsam klar, wie wichtig es für ihn war, das Chaos zu untersuchen – und zwar nicht lediglich die Existenz dieses Chaos, sondern seine Bedeutung.

Der auffällige Aspekt dieser Sequenz ist die Reaktion des Patienten auf seinen *Akt* des Trotzes. Er musste sich vergewissern, dass er das Setting nicht wirklich zerstört hatte. Es überlebte und setzte seiner Omnipotenz, die die Trennungslinie zwischen Innen und Außen verwischte, dadurch Grenzen. Um genau diesen Aspekt ging es Winnicott (1971), als er in seinem berühmten Artikel über die Verwendung des Objekts postulierte, dass die Eigenschaften des äußeren Objekts nützlich werden, wenn sie bewiesen haben, dass sie die *innere* Zerstörung überleben (siehe auch 3. Kapitel). Der Patient nahm den Traum als ein *Ereignis* wahr, als reale Zerstörung eines äußeren Objekts, das infolge der Zerstörung weiterhin seiner Omnipotenz unterlag. Im Traum fehlen die »Bremsen«, die der äußeren Realität, wie Winnicott (1945) schreibt, durch ihr Überleben »eingebaut« sind.

Die Frage, ob das Objekt überlebt oder nicht, wird durch die *Wahrnehmung* beantwortet, die seine Intaktheit beweist. Meinem Patienten versicherte der Anblick der Straße und des Gebäudes, dass die Analyse seinen Zerstörungsversuchen standgehalten hatte. Die Grenzen der Flexibilität des Analytikers können ebenfalls dafür sorgen, dass es zu keiner Kollusion kommt, in der beide Beteiligte den analytischen Prozess zerstören. Ebendies ist nach meinem Verständnis die Crux des Problems: Alles hängt von der Fähigkeit und Einsicht des Analytikers ab. Wenn die Gegenübertragung zum Medium wird, um den Patienten zu verstehen, und Gegenübertragungsinszenierungen als Quelle einer *Realität* verstanden werden, die beiden Partnern Aufschluss über eine wichtige Veränderung in der analytischen Beziehung gibt: Wie wirkt sich dies auf den Narzissmus des Patienten aus? Bleibt der Analytiker der Omnipotenz des Patienten sicher entzogen, wenn es den Anschein hat, als könne der Prozess die Zerstörungskraft des Patienten nicht überleben?

Bei der Lektüre einiger dieser Berichte – vor allem einer 2011 erschienenen deutschen Buchveröffentlichung mit Arbeiten über innere und äußere Realität sowie Theorie und Technik der Psychoanalyse (Diederichs, Frommer und Wellendorf, 2011) – beeindruckte mich die aufrichtige Suche nach bestmöglichen Interventionen im Fall von Gegenübertragungsenactments des Analytikers. Es gibt keinen Grund, die erkenntnisreichen Berichte von Analytikern zu beanstanden, die sich selbst aufmerksam beobachten, um zu klären, wie sie dem Patienten mit ihren Einsichten in ihre eigenen Reaktionen am besten helfen können. Ich habe den größten Respekt vor dieser Arbeit und ihren Ergebnissen. Sorge bereitet mir aber, dass *Enactments* – die aus einem auf verbalem Austausch beruhenden Prozess eine *Aktivität* machen, die das Setting selbst verändert –, so behandelt werden, als sei einzig ihre *Bedeutung* wichtig, nicht aber ihre *Realität*. In dem von mir geschilderten Fall verlieh der Patienten der *Aktivität*, die seinen Trotz zum Ausdruck brachte, einen besonderen Stellenwert. Seine sehr heftige Reaktion war ein Indiz für den Unterschied zwischen seiner Aktivität – im Mantel ins Behandlungszimmer zu kommen – und dem normalen analytischen Diskurs, in dem er seine aggressiven und destruktiven Phantasien als Analysematerial behandelte. Deshalb handelte es sich um einen Beitrag zum analytischen Prozess und nicht um dessen Zerstörung. Weil sich der Fokus in der psychoanalytischen Literatur auf die *psychische* Realität richtet, wird nicht gründlich untersucht, wie sich diese überhaupt manifestiert. Etwas *wirklich* geschehen zu lassen wird als Teil des Prozesses behandelt, solange die Beteiligten die Bedeutung der Enactments aufdecken. Das Denken hat sich gegenüber früheren Zeiten, in denen das an die Stelle des Erinnerns tretende Agieren oder Wiederholen einen schlechten Ruf hatte, so stark verändert, dass die Sorge, das *Agieren* könne das Setting zerstören, nicht mehr ins Bild passt. Im Falle meines Patienten brachte der Unterschied beträchtliche Schwierigkeiten mit sich: Er konnte Widerstand gegen die Analyse aufbieten, indem er unser Zusammensein genoss, meine Entdeckungen am Ende zahlreicher Sitzungen mit einem optimistischen »Wir sind auf einer heißen Spur« feierte und mich die ganze Zeit über aus seinem Leben heraushielt oder bestenfalls als Blume betrachtete, die er sich ans Revers heften konnte. Er konnte dieser Einschätzung zustimmen, doch sie bereitete ihm kein Kopfzerbrechen. Seine Haltung war einfach Teil unserer statischen positiven Beziehung.[53] Als er seinen Trotz schließlich agierend zum Ausdruck brachte und seiner Tat entsprechende Worte und den Traum folgen ließ, der sich so *real* anfühlte, war sein Gleichgewicht gründlich erschüttert.

Ich wiederhole noch einmal, dass ich die Aufrichtigkeit, mit der viele Analytiker heutzutage ihre Fälle diskutieren, und ihren Mut bewundere, offen über ihre eigenen Schwierigkeiten mit Übertragung oder Gegenübertragung zu sprechen. Gleichwohl müssen wir berücksichtigen, dass die Flexibilität genauso eine negative Seite hat wie die Inflexibilität, die das Bild des unmenschlichen Analytikers auftauchen ließ. Die Form, in der Material zutage tritt, ist wichtig und bereichert unser Verständnis.

Meiner Ansicht nach ist eine gewisse Inflexibilität nicht Ausdruck des Machtbedürfnisses des Analytikers, sondern vielmehr eine Manifestation seiner Machtlosigkeit, dem Patienten zu helfen, wenn die Analyse dessen Manipulationen nicht standhält. Anzieu zufolge muss der Analytiker unter Umständen auch seine Unfähigkeit, zu überleben und »brauchbar« zu sein, zeigen. Die paradoxe Übertragung (Anzieu, 1986b, S. 524), in der eine Verbindung besteht zwischen der Wiederholung und den Konflikten in der Behandlung, die das Enactment motivieren, erzeugt eine Sackgasse, die nur durch eine Metakommunikation aufgelöst werden kann, in der der Analytiker aus der deutenden Rolle heraustritt und an die Kooperation des Patienten appelliert, um gemeinsam mit ihm eine Möglichkeit zu finden, mit seinem Bedürfnis nach destruktivem Agieren anders umzugehen. Dem Patienten wird durch diese Ansage klargemacht, dass der analytische Prozess Grenzen hat

---

[53] Loewalds Beschreibung ([1951] 1986) des Zwangscharakters ist für das Thema zwar nicht unmittelbar relevant, illustriert aber die Schwierigkeiten des Patienten: »Bei einer zwanghaften Charakterstörung besteht die schwierige therapeutische Aufgabe darin, die Organisation von Ich und Realität auf einem höheren Niveau zu erreichen – entgegen der ›intellektuellen‹ Anpassung des Patienten an das, was man ihm als Realität geschildert hat, für ihn aber unwirklich bleibt. Diese Anpassung erscheint ihm daher bestenfalls als gelungener Trick, mit dessen Hilfe die feindselige Welt zu kontrollieren ist.« (S. 30f., Anm. 12)

und dass es eine Realität gibt, für die keiner der beiden Partner verantwortlich ist. Kurz und einfach ausgedrückt: Sie ist ein Wachruf.

Die Realisierung der Grenzen des psychoanalytischen Prozesses, der Gefahr, dass jeder der beiden Partner ihn zerstören kann, sollte uns vor Augen führen, dass er realer ist als ein Traum, aus dem man unverändert einfach wieder aufwacht. Er muss Konsequenzen haben, andernfalls bleibt er nutzlos. Die Annahme aber, dass Aktivitäten in Form von Enactments innerhalb des Settings automatisch Veränderungen in Gang setzen, bedeutet, dem Urteil zweier Personen, die emotional miteinander zu tun haben, zu vertrauen, dass sie den analytischen Prozess voranbringen können, ohne den Widerstand des Patienten gegen bestimmte Einsichten zu verstärken. Der Fall, anhand dessen ich einige der Probleme illustriert habe, zeigte, dass der Widerstand des Patienten gegen Veränderung erhalten blieb, bis er seinen Trotz agierte und fürchtete, dadurch das Setting zerstört zu haben. Dies versetzte ihn in eine derartige Machtposition, dass er nur noch Chaos wahrnahm. Zuvor hatte sich sein Widerstand, die Selbstdestruktivität anzuerkennen, darin geäußert, dass er seine Worte einfach als gutes Analysematerial betrachtete, als verbale Äußerungen der Aggression, die das Gefallen der Analytikerin finden mussten. Er musste sie nicht ernst nehmen und konnte die Analyse genießen. Erst als er seinen *Trotz* agierte, bekam dieser eine Bedeutung, die den Patienten von seiner eigenen Destruktivität nachdrücklicher überzeugte. Zu hoffen ist, dass nicht allein die Wahrnehmung der Stabilität des Gebäudes, sondern auch das Überleben des Settings ihm die Existenz einer Welt beweisen konnten, die seiner Omnipotenz nicht unterworfen war.

Winnicotts herausragendes Verdienst besteht darin, die Bedeutung einer verlässlichen Welt demonstriert zu haben, die der Kontrolle des Individuums entzogen ist. Häufiger aber wird das Reale unter dem Aspekt seiner Verwendung zu Abwehrzwecken betrachtet. Die legitimen Fragen bezüglich der Verlässlichkeit von Erinnerungen hatten zur Folge, dass man die psychische Realität privilegierte und die äußere Welt ausschloss. Wenn Ereignisse klarer erinnert werden, eignen sie sich darüber hinaus als Deckerinnerungen; das heißt, sie werden Teil einer

Abwehrbemühung, die schon Freud (1899a, 1901b) erkannt und identifiziert hat. Man bedient sich abwertender Begriffe und spricht zum Beispiel von »Konkretismus«[54], um den exzessiven Gebrauch äußerer Vorgänge zu bezeichnen, trägt aber ihren positiven Aspekten, etwa ihrer Relevanz für emotionale Reaktionen, nicht Rechnung. So hat man zwar zahlreiche Aspekte der äußeren Realität untersucht, zum Beispiel die Welt als Befriedigungs- und Frustrationsquelle, aber jener schwer fassbaren und gleichwohl beruhigenden oder beunruhigenden Dimension der Erfahrung, die uns bestätigt, dass außerhalb unserer selbst und unserer Vorstellung etwas existiert, wenig Aufmerksamkeit gewidmet. Doch allein dank dieses letztgenannten Aspekts besitzt die *Realität* einen positiven Wert, den es von ihrer Abwehrfunktion in der Behandlung, wo sie sich als Widerstand gegen die Analyse der inneren Welt äußert, zu unterscheiden gilt.

Die Bedeutsamkeit der äußeren Realität wird dadurch illustriert, dass wir Realität intuitiv dem zuschreiben, was außerhalb der Psyche »real« und unabhängig von unserer Wahrnehmung existiert – sosehr wir uns auch bemühen mögen, differenziert zu denken und anzuerkennen, dass die psychische Realität genauso *real* ist. Diese Bestätigung, dass etwas »real« ist, wird, obgleich sie so wichtig ist, vernachlässigt und von vielen Theorien als ein überwiegend negativer Faktor dargestellt. Wenn sie als unvermeidbare, als Enactment greifbar werdende Komponente der analytischen Beziehung Anerkennung findet, wird das, was durch Aktivität *real* gemacht wurde, als Schlüssel zur *psychischen* Realität verstanden. Diese stillschweigende Veränderung des psychoanalytischen Denkens hat es verdient, gründlicher untersucht zu werden; der Drang, bestimmte Konflikte in der analytischen Situation zu *realisieren*, muss in Bezug auf das spezifische Bedürfnis, das er befriedigt, verstanden werden.[55]

---

[54] Nicht selten werden Patienten als »konkretistisch« bezeichnet; man benutzt diese Vokabel, um auszudrücken, dass sie schwierig zu behandeln oder dass ihnen psychische Prozesse nicht zugänglich sind.

[55] Das Problem der potentiellen Realisierung spielt in der Behandlung von Adoleszenten eine Rolle, weil deren Sexualität durch die biologische Reifung eine neue Dimension erhält.

Der inneren Welt durch Aktivität oder Enactments *Realität* zu verleihen gratifiziert ein wichtiges Bedürfnis, das nicht nur wegen seines Einflusses auf die Psychoanalyse, sondern auch als ein Aspekt des Lebens an sich erforscht werden sollte. Welchen Wert hat das *Real*-Sein, das *Wirklich*-Sein? Wie alles, was wir für wertvoll erachten, wird auch das »*Real*-Sein« häufig nachgeahmt, manchmal gefälscht oder als etwas missverstanden, das es gar nicht ist; all dies aber bestätigt lediglich, für wie wertvoll wir das, was real ist, wirklich ist, halten. Die Betonung liegt hier auf dem Wert, den man dem »*Real*-Sein« beimisst – ein Wert, der tatsächlich hochsubjektiv und von objektiven Kriterien völlig unabhängig ist. Das Kriterium, das man am häufigsten heranzieht, um zu bestimmen, ob etwas *real* ist, ist die sinnliche Wahrnehmbarkeit des Objekts. Ausdruck findet dies zum Beispiel in der Redewendung: »Sehen heißt glauben.« Andere Quellen geistiger Aktivität werden demgegenüber *entwertet*. »*Real* zu sein« ist eine Eigenschaft, durch die sich Erfahrungen auszeichnen, auch wenn man anerkennt, dass die psychische *Realität* von ausschlaggebender Bedeutung ist. Die Wahrnehmbarkeit ist ein Attribut der Träume und Halluzinationen, das die *Illusion* äußerer Realität erzeugt; sie spielt eine Rolle für den Fetischismus, weil das wahrnehmbare Objekt als Ersatz für dasjenige benutzt wird, das als fehlend oder als zerstört erlebt wird. Die Ubiquität des Bedürfnisses nach Realität, selbst wenn diese Realität auf Illusion oder Wahn beruht, beweist ihren Wert. Sie ist zugleich der Grund dafür, dass die Realität so schwer greifbar ist und in der psychoanalytischen Literatur vernachlässigt wird. Ich halte die Schwierigkeit, sie zu fassen, für die Ursache des wohlbegründeten Misstrauens, das Analytiker der Verwendung der äußeren *Realität* zur Abwehr der psychischen *Realität* im analytischen Prozess entgegenbringen.[56] Wann immer äußere Realität diese Abwehrfunktion erfüllt, werden Innen und Außen so behandelt, als schlössen sie einander gegenseitig aus. Die Betonung der Analytiker liegt dann auf der inneren Welt. Ich beschreibe den Wunsch nach Wahrnehmbarkeit und Greifbarkeit (Oliner, 2010a, 2011).

---

[56] Eingehend erörtert wurde dieses Thema von Inderbitzin und Levy (1994).

Das Leben des von mir vorgestellten Patienten wurde von seiner unbewussten Phantasie in solch hohem Maß beherrscht, dass er zwischen seinem Traum und der äußeren Welt nicht mehr zu unterscheiden vermochte. Der Anblick des unbeschädigten Gebäudes bestätigte ihm, dass seine Destruktivität Grenzen hatte. Den wahrnehmbaren Eigenschaften der materiellen Welt einen Wert zuzuschreiben ist aber nicht vereinbar mit Christopher Bollas' im 3. Kapitel zitierten Auffassung, dass wir den Patienten in uns selbst finden, also eine analytische Situation herstellen müssen, in der zwei Patienten anwesend sind. In ganz ähnlicher Weise spricht John Steiner von einem »betäubenden Realitätsgefühl«; auch diese Formulierung impliziert ein negatives Werturteil. Die Vernachlässigung der Außenwelt bestätigt Winnicotts (1969) Ansicht, dass Psychoanalytiker häufig dazu neigen, alle Umweltfaktoren auszublenden, sofern diese nicht als das Ergebnis von Projektionsmechanismen betrachtet werden können. Die heutige exklusive Konzentration auf die inneren Prozesse und die Subjektivität von Analytiker und Patient sieht neben der inneren Realität der Beteiligten keinen Platz für die äußere Realität vor[57], im Gegenteil: Die Subjektivität, ein echtes Kind des Strukturalismus, dekonstruiert Erfahrungen auf eine Weise, die Bedeutungen willkürlich erscheinen lässt und ihnen den Bezug zu anderen Kriterien als den Gegenübertragungsreaktionen des Analytikers abspricht.

Auch die Popularität von Bions Unterscheidung zwischen Alpha-Funktion und Beta-Elementen bezeugt die Vorbehalte gegenüber dem *Realen*. Bions ([1962] 1990) Theorie der »Beta-Elemente«, seine Bezeichnung für Wahrnehmungen oder Körperempfindungen, die als real erlebt werden, hat gewaltigen Einfluss ausgeübt. Solche Beta-Elemente werden als psychotische Symptome betrachtet, weil sie im Gegensatz zu mentalen Prozessen nicht formbar sind, sondern als unverdaute Fakten gespeichert bleiben. Green (1998, S. 651) hat das Denken, das auf

---

[57] Meiner Ansicht nach wird dies durch Froschs (2002) Gleichsetzung seiner eigenen Gegenübertragung mit der materiellen, von der psychischen zu unterscheidenden Realität bestätigt.

Wahrnehmungsqualitäten beruht, als »Gedanken ohne einen Denker« bezeichnet. Bion ([1962] 1990) postulierte einen Zusammenhang zwischen der den Beta-Elementen inhärierenden Eingeschränktheit und dem wissenschaftlichen Denken:

Die Unfähigkeit selbst der fortgeschrittensten Menschen, von ihren Gedanken Gebrauch zu machen, weil die Fähigkeit zu denken in uns allen rudimentär ist, bedeutet, dass das Feld für Untersuchungen – wobei letztlich jede Untersuchung wissenschaftlich ist – durch menschliche Unzulänglichkeit auf jene Phänomene begrenzt ist, die die Merkmale des Unbeseelten haben. Wir nehmen an, dass die psychotische Einschränkung auf eine Krankheit zurückzuführen ist: dass es die des Wissenschaftlers aber nicht ist. Untersuchungen dieser Annahme erhellen beides, die Krankheit auf der einen und die wissenschaftliche Methode auf der anderen Seite. (S. 60)

Durch die Gleichsetzung des wissenschaftliches Denkens mit psychotischen Einschränkungen wird die Alpha-Funktion in einem Maße überhöht, das ich für fragwürdig halte. Die Beliebtheit dieser Theorie veranlasste mich, einen Beitrag mit dem Titel »Das Leben ist kein Traum: Die Bedeutung des Realen« (Oliner, [2010a] 2011) zu verfassen. P. C. Sandler (1997) postuliert eine dritte Funktion, eine Anti-Alpha-Funktion, die »einen spärlichen Kontakt zur psychischen Realität aufrechterhält und dabei auf eine ganz spezifische Art von Halluzination rekurriert, nämlich die halluzinatorische Vorstellung, dass Immaterielles in etwas Konkretes und Unbelebtes verwandelt werden könne« (S. 50).

Der israelische Psychoanalytiker Pinchas Noy (1978) schreibt diese Eigenschaft dem Primärvorgang zu:

[…] Konzepte und Ideen werden konkretisiert, weil der Primärvorgang immer bestrebt ist, abstrakte Konzepte in konkrete Bilder zu übersetzen; der kontextuelle Rahmen wird ignoriert, und die Regeln der logischen Verknüpfung werden verletzt, weil der Primärvorgang immer bestrebt ist, Inhalte von einem Kontext in einen anderen zu verschieben (S. 740).

Ich stelle nicht in Abrede, dass das Bedürfnis, in der äußeren Realität die Bestätigung für Ideen oder Gedanken zu finden, die aus der inneren Welt hervorgehen, von der Abwehr in Dienst genommen werden kann.

Ich schließe mich aber nicht der Auffassung an, dass dieser überaus häufige Prozess als »Halluzination« zu bezeichnen sei. Vielmehr erschließt er den intermediären Bereich der Illusion, der das Leben bereichert und keineswegs auf einer radikalen Diskontinuität zwischen innerer und äußerer Welt beruht. Die Illusion liegt Übertragungsphänomenen zugrunde und der Wertschätzung von Kunstwerken (Balter, 1999), aber auch dem Wiederfinden verlorener Liebesobjekte. Sie gründet auf dem äußeren Status von Wahrnehmungen sowie auf der persönlichen Bedeutung, die ihnen die psychische Realität des Individuums verleiht.

## Der Körper als Grenze

Der französische Psychoanalytiker Didier Anzieu, als dessen bedeutsamster Beitrag das Konzept des »Haut-Ich« (Anzieu, 1986a) gilt, fragt: »Warum gerät dem heutigen psychoanalytischen Denken so oft die Freudsche (klinisch bestätigte) Tatsache aus dem Blick, dass das psychische Leben auf greifbaren Eigenschaften beruht?« (S. 166)

Anzieu zufolge hängt das Vermeiden der greifbaren Eigenschaften mit dem Berührungsverbot – einer Haltung, die sich in Frankreich früher noch als in der Englisch sprechenden Welt entwickelte – und mit einem Psychoanalyseverständnis zusammen, das der Symbolisierung einen privilegierten Stellenwert beilegt und die affektiven und anderen Organisationsmodi ignoriert. Andere Autoren jedoch, beispielsweise Toffoli (2011), wenden sich sogar gegen die weithin anerkannte Unterscheidung zwischen Somatisierung und Repräsentation:

> [In] der psychoanalytischen Theorie und Praxis können wir auf die traditionelle Trennung zwischen Disziplinen, die sich mit der Psyche befassen, und solchen, die für den Körper zuständig sind, verzichten; es ist dies eine epistemologische Differenzierung, die in die Psychoanalyse Einzug gehalten hat, so als könnten wir uns dem Psychischen zuwenden, indem wir das Somatische ausschließen. Das Objekt und das Subjekt der Psychoanalyse auf den Körper zu erweitern ist nicht nur relevant, sondern auch theoretisch schlüssig und klinisch notwendig. Klinisch gesehen bedeutet dies, die Mög-

lichkeiten zu erforschen, das Somatische in den Bereich des Repräsentier-
baren einzubeziehen – das heißt, das Bedeutungs- und Sprachpotential von
somatischen und sensorischen Elementen sowie Körperfunktionen anzuerkennen und sie als Vorläufer der Repräsentationen zu betrachten. (S. 597)

Auch dieses ganzheitliche Verständnis sämtlicher Manifestationen
menschlicher Existenz ändert nichts an der ultimativen Konfrontation
mit der Begrenztheit von Geist und Körper: dem physischen Tod.[58] Wir
können die Menschen, die wir geliebt und verloren haben, nicht länger
berühren oder sehen; sie existieren nur noch in unserem Innern. Ebendies ist die ultimative Diskontinuität; sie konfrontiert uns mit schmerz-
lichen Verlusten und mit der Grenze der Omnipotenz. Ich habe einige
der Schwierigkeiten, die Freud mit diesem Thema hatte, im 3. Kapitel
im Zusammenhang mit seiner Auslegung der Moses-Statue des Michelangelo erläutert.

In der Vergangenheit stützte die psychoanalytische Theorie zahlreiche ihrer Annahmen auf den Körper. »Die Anatomie ist das Schicksal«,
lautet Freuds (1924d, S. 400) berühmtes Fazit über die Unterschiede
zwischen den Geschlechtern, ein Diktum, das schließlich den lebhaften
Widerstand von Feministinnen und anderen weckte, die darin ein allzu
enges Verständnis der Sexualität sahen. In Wirklichkeit war es lediglich *eines* der Ergebnisse seiner Entdeckung: Das andere betraf die un-
endliche Plastizität des Körpers und seiner Fähigkeit, psychischen und
somatischen Strebungen Ausdruck zu geben. Schließlich war es Freud,
der die Bedeutungen der Konversionshysterie aufdeckte und heraus-
fand, dass die physischen Erscheinungen den anatomischen Strukturen
nicht entsprachen. Er wies nach, dass die Psyche in der Hysterie über
die Anatomie herrscht und sie kontrolliert. In ihrem interessanten Buch
*Medical Muses* legt Asti Hustvedt (2011) dar, dass die Dislozierung
zwischen organischer Quelle und körperlichen Symptom die Hysterie

---

[58] Dies impliziert, dass die anatomischen Einschränkungen, die uns die ge-
schlechtliche Identität auferlegt, keinerlei Konsequenzen haben. Ich kann diese
Meinung nicht teilen; gleichwohl öffnet sich hier ein ganzes Feld der Auseinandersetzungen und Debatten.

in einem derart hohen Maß charakterisierte, dass das Original, die Anatomie, vollständig verschwand. Bei diesem Prozess handelte es sich weniger darum, »dass das Innere nach außen gekehrt wurde; vielmehr wurde das Innere ausgelöscht, was aus der Hysterikerin eine Art reines Zeichen ihrer Krankheit machte« (S. 68).

Die Perversionen geben die durch das Omnipotenzbedürfnis erzeugte Verleugnung der durch die Anatomie gesetzten Grenzen noch deutlicher zu erkennen, weil sie sich nicht streng auf eine eindeutig bestimmte Form der sexuellen Befriedigung beschränken und die Verleugnung in Charakterzügen erkennbar wird. Perverse Phantasien setzen sich über zwei Säulen der Realität hinweg: über den Unterschied zwischen den Generationen und über den Unterschied zwischen den Geschlechtern – Anatomie ist hier also keineswegs »Schicksal«. Ich habe dieses Thema im Kontext der Analyse einer Perversion (Freedman, 1978) diskutiert, die ein Versuch war, ein schweres Trauma zu bewältigen (Oliner, 2000).

Die Überbetonung der psychischen Realität birgt eine Gefahr in sich, weil die innere Realität grenzenlos ist. Im Unterschied zur äußeren Realität mit ihren »eingebauten Bremsen« (Winnicott, 1945) sind den Träumen keine Grenzen gesetzt; unsere Orientierung finden wir erst beim Aufwachen wieder. Das Scheitern dieser Funktion wurde durch das Bedürfnis meines Patienten illustriert, sich mit eigenen Augen davon zu überzeugen, dass das Gebäude unbeschädigt war. Sein Realitätssinn wurde von Gefühlen beherrscht, die mit seinen Zerstörungswünschen zusammenhingen; diese ließen ihm die Überlebensfähigkeit der äußeren Welt ungewiss erscheinen. Um das rechte Verhältnis zwischen Innen und Außen wiederherzustellen und der äußeren Realität den Stellenwert einzuräumen, der ihr gebührt, diskutiere ich im nächsten Kapitel das Streben nach »Wahrnehmungsidentität« und deren Beitrag zu den Ergänzungsreihen.

## 5. KAPITEL

## DAS LEBEN IST KEIN TRAUM: DIE BEDEUTSAMKEIT DER WIRKLICHEN WAHRNEHMUNG[59]

Die Herstellung des *realen* Kontakts zwischen Patient und Analytiker soll in der psychoanalytischen Situation das Zufallsgeschehen begünstigen, das ein Fenster zu der Vergangenheit, die für die Konflikte des Patienten verantwortlich ist, öffnet. Weil Freud den Zufallsfaktor, der das innere Leben des Patienten mit seinen Sinneswahrnehmungen in der analytischen Begegnung zusammenführt, anerkannte, empfahl er die freie Assoziation als besonders gut geeignete Methode, diese Übereinstimmung zu erzielen. Er riet beiden Beteiligten von der bewussten Kontrolle und Steuerung ihrer Aufmerksamkeit ab (mit einer bemerkenswerten Ausnahme; siehe »Konstruktionen in der Analyse« [1937d]) und sah sich in den meisten Fällen bestätigt.

Das folgende Beispiel für eine solche unvorhergesehene Erfahrung stammt aus meiner eigenen Praxis. Die Episode ereignete sich an einem Tag, an dem ich zufällig ein schwarzes Kleid trug. Meine Patientin reagierte auf den Anblick fassungslos. Sie nahm an, dass ich trotz des Todes eines nahen Angehörigen arbeitete, und flehte mich an, die Sitzung ausfallen zu lassen. Ich bestand allerdings darauf, dass sie blieb, und lenkte ihre Aufmerksamkeit auf die Intensität ihrer Reaktion: Offenbar habe der Anblick des schwarzen Kleides eine schmerzvolle Erinnerung in ihr geweckt. Ich konnte meine Vermutung sogar noch präzisieren und sie davon überzeugen, dass sie sich an die Zeit erinnert fühlte, in der

---

[59] Dem Kapitel liegt der Beitrag »Das Leben ist kein Traum: Die Bedeutung des Realen« (Oliner, [2010a] 2011a) zugrunde.

ihre Mutter um ein Baby trauerte. Der kleine Bruder meiner Patientin war nach der Geburt, noch bevor die Mutter ihn hatte nach Hause bringen können, im Krankenhaus gestorben. In ihrem tiefen Kummer nahmen die Eltern ihre kleine Tochter kaum mehr zur Kenntnis. Vor dem Zwischenfall in meiner Praxis hatte die Patientin behauptet, dass ihre Mutter immer fröhlich gewesen sei, obwohl sie nicht einmal nach dieser Tragödie hatte zu Hause bleiben können, sondern wieder arbeiten gehen musste. Meine Konstruktion der Trauer der Mutter war effektiv, weil meine Patientin mich in Schwarz *sah*. Dadurch wurden Gram und Kummer der Mutter für sie real – ebenso wie die Vermutung, dass sie selbst sich damals wie ein Eindringling gefühlt hatte, ausgeschlossen und unerwünscht.[60]

Erwähnenswert ist dieses Beispiel aus der alltäglichen analytischen Arbeit lediglich aufgrund der Frage nach der Bedeutsamkeit des *realen Anblicks* meines schwarzen Kleides, der den Prozess in Gang setzte. Es ist möglich, dass ich an jenem Tag Schwarz trug, weil ich mich unbewusst auf die Bereitschaft meiner Patientin abstimmte, sich mit dieser Kindheitserfahrung auseinanderzusetzen. Damit wäre aber lediglich der Zufallsfaktor ausgeschlossen; meine Abstimmung hätte den Vorfall nicht unter meine bewusste Kontrolle gebracht. Es ist unmöglich, die Rolle des Zufalls nicht infrage zu stellen. Die Verlockung ist groß, ihn auszuschließen und unter Berufung auf den psychischen Determinismus anzunehmen, dass ein Mensch just in dem Augenblick, in dem eine Erinnerung ins Bewusstsein drängt, in der Außenwelt etwas finden wird, das ihm als »Aufhänger« dienen kann. Die Rolle des Zufalls wird dadurch geschmälert; der Bedeutsamkeit der tatsächlichen Wahrnehmung aber tut auch dies keinen Abbruch, und es hätte auch nichts an der Inten-

---

[60] Dasselbe Gefühl spiegelte sich in ihrer Erinnerung an einen gemeinsamen Gang auf den Friedhof wieder, wo die Eltern mit ihr das Grab einer vorverstorbenen Schwester besuchen wollten. Die Patientin erinnerte sich daran, dass sie zwischen den Gräber umhergestrolcht war und nicht wusste, was sie mit sich selbst anfangen sollte. Die Eltern hatten sie wegen ihres Verhaltens ausgeschimpft. Ich habe diesen Fall in einem früheren Beitrag eingehend diskutiert (siehe Oliner, 1988b).

sität der Reaktion geändert, die meine Patientin auf den *Anblick* meines schwarzen Kleides zeigte. Diese Reaktion illustriert die magnetische Anziehungskraft dessen, was sich unserer Wahrnehmung darbietet.

Freud (1923b) postulierte, dass alles, was ins Bewusstsein drängt, in eine äußere Sensation übersetzt werden müsse. So

> dämmert uns wie eine neue Einsicht auf: bewusst werden kann nur das, was schon einmal *bw* Wahrnehmung war, und was außer Gefühlen von innen her bewusst werden will, muss versuchen, sich in äußere Wahrnehmungen umzusetzen. Dies wird mittels der Erinnerungsspuren möglich. (S. 247)

Freuds Verweis auf das Moment der Überraschung – »wie eine neue Einsicht« – lässt vermuten, dass sogar er selbst die Bedeutsamkeit der Wahrnehmungsidentität leicht vergaß oder übersah.

Die sinnliche Wahrnehmbarkeit spielte einen wichtigen Part in Freuds Überlegungen zur Traumarbeit. Ein Traum muss Wahrnehmungsqualitäten besitzen; man muss sich daher, wie bereits im 3. Kapitel (S. 126) erwähnt, fragen, weshalb der spezifische Begriff für das Kriterium der Wahrnehmbarkeit, nämlich *Darstellbarkeit*, nicht in die *Standard Edition* übernommen wurde. Dort wurde die Darstellbarkeit mit *representability* übersetzt, einem Terminus, mit dem man auch *Vorstellbarkeit* wiedergegeben würde. Das heißt, ebenjener Aspekt, der etwas wahrnehmbar macht, also dafür sorgt, dass es sich real anfühlt, ist in *representability* nicht enthalten.[61] Träume erzeugen die Illusion greifbarer Realität. Sie laufen also der verbreiteten Annahme zuwider, dass der Schlaf in erster Linie ein Rückzug aus der äußeren Realität sei. Im Traum versetzen wir uns in eine andere Welt, die wir als Realität erleben. Wenn wir dann beim Aufwachen erkennen, dass es nur ein Traum war, sind wir enttäuscht oder erleichtert; in jedem Fall aber haben wir das Gefühl, dass das Traumgeschehen sich lediglich innerlich abgespielt hat.[62]

---

[61] Die französischen Analytiker César und Sára Botella (Botella, 2007; Botella und Botella, 1992; 2001) haben diesen Aspekt der Traumarbeit zum Hauptthema ihrer Veröffentlichungen gemacht. Sie bezeichnen ihn mit dem Begriff *figurabilité*.

[62] Der Patient, von dem ich im 4. Kapitel berichtet habe, konnte diesen Prozess

Ich kenne keine treffendere Illustration der Bedeutsamkeit des *Realen* als die Schlüsselpassage in Marcel Prousts Roman *Auf der Suche nach der verlorenen Zeit*. Im ersten Band, *In Swanns Welt*, berichtet der Ich-Erzähler, wie der Geschmack eines in Tee getauchten Gebäckstücks, einer Madeleine, die Erinnerung an eine Welt in ihm weckt, die für ihn tot war. Er beschreibt einen keltischen Aberglauben, um diesen lebensspendenden Prozess und seine Abhängigkeit von den Eigenschaften des materiellen Objekts zu erklären. Diesem Aberglauben zufolge sind die Seelen unserer Verstorbenen in einem Wesen niederer Art gefangen. Wir lösen den Bann, wenn wir dem Wesen zufällig nahekommen. Durch uns befreit, triumphieren sie über den Tod und kehren zu uns ins Leben zurück (Proust, [1913] 2004, S. 66). Diese wunderschöne, poetische Beschwörung zeugt von der Macht der materiellen Welt über unser innerstes Sein: von ihrer Fähigkeit, die Vergangenheit wieder zum Leben zu erwecken. In Prousts Roman ist der Geschmack der Madeleine der Schlüssel zur Wiedererstehung einer verlorenen Welt.

> Ebenso ist es mit unserer Vergangenheit. Vergebens versuchen wir sie wieder heraufzubeschwören, unser Verstand bemüht sich umsonst. Sie verbirgt sich außerhalb seines Machtbereichs und unerkennbar für ihn in irgendeinem stofflichen Gegenstand (oder der Empfindung, die dieser Gegenstand in uns weckt): in welchem, ahnen wir nicht. Ob wir diesem Gegenstand aber vor unserem Tod begegnen oder nie auf ihn stoßen, hängt einzig vom Zufall ab [...] (S. 66)

> Doch wenn von einer weit zurückliegenden Vergangenheit nichts mehr existiert, nach dem Tod der Menschen und dem Untergang der Dinge, dann verharren als einzige, zarter, aber dauerhafter, substanzloser, beständiger und treuer der Geruch und der Geschmack, um sich wie Seelen noch lange zu erinnern, um zu warten, zu hoffen, um über den Trümmern alles übrigen auf ihrem beinahe unfassbaren Tröpfchen, ohne nachzugeben, das unermessliche Gebäude der Erinnerung zu tragen. (S. 70)

---

nicht abschließen. Er hätte ihm bereits vor dem Wiedersehen des intakten äußeren Settings bestätigt, dass die Zerstörung lediglich im Innern stattfand.

Hier ist das Erinnern vollständig von wahrnehmbaren Eigenschaften abhängig, die als Eigenschaften des Objekts, dem man zufällig begegnet, erlebt werden.

Proust stellt dem Potential der sinnlichen Aspekte eines Geschehens, die Vergangenheit wieder zum Leben zu erwecken, seine unvergessenen, in ein vages Dunkel eingebetteten Kindheitserinnerungen gegenüber. Es waren Erinnerungen an das Zubettgehen, das schmerzvolle Ersteigen der Treppe und die Trennung von seiner geliebten Mutter – statische Erinnerungen, aus ihrem Zusammenhang herausgetrennt,

> mit einem Wort, es handelte sich nur um die immer zum gleichen Zeitpunkt betrachtete, von allen Dingen der Umgebung losgelöste, für sich allein vor dem dunklen Hintergrund sichtbare, allernotwendigste Dekoration (so wie sie bei alten Theaterstücken für den Gebrauch von Provinzbühnen in der ersten Zeile angegeben wird) für das Drama meines abendlichen Entkleidens; es war, als habe ganz Combray nur aus zwei durch eine schmale Treppe verbundenen Stockwerken bestanden und als sei es dort immer und ewig sieben Uhr abends gewesen. Natürlich hätte ich, danach befragt, erklären können, dass es in Combray noch andere Dinge und andere Stunden gegeben habe. Da aber alles, was ich mir davon hätte ins Gedächtnis rufen können, mir nur durch die willentliche Erinnerung, die Erinnerung des Verstandes gegeben worden wäre und da die auf diese Weise vermittelte Kunde von der Vergangenheit nichts von ihr bewahrt, hätte ich niemals Lust gehabt, an das übrige Combray zu denken. All das war in Wirklichkeit tot für mich. (S. 65f.)

Für diese vom emotionalen Drama der Kindheit beherrschten, selbstbezogenen Erinnerungen gab die äußere Welt lediglich einen blassen Bühnenhintergrund ab. Ganz anders die Erinnerungen, die mit der Wahrnehmung der Vergangenheit in der zufälligen Begegnung mit einer *Sinneserfahrung* aus der Vergangenheit zusammenhingen. Bei dem allabendlichen Drama lag die Betonung auf dem Verlust, auf der inneren Welt. Diese Erinnerungen waren bar aller Bilder, die die Vergangenheit hätten zum Leben erwecken können, wie der Geschmack der Madeleine es bewirkte.[63]

---

[63] An den von Proust beschriebenen Prozess erinnert eine Passage aus Pascal Merciers Roman *Nachtzug nach Lissabon*. Die Wiederentdeckung besteht hier

Proust Beschreibung der zwei unterschiedlichen Arten von Erinnerungen führt uns den Gegensatz zwischen emotional besetzten Erinnerungen und solchen vor Augen, die von Sinneswahrnehmungen erfüllt sind. Dieser Gegensatz zwischen der spezifischen Erfahrung, die in dem wiederentdeckten Geschmack der Madeleine steckt, und der unspezifischen, unveränderlichen und statischen Qualität der erinnerten selbstbezogenen Szene verlangt, dass wir die Rolle untersuchen, die die sinnliche Wahrnehmung für die Erfahrung des Realen oder, wie Prost es beschreibt, für die Wiederbelebung der Vergangenheit spielt. Es ist bemerkenswert, dass der sensorische, *reale* Geschmack einer echten Madeleine nicht nur die Erinnerung an die gleiche, Jahrzehnte zurückliegende Erfahrung weckt, sondern der Erinnerung auch die wichtige zeitliche Qualität verleiht. Ebendiese zeitliche Qualität fehlt der Erinnerung an die emotionale Szene, die sich (wie eine Leserin es formulierte) als Stimmung niederschlägt. Interessant ist auch, dass die Gleichheit der sinnlichen Wahrnehmung (*Wahrnehmungsidentität*) das Erleben des zeitlichen *Unterschiedes* transportiert, während die emotionale Szene des Zubettgehens »immer zum gleichen Zeitpunkt« betrachtet wird. Der Begriff *statisch* suggeriert Zeitlosigkeit. Diese Beobachtungen können als Ausgangspunkt für einen Vergleich zwischen der Zeitlosigkeit der Emotionen[64] und dem spezifischen Beitrag dienen,

---

darin, dass man einen Teil seiner selbst wiederfindet, indem man den Ort, an dem er zurückgeblieben ist, wieder aufsucht: »Wir lassen etwas von uns zurück, wenn wir einen Ort verlassen, wir bleiben dort, obgleich wir wegfahren. Und es gibt Dinge an uns, die wir nur dadurch wiederfinden können, dass wir dorthin zurückkehren« (Mercier, 2004, S. 285). Ganz ähnlich wie Proust erläutert auch Mercier, dass ein Teil unserer selbst nur in der Außenwelt wiedergefunden werden kann. Proust deutet diesen Aspekt des Wiederfindens lediglich an, wenn er davon spricht, dass eine Vergangenheit wieder zum Leben erwachte, in der er einst selbst eine Rolle spielte.

[64] Proust Schilderung der Art und Weise, wie Emotionen erinnert werden, steht mit neurowissenschaftlichen Beobachtungen im Einklang. Vorerst verweise ich darauf, dass zwischen dem Kind und dem Mann, die das gleiche Gefühl empfinden, kein Unterschied besteht, denn intensive Emotionen beeinträchtigen die Fähigkeit, sich an ihren spezifischen Auslöser zu erinnern (Johnson, 2006).

den die Sinnesorgane dazu leisten, dass Erinnerungen sich trotz des veränderten Kontextes *real* anfühlen. Der erwachsene Mann, der die Madeleine genießt, erinnert sich an das Kind, das er einst war und das in das gleiche Gebäck biss. Prousts Vermutung, dass solche Erinnerungen nicht willkürlich abgerufen werden können, sondern ihr Wiederauftauchen ein zufälliges Zusammentreffen voraussetzt, ist mit unserer täglichen klinischen Erfahrung vereinbar. Die Zufälligkeit könnte einer der Gründe sein, weshalb das Phänomen nicht die Aufmerksamkeit gefunden hat, die es verdient. Dass das Zusammentreffen eines Sinneseindrucks mit einer bedeutsamen Erinnerung nicht durch die Fähigkeit des Analytikers herbeigeführt werden kann, ist demütigend und läuft dem Bedürfnis des Klinikers zuwider, den psychoanalytischen Prozess aktiv voranzubringen.

## Die Anwendung dieses Schemas auf das Trauma

Trauma-Überlebende sind in höherem Maß auf das Reale angewiesen als Menschen, die von Katastrophen verschont blieben. Dies zeigte auch die starke Reaktion meiner Patientin auf mein schwarzes Kleid. Schwarze Kleidung war für sie gleichbedeutend mit Trauer. Sie bestand darauf, dass *ich* in Trauer sei, dass es sich um einen aktuellen Trauerfall handelte und dass sie mir in meiner Trauer ungelegen komme. Ihr Beharren auf *meiner* Trauer war ein Versuch, die wahre Quelle ihrer emotionalen Reaktion und deren historischen Kontext zu verleugnen: Die durch den *Anblick* meines schwarzen Kleides geweckte Erinnerung an die Trauer ihrer Mutter und an die Bedeutung, die diese für sie selbst hatte – Schmerz und Schuldgefühle, weil sie den Erwachsenen zur Last fiel. Sie konnte ihre zuvor verleugnete emotionale Reaktion auf das Geschehen nun nicht verhindern, machte sie aber erklärbar, indem sie das Vergangene so erlebte, als fände es in der Gegenwart statt (siehe auch Oliner, 1988). Sie konnte nicht einmal die Möglichkeit zulassen, dass ihre Reaktion durch zwei Faktoren, einen äußeren und einen inneren, ausgelöst worden war, sondern beharrte darauf, dass die beiden einander wechselseitig ausschlössen. Sie benutzte die äußere Realität als Abwehr, um sich nicht an Geschehnisse aus der Vergangenheit erinnern zu müssen. Die Gefühle hefteten sich an die identische Wahrnehmung in der Gegenwart und überzeugten sie von deren Realität.

Wie wichtig das Fortbestehen der emotionalen Reaktionen auf *Sinneseindrücke* unbekannten Ursprungs sein kann, wird gelegentlich unterschätzt, wenn sich Analytiker auf jene Faktoren konzentrieren, die sie vom Bewusstsein fernhalten. Die Wahrnehmung wird für Realität genommen, und häufig ist gründliche Arbeit notwendig, um ihren Ursprung und ihren Platz im historischen Kontext aufzuspüren. Meine Patientin nahm meine schwarze Kleidung nicht als etwas wahr, das sie an ein *reales Ereignis* aus ihrer Kindheit erinnerte, sondern beharrte auf der Gegenwärtigkeit des Geschehens. Für sie war es zunächst unvorstellbar, dass sie auf etwas in ihrem eigenen Inneren reagierte. Für sie war meine Trauer *real*, und der Beweis dafür war meine Kleidung. Ihre innere Welt hatte damit ihrer Meinung nach nicht das Geringste zu tun. Ihr Leid angesichts der trauernden Mutter und das Gefühl, ausgeschlossen zu sein, dauerten in ihr fort, ohne bearbeitet und integriert zu werden. Sie wollte eine Wiederholung jener Erfahrung, die noch nicht an ihre eigentliche Quelle in der Vergangenheit gebunden war, verhindern und erlebte sie deshalb in der Gegenwart als *real*. Als Realitätsbeweis genügte ihr die Tatsache, dass ich ein schwarzes Kleid trug.

Ich kann mich der Meinung der von Bion beeinflussten Autoren, die die Betonung eines Gegenstandes – mein schwarzes Kleid – als Hinweis auf eine Auslagerung oder Ausscheidung der Emotionen betrachten, nicht anschließen. Freilich hatte die Patientin Probleme, die Verbindung zwischen dem Gegenstand, den sie sah und auf den sie reagierte, und ihrer eigenen inneren Welt herzustellen, aber sie reagierte mit unerträglichen Gefühlen. Diese wurden durch einen Prozess geweckt, in dem die *historische Realität* der Wahrnehmung eine wichtige Rolle spielt. Wenn man das schwarze Kleid lediglich als konkreten Gegenstand betrachtet, der sich zur Auslagerung intensiver Gefühle anbietet, übersieht man, dass dieses schwarze Kleid die emotionale Reaktion allererst auslöste. Und diese Reaktion beruhte auf einer Wahrnehmung, die Erinnerungsspuren reaktivierte, denen eine ähnliche, emotional intensiv besetzte sensorische Erfahrung zugrunde lag.

Der oben beschriebene Prozess – der auf Erinnerungsspuren basiert, die eine emotionale Reaktion in Gang setzen – ist mit der klassischen Pawlowschen Konditionierung vergleichbar.[65] Ebenso wie bei der klassischen Konditionierung ist der Prozess nicht davon abhängig, dass das Individuum sich des Auslösereizes bewusst ist; und natürlich gelten die Regeln, denen er gehorcht, gleichermaßen für Erinnerungen an lustvolle Befriedigungserlebnisse wie für solche an angsterregende Gefahrensituationen. Das heißt, dieser Prozess spielt sich auch im Falle des Traumas ab, wobei sich der Fokus hier von Erinnerungsspuren, die mit Befriedigung und Wunscherfüllung verknüpft sind, auf Erinnerungen verschiebt, die mit real erlebten Gefahren zusammenhängen. Das Bedürfnis, die Reaktion logisch zu erklären, indem man ihre Quelle verständlich und dadurch real macht, bleibt bestehen (und ist, wie ich zeigen werde, im Falle des Traumas aufgrund des Bedürfnisses, es zu verhindern, sogar noch drängender); es trifft aber auf größere Hindernisse und muss daher gesondert erörtert werden.

Relevant ist in diesem Kontext die neurowissenschaftliche Entdeckung, dass eine spezifische sensorische Stimulation ausreicht, um eine emotionale Reaktion hervorzurufen, die für das Individuum eine Bedeutung haben kann, aber nicht haben muss. Emotionen können zwischen furchterregenden und neutralen Stimuli unterscheiden, ohne dass es dazu einer bewussten Wahrnehmung bedarf (Yovell, 2000). So schreibt Kandel ([2006] 2006): »Tatsächlich kann die Darbietung einer einzigen Gefahr bewirken, dass die Amygdala die Erinnerung an diese Bedrohung bewahrt, solange der Organismus lebt« (S. 370). Interessanterweise betonen sowohl Yovell (2000) als auch Kandel, dass die emotionale Reaktion durch die Eigenschaften ausgelöst wird, die einem

---

[65] Ani Buk hat auf die Ähnlichkeit dieser Erinnerungsspuren mit dem impliziten Gedächtnis hingewiesen (persönliche Mitteilung).

sensorischen Stimulus inhärent sind; sie heben also das Potential der Wahrnehmung hervor, das Bewusstsein zu umgehen, lebenslang erhalten zu bleiben und das Individuum jedes Mal, wenn es mit der gleichen oder einer ähnlichen Situation konfrontiert ist, zu derselben Reaktion zu veranlassen.

Auf einer komplexeren Ebene vertritt der Neuropsychiater Damasio ([2003] 2005) die Ansicht: »Alle lebenden Organismen, von den primitiven Amöben bis zum Menschen, sind von Geburt aus mit Mechanismen ausgestattet, die dazu bestimmt sind, die Grundprobleme des Lebens *automatisch*, ohne Denkprozesse im eigentlichen Sinn, zu lösen« (S. 41).

Es wäre zweifellos falsch, auf der Grundlage von instinktiven emotionalen Reaktionen auf komplexe mentale Prozesse rückzuschließen; die Fähigkeit aber, Umweltreizen im Dienst des Überlebens *Bedeutung* zuzuschreiben, tritt auf einer primitiven Ebene auf. Ich halte es nicht für übertrieben, die Fähigkeit, Gefahren zu entdecken oder Nahrung aufzuspüren und angemessen darauf zu reagieren, als eine Art *bedeutungshaltige* Reaktion zu bezeichnen. Sie läuft wahrscheinlich instinktiv ab, doch haben Damasio (1994) und andere Autoren gezeigt, dass das menschliche Gehirn seinen eigenen nicht-bewussten oder automatischen Reflexen einen Sinn zu geben versucht. Manche dieser Reaktionen sind erlernt, andere sind angeboren. Sie alle aber geben die kontinuierliche, komplexe Interaktion aller lebenden Organismen mit ihrer Außenwelt zu erkennen.

Die vor relativ kurzer Zeit entdeckten Spiegelneuronen reagieren auf Veränderungen in der äußeren Welt, indem sie die Gefühle anderer Individuen »imitieren« (Buk, 2009). All dies weist darauf hin, dass die Verbindung zwischen unserer Wahrnehmung der äußeren Realität und unseren emotionalen Reaktionen darauf dauerhafter und umfassender sind, als die meisten Kliniker vermuteten; es zeigt überdies, dass der Prozess unbewusst abläuft und dass er der Verdrängung und anderen komplexen Abwehrreaktionen zeitlich vorausgeht. De Masis Auffassung: »Das Unbewusste hat Augen«, steht mit diesen Erkenntnissen ebenfalls in Einklang.

Da diese primitiven Reaktionen auf die Außenwelt lebenslang erhalten bleiben und die Grundlage des Träumens bilden, ist das Verständnis der Regeln, denen sie gehorchen, für das psychoanalytische Denken relevant: Sie geben zu erkennen, wie die äußere Welt Eingang in die Psyche findet und die Erfahrung *des Realen* erzeugt. In einem Beitrag, in dem sie die Ergebnisse der einschlägigen Forschung zusammenfassen, zeigen die Psychologen Riccio, Rabinowitz und Axelrod (1994) unter dem Titel: »Memory: When less is more«, dass das Vergessen der spezifischen Stimuluseigenschaften die Reaktion auf neue Reize intensiviert, das heißt, die Motivation verbessert und die Generalisierung begünstigt. Die Reaktionen werden stärker, weil die spezifischen Bedingungen, durch die sie ursprünglich ausgelöst wurden – ihre Quelle –, nicht mehr erinnert werden. Das heißt, je weniger wir uns erinnern, desto stärker reagieren wir. Ebendies ist das Resultat der Generalisierung. Johnson (2006), ebenfalls eine Psychologin, vertrat die Ansicht, dass emotionale Faktoren die Suche nach dem auslösenden Reiz, das sogenannte *source monitoring*[66], behindern. Dies ist vor allem für das Trauma relevant, da die traumatisierend wirkenden Erfahrungen mit intensiven Emotionen bzw. einer Abwehr dieser Emotionen einhergehen. Diese Beeinträchtigung der Erinnerung an die *Quelle* späterer Reaktionen scheint zu bewirken, dass diese sowohl an Intensität als auch an Häufigkeit zunehmen.

Wenn die Quelle lebenslang abrufbarer Reaktionen unbekannt ist, kann man sie nicht verändern. Die Reaktionen können keiner Desensibilisierung unterzogen werden, weil ihre Quelle weder im Licht des Fortgangs der Zeit untersucht noch in den Kontext der gegenwärtigen Lebensumstände des Individuums eingeordnet werden kann. Um Loewald zu zitieren: Die Reaktionen bleiben auf einer niedrigeren Stufe integriert. Die analytische Arbeit zeigt immer wieder, dass die Responsivität zwar erhalten bleibt; wenn aber der Auslösereiz aufgedeckt wird, kann die emotional besetzte Erinnerung abgerufen werden, ohne

---

[66] Als »source monitoring« bezeichnet man die Suche nach dem Stimulus, der eine Reaktion ausgelöst hat.

dass sie das Bedürfnis mit sich bringt, sie durch eine Inszenierung, ein Enactment, wieder zum Leben zu erwecken. Einzig die Spezifität einer Erfahrung im Erwachsenenleben ermöglicht es, eine bewusste Verbindung herzustellen, so dass die Erinnerung dann von der erwachsenen Psyche bearbeitet und in die Gegenwart integriert werden kann. Sie kann als schmerzliche Erinnerung erhalten bleiben, doch die Reaktion, die sie weckt, findet nicht in Aktionen, sondern in Gefühlen Ausdruck, die mit der Anerkennung der Unterschiede zwischen dem Vergangenheits- und dem Gegenwartskontext einhergehen.

Alberini (2011) schreibt über die Konsolidierung von Erinnerungen:

> Im Falle expliziter, durch den medialen Temporallappen vermittelter Erinnerungen, die sich nach einem abgegrenzten Ereignis herausbilden und für lange Zeit gespeichert werden, bleiben die körperlichen Veränderungen, die der Enkodierung und Prozessierung der Information zugrunde liegen (Erinnerungsspur oder Engramm), zunächst in einem fragilen Zustand. Im Laufe der Zeit aber wird die Erinnerung zunehmend widerstandsfähiger gegenüber Beeinträchtigungen, bis sie schließlich *konsolidiert* ist. Durch den Abruf oder die Reaktivierung einer scheinbar konsolidierten Erinnerung kann diese erneut in einen labilen Zustand geraten; ihre Restabilisierung erfolgt dann durch den Prozess der *Rekonsolidierung*. Rekonsolidierungsprozesse gehen auch mit dem zunehmenden Alter der Erinnerung einher: Frische Erinnerungen sind für Beeinträchtigungen durch Reaktivierungen anfällig, ältere Erinnerungen hingegen sind widerstandsfähiger. Warum wird eine Erinnerung wieder labil, wenn sie abgerufen oder reaktiviert wird? Ich vertrete die Ansicht, dass die Hauptfunktion der Rekonsolidierung darin besteht, den schleppenden Konsolidierungsprozess und die Stabilisierung der Erinnerung zu unterstützen. (S. 1)

Bestimmte Reaktionen können wahrscheinlich nie vollständig gelöscht, sehr wohl aber durch Hemmung oder Desensibilisierung modifiziert werden. Dieser Prozess setzt die Kontextualisierung ihrer Quelle voraus, durch die die Reaktion bewusst, spezifisch und *real* wird. Modifizierungen der Responsivität, die im Wachzustand wie auch im Traum erfolgen können, beruhen auf der Zugänglichkeit der Erinnerungsspuren. Wie oben erwähnt, ist die Transformation dieser primitiven, konditionierten Reaktionen eine lebenslange Aufgabe, die vor allem dadurch behindert wird, dass die hochemotionalen Zustände das »source monitoring« erschweren. Die unbearbeiteten Reaktionen auf Aspekte der äußeren *Realität* bestehen fort und bleiben aufgrund der Art die Erfahrung, die sie ursprünglich ausgelöst hat, unverändert.[67] Die Unvollständigkeit oder das Fehlen der Erinnerung beeinträchtigt das Wiederfinden und die Bewertung der Gefahren- oder Lustquelle und verstärkt die Responsivität, die darauf zielt, die Erinnerung in der äußeren Welt zu *realisieren*. Wenn Traumaüberlebende nicht in der Lage sind, ihre Erinnerungsspuren zu bearbeiten, ihnen eine elaboriertere Ausdrucksform zu verleihen und sie so umzugestalten, dass sie Spezifität für eine bestimmte Situation erhalten, stehen ihnen lediglich generalisierte Reaktionen zur Verfügung, deren Ursprung sie nicht verstehen können. Die *Realisierung* schmerzlicher Erinnerungen ist ein Versuch, eine emotionale Reaktion, die andernfalls sinnlos erschiene, zu rationalisieren. Aufgrund des Bedürfnisses, sie als Reaktion auf die Gegenwart zu erleben, können die auf der Erinnerung beruhenden Reaktionen ihre fundamentale Funktion, ein Zeitgefühl zu erzeugen, nicht erfüllen. Der Prozess scheitert, weil die Quelle der emotionalen Reaktionen nicht als persönliche Geschichte bekannt ist (Oliner, [2010a] 2011, S. 398).

Ausgelöst werden die Reaktionen durch Wahrnehmungen, die im Bewusstsein des Individuums einen isolierten und äußeren Status besitzen. Laut John Steiner rufen sie das »betäubende Realitätsgefühl« hervor, das für den Konkretismus und für psychotische Phänomenen typisch ist. Dies erinnert auch an Bions ([1962] 1990) Annahme, dass sich die durch Wahrnehmung aktivierten Erinnerungsspuren als Beta-Elemente erhalten, die zur Auslagerung unintegrierter Emotionen geeignet sind.

---

[67] Zu den verschiedenartigen Mechanismen, die zum Fehlen von Erinnerung führen, siehe unten. Relevant ist hierbei das Zusammentreffen bestimmter Prozesse mit den höher entwickelten Abwehrmechanismen gegen das Trauma, etwa Spaltung und Dissoziation; sie verhindern, dass die Quelle der Emotion beurteilt und zeitlich kontextualisiert werden kann.

Die Unfähigkeit selbst der fortgeschrittensten Menschen, von ihren Gedanken Gebrauch zu machen, weil die Fähigkeit zu denken in uns allen rudimentär ist, bedeutet, dass das Feld für Untersuchungen – wobei letztlich jede Untersuchung wissenschaftlich ist – durch menschliche Unzulänglichkeit auf jene Phänomene begrenzt ist, die die Merkmale des Unbeseelten haben. Wir nehmen an, dass die psychotische Einschränkung auf eine Krankheit zurückzuführen ist: dass es die des Wissenschaftlers aber nicht ist. Untersuchungen dieser Annahme erhellen beides, die Krankheit auf der einen und die wissenschaftliche Methode auf der anderen Seite. (S. 60)

Die Alpha-Funktion, die dem Prozess des *Träumens* zugrunde liegt, stützt sich jedoch auch auf sensorische Prozesse und auf das Realitätsgefühl, das von Träumen ausgeht. Ebenso wie der Traum nach unserem Verständnis die Eindrücke verarbeitet, die Erfahrungen aus dem Wachleben hinterlassen haben, müssen wir die Responsivität auf bestimmte bedeutungshaltige Wahrnehmungen mit der unablässigen Integrationsaktivität erklären, die Arlow (1969b) als die ständige Arbeit der unbewussten Phantasie konzipierte. Loewald (1980c) wiederum führte die Syntheseaktivität auf den Eros zurück und erläuterte, dass der Prozess, durch den Erfahrungen auf höheren Ebenen integriert werden, zu den wichtigsten Wirkungen des psychoanalytischen Prozesses zähle.

Wenn Krystal (2008) sagt, dass wir »alles, was wir erblicken, mental repräsentieren und an unserer psychischen Realität festhalten müssen, weil sie die einzige Realität ist, die wir kennen können« (S. 53), bringt er das Thema meiner Diskussion auf den Punkt: Ist die psychische Realität tatsächlich die einzige Realität, die wir kennen können, und müssen wir den Akt des »Erblickens«, der den von Krystal beschriebenen Prozess in Gang setzt, vollständig ausblenden? Krystal geht offenbar von einer stimulus-nahen Wahrnehmung aus, nach deren Maßgabe wir zu einer intersubjektiven Übereinstimmung mit anderen gelangen können. Diese Sichtweise betont die Beziehung zu anderen, ignoriert aber den kreativsten Gebrauch, den wir von der Wahrnehmung machen können: dann nämlich, wenn wir sie in den Dienst der Fähigkeit stellen, dem Harmoniebedürfnis angesichts von Lügen, Propaganda, Suggestion und sozialem Druck zu widerstehen. Die Fähigkeit, sich ein unabhängiges Urteil zu bilden und entsprechend zu handeln, ist eine der Quellen heldenhaften Verhaltens. Menschen, die in totalitären Verhältnissen andere retten, sind nicht zwangsläufig besonders umgänglich. Neben den Einzelpersonen, die sich Gruppen mit hohen moralischen Standards zugehörig fühlten, gibt es auch jene, die Leben retteten, weil sie den sozialen Normen ihrer Umwelt nicht gehorchten. Das bekannteste Beispiel solcher Außenseiter war Oskar Schindler, ein Mann in Nazi-Uniform, der Juden rettete.

Die höheren geistigen Funktionen, so der israelische Analytiker Pinchas Noy (1978), die

es dem Menschen ermöglichen, über die Ebene des bloßen Überlebens hinauszugelangen und ein höheres Stadium der Existenz zu erreichen […], sind weder selbstzentriert noch realitätsorientiert; vielmehr setzen sie stets die Integration des Selbst mit der Realität, innerer Bedürfnisse mit äußeren Anforderungen und emotionaler Erfahrung mit objektivem Wissen voraus (S. 742).

Gleichwohl kann der Primärprozess, weil er sich konkreter Bilder bedient, auch die höheren mentalen Funktionen beeinträchtigen; er hat nämlich die Tendenz, abstrakte Konzepte in konkrete Bilder zu übersetzen: »Der kontextuelle Rahmen wird ignoriert, und die logischen Verknüpfungsregeln werden verletzt, weil der Primärvorgang immer bestrebt ist, Inhalte von einem Kontext in einen anderen zu verschieben« (Noy, 1978, S. 740). Diese unbewussten konkreten Bilder beeinträchtigen, wie schon erwähnt, die Integration der Gesamtpersönlichkeit und weisen gleichzeitig den Weg zu Erfahrungen, die bearbeitet werden müssten; so verhielt es sich beispielsweise mit der Reaktion meiner Patientin auf mein schwarzes Kleid.

# Das Streben nach Wahrnehmungsidentität

Dass Inhalte, wie Noy es formuliert, zwischen unterschiedlichen Kontexten hin- und hergeschoben werden, ist auf das Streben nach *Wahrnehmungsidentität* zurückzuführen, das Freud in der *Traumdeutung* als einen Motivationsfaktor erläutert. Der Erfolg hängt von der *Darstellbarkeit* des Befriedigungserlebnisses ab – ähnlich wie ein Foto hilft, eine Person, die man nie zuvor gesehen hat, zu erkennen, oder wie der *Geschmack* einer Madeleine es Proust ermöglichte, seine Kindheit auf neue Weise wieder zum Leben zu erwecken. Dass die *Darstellbarkeit* über ihre determinierende Rolle in der Traumarbeit hinaus untersucht zu werden lohnt, zeigten Botella und Botella (2001), indem sie die Relevanz der Sinneswahrnehmung für die Erinnerung an das Trauma herausarbeiteten. Die wahrnehmbaren Eigenschaften, die zur Wiederholung eines Vorgangs drängen, müssen ins bewusste Gewahrsein gelangen, damit sie als historisches Erleben in die Organisation der Gesamtpersönlichkeit integriert werden können – ein Status, den primitive Erinnerungsspuren traumatischer Ereignisse aufgrund der Aktivität von Abwehrmechanismen einschließlich der negativen Halluzination nicht besitzen.

Eine kurze Rekapitulation der von Freud (1900a, S. 571f.) beschriebenen Prozesse erinnert daran, dass die Spuren der sensorischen Wahrnehmung lustvoller Erlebnisse in Träumen auftauchen und deren Inhalt prägen. Dieselben Spuren werden zur Blaupause des Wunsches, die Befriedigung zu wiederholen – zuerst durch halluzinatorische Wunscherfüllung, später durch die Suche nach der Gratifikationsquelle in der äußeren *Realität*. Freud beschreibt diesen Prozess als Rückkehr zu einigen der frühesten Mittel der *Realisierung*, nämlich des Strebens nach *Wahrnehmungsidentität* (Freud, 1900a, S. 511f., S. 572). Die Beobachtungen von Neurowissenschaftlern wie Kandel und Yovell (siehe oben, S. 158) bestätigen, dass diese sensorischen Erinnerungsspuren überdauern, obwohl gegen ihr Bewusstwerden Abwehrmechanismen aktiviert werden. Die Suche nach ihnen bleibt infolgedessen als Motivationsquelle erhalten.

Dass die sensorischen Erinnerungsspuren dem Bewusstsein nicht zugänglich sind und das Trauma deshalb, wie in der Literatur häufig beschrieben, nicht oder nur unzulänglich repräsentiert werden kann, steht in ausgeprägtem Gegensatz zu der erstaunlichen Präzision der Inszenierungen und Aktualisierungen katastrophaler, bewusst nicht erinnerbarer Ereignisse. Da sich Enactments häufig um spezifische Situationen drehen – der Anblick des schwarzen Kleides, die Weigerung, den Mantel aufzuhängen (siehe 4. Kapitel) –, muss es eine Verbindung zwischen dem späteren Ereignis, das die Wiederholung auslöst, und den Erinnerungsspuren der ursprünglichen Erfahrung geben. Dass die ursprünglichen Erinnerungsspuren mit dem späteren Ereignis nichts gemeinsam haben, das Licht auf die frühere Erfahrung werfen und ihr eine neue Bedeutung verleihen könnte, ist undenkbar. Die ursprüngliche Erinnerung muss *Eigenschaften besitzen, die bewirkt haben, dass sie* überdauerte und im Kontext gegenwärtiger Ereignisse inszeniert werden kann. Was wäre der Grund, die spätere Erfahrung zu registrieren, und woraus bestünde die Verbindung zu einem späteren Ereignis, wenn es in dem »nicht erinnerten« Vorgang kein Element gäbe, das die Verbindung zwischen beiden herstellt? Es kann nur eine Verbindung geben, wenn die ursprüngliche Erinnerungsspur Aspekte der späteren Bedeutung, die ihr retroaktiv zugeschrieben wird, besaß. Das Drängen auf Inszenierung und Realisierung des ursprünglichen Traumas bestätigt die Vermutung, dass die Erfahrung bedeutungshaltig war. Zudem muss die ursprüngliche Erinnerungsspur ein Element enthalten, das für ihr späteres Wiederauftauchen in Träumen, in Enactments und in ihrer kontinuierlichen Dramatisierung verantwortlich ist. Die Wahrnehmung einer Ähnlichkeit wirkt als Stimulus und erweist sich letztlich als Schlüssel zu einem tieferen Verständnis. Wichtig wäre, eine deutliche Vorstellung davon zu bekommen, wie diese Erfahrungen weiterleben. Loewald ([1972] 1986) betont, dass die

unbewusste reproduktive Aktivität selbst, wie der unbewusste Wunsch in Träumen, [...] weiterhin den Charakter der gegenwärtigen Erfahrung [bestimmt], ja, sie verhilft ihr dazu, signifikant und nicht sinnlos zu sein. Dies betrifft meines Erachtens nicht nur jene Mittlerstrukturen von Erinnerungsvermögen, die man unbewusste Ideen oder Phantasien nennt, sondern auch die zugrunde liegenden sogenannten mnemischen Bilder oder Gedächtnisspuren, die in der psychoanalytischen Theorie als endgültige Gegebenheiten oder mechanische Repliken sensorischer Daten angesehen wurden. (S. 133)

Loewalds Betonung des Prozesses der reproduktiven Aktivität lässt das Problem der Darstellbarkeit in Bezug auf die »mnemischen Bilder oder Gedächtnisspuren« offen. Ausdrücklich aber kritisiert er die Theorie der »endgültige[n] Gegebenheiten oder mechanische[n] Repliken sensorischer Daten«, die davon ausgeht, dass ein Ereignis, das jemand erlebt, allein deshalb, weil es erlebt wurde, in der Psyche bewahrt bleibt. Stattdessen, so Loewald, vermittelt die Reproduktion des Vergangenen der Gegenwart die Bedeutung, die zuvor der früheren Erfahrung eignete. Diese Sichtweise ist mit den Beobachtungen der Neurowissenschaftler vereinbar, die Verknüpfungen zwischen Stimuli und Emotionen ohne Beteiligung des Bewusstseins nachgewiesen haben (Yovell, 2000).

Ebenso wie Fischer und Riedesser (2003), deren Konzeptualisierung des traumatischen Prozesses ich im 1. Kapitel vorgestellt habe, benutzt auch Loewald ein Prozessmodell, um die Aktivität des Erinnerns zu erklären. In dieser Hinsicht unterscheiden sich diese Theoretiker von anderen Autoren, die das Schicksal früherer Erfahrungen mit Speicherung und Enkodierung erklären. Loewalds Modell hingegen beschreibt Organisationsebenen; Erinnerungen, die vom reifen Ich abgespalten wurden, bleiben diesem Modell zufolge auf einer niedrigeren Integrationsebene erhalten (Loewald, [1973] 1986, S. 56). Was wir besser verstehen müssen, weil genau hier der Schlüssel zur Reorganisation der Persönlichkeit durch die psychoanalytische Behandlung liegt, ist das den Enactments inhärente Fortdauern der Erinnerung an das Ereignis, das Erlebnis selbst und seine überwältigende Macht, die infolge der Angst vor erneuter Traumatisierung häufig den Weg blockiert: Krystals (1978) Konzept der Traumaprävention. Praktizierenden Analytikern ist dies freilich nicht neu; das Thema »Aktivität als Form des Erinnerns« aber wurde meines Erachtens nicht hinreichend erforscht.[68]

Dem schon im 4. Kapitel erwähnten Patienten war immer bewusst gewesen, dass seine Mutter unter gravierenden psychischen Problemen litt. Seine emblematische Erinnerung aber sagte ihm, dass die Mutter ihn vor anderen Jungen, die ihn bedrohten, beschützte. Es hatte sicherlich Situationen gegeben, in denen sie ihn beschützte, doch diese tauchten in seiner langen Analyse niemals auf. Dies stand im Einklang mit der Idealisierung ihrer Zwänge, einer idealisierenden Übertragung und der damit einhergehenden Vorstellung, dass jegliche Veränderung gefährlich sei. Dass er seinen Mantel anbehielt und darauf bestand, es sich auf der Couch unbequem zu machen, war für ihn die erste Bekundung offenen Ungehorsams, ein lebensrettender Akt. Er *agierte* einen Aspekt seiner Erfahrung mit der Mutter, der ihm das Gefühl vermittelte, wertlos zu sein; es ging um die Zeit, als er ins Jugendcamp geschickt wurde – ins Exil, wie er es nun nannte –, während die gesamte übrige Familie in die Ferien fuhr. Möglicherweise waren aber auch die Gefühle beteiligt, die er empfand, wenn seine Mutter weinend darüber klagte, dass niemand sie liebte. Sie war unerreichbar, und er lernte, sich für ihr Unglück verantwortlich zu fühlen, aber auch »seinen Mantel anzubehalten«. Seine Unterwürfigkeit gegenüber Frauen beruhte auf einem gespaltenen Mutterbild und brachte das Risiko mit sich, dass er sich selbst schädigte, so wie es im Fall dieser Enactments geschah, deren historische Grundlage ihm unverständlich blieb. Die Alternative bestand, wie der Traum zeigte, im Chaos. Zahlreiche Fakten waren ihm, wie so häufig der Fall, bekannt: Er wusste nicht genau, ob die Mutter in seiner Kindheit stationär behandelt worden war, kam aber häufig auf ihr ständiges Weinen zu sprechen, auf die Vorwürfe, die sie der Familie machte, sein Bedürfnis, sich um sie zu kümmern, und ihre Paranoia. Diese Fakten schilderte er mit dem Affekt eines guten Geschichtener-

---

[68] In meinem Artikel »Das Leben ist kein Traum: Die Bedeutung des Realen« (Oliner, [2010a] 2011a) habe ich betont, wie wichtig es in der Analyse wie auch im Leben ist, etwas Reales geschehen zu lassen.

zählers. Ich war die klügste Analytikerin, die man sich vorstellen konnte – einmal abgesehen von seiner Befürchtung, dass ich ihm alles Gute, das er unter Kontrolle hatte, wegnehmen, es aufessen oder schlecht machen würde. Das Kernproblem seiner Behandlung, um das es mir hier geht, bestand darin, dass es einer unverhohlenen *Inszenierung* des Trotzes bedurfte, bevor wir beginnen konnten, die Auswirkungen seiner extrem schwierigen Kindheit, die ihn in Behandlung gebracht hatten, zu erforschen. Der trotzige Widerstand durfte nicht als verwirrend oder sonderbar verleugnet werden, sondern musste, um brauchbares Analysematerial abzugeben, bewusst sein und als real erlebt werden. Der Patient musste sich mit der Tatsache auseinandersetzen, dass er mich ausschloss, um erkennen zu können, wie gefährlich seine Mutter in seinen Augen war und wie unlogisch es deshalb war, dass er sich als guter Patient/Sohn präsentierte. In seinem Fall handelte es sich vor dem Vorfall mit dem Mantel und seinem Trotzverhalten nicht um eine Kindheitsamnesie, sondern um einen persönlichen Mythos (Kris, 1956), der es ihm ermöglichte, sein Wissen zu ignorieren.

Das faktische Wissen war nicht in die reife Persönlichkeit integriert, fand aber Ausdruck in seiner Grundangst, von der Analytikerin ausgeraubt zu werden. Doch auch dies wurde von ihm lediglich als verwirrend angesehen und hatte weiter keine Konsequenzen, denn er kultivierte hartnäckig eine harmonische analytische Beziehung, die – oberflächlich betrachtet – auf Verständnis zielte. Dass wir regelmäßige Termine hatten und miteinander »harmonierten«, bewies, dass alles andere folgenlos war. Mein Gebäude war intakt. Die reale Wahrnehmung erfüllte ihre Funktion und wirkte beruhigend. Doch ebendieses Realitätsverlangen illustriert de Masis (2000, S. 6) oben zitierten Hinweis auf die Dominanz der Emotionen gegenüber der Kognition.

Der Chaos-Traum des Patienten setzte sich im Wachzustand fort. Er war auf die reale, beruhigende Wahrnehmung angewiesen, um seine emotionale Überzeugung, die Analyse zerstört zu haben, widerlegen zu können. Solange dieser Zusammenhang nicht durchgearbeitet war, konnte der Patient den Einfluss seiner inneren Welt wie gewohnt bagatellisieren. Dies illustriert überzeugend die Aspekte, die in der Literatur so häufig diskutiert werden: Das durch eine gravierend beeinträchtigte Mutter verursachte Trauma, Wiederholungen auf der Grundlage dieser frühen Erfahrungen, deren Bedeutung lange Zeit trivialisiert wird, und sogar die Wutausbrüche, die der Patient für gute analytische Arbeit hielt, weil er der Meinung war, dass es Analytikern zusagt, wenn ihre Patienten zornig werden. Die Destruktivität, die aus seinen frühen Erfahrungen resultierte, konnte erneut ihrer Bedeutung entkleidet werden, indem er sich auf die Realität konzentrierte, um sich zu beruhigen. Die schmerzvollen Erinnerungen blieben bewusst, wurden aber gleichzeitig durch die Verwendung der äußeren Realität als Deckphänomen isoliert. Greenacre (1949) erkannte, dass Deckerinnerungen je nach Charakter des Individuums variieren. Es sei, so schrieb sie,

> zu erwarten, dass da, wo kein schwerer Grad an sadomasochistischer Charakterstruktur vorliegt, einfache, angenehme oder unauffällige Ereignisse als Deckphänomen fungieren können, während bei hochgradig morbiden Persönlichkeiten traumatische Ereignisse als Repräsentationen der frühesten Angstphantasien oder Erfahrungen des Kindes herangezogen werden und zur Rechtfertigung, Verifizierung oder Befriedigung dienen (S. 76).

Die von Greenacre beschriebene Patientin zerstreute ihr Gewahrsein der basalen Deprivation durch sensorische Lustempfindungen. Die Illusion der Realität spielt auch für die Kunstwahrnehmung eine wichtige Rolle. Balter (1999) zufolge beruht die ästhetische Illusion, die für die Wirkung eines Kunstwerks verantwortlich ist, darauf, dass das Werk als real erlebt wird: »Es ist erfahrbar, eine Realität, die als existent erlebt wird« (S. 1297). Lewin (1973) wies darauf hin, dass der Begriff »Realität« häufig als Anspielung auf – oder Ersatz für – das weibliche Genitale verwendet wird; dies würde bedeuten, dass etwas fehlt und dass die verstärkende Eigenschaft der Wahrnehmung grundlegend fetischistisch ist. Dieser Aspekt wird von den französischen Analytikern Braunschweig und Fain (1981) betont. In zahlreichen ihrer Schriften bringen sie den privilegierten Status der Wahrnehmungen mit dem Bedürfnis nach Fetischen in Verbindung (Oliner, [1996] 1996, S. 20, Anm. 9).

Sensorische Erfahrungen, die die Vergangenheit und die Gegenwart miteinander verbinden, sind deshalb so bedeutsam, weil sie uns die äußere Welt erschließen. Es ist eine Welt, die entlastend und befreiend wirkt, befriedigend und bereichernd, eine Kraft, die sich unserer Omnipotenz entzieht. Bislang konzentrierte sich die Aufmerksamkeit auf den Wert des Realen, das unter Umständen imaginär sein kann; der nächste und von allen schwierigste Schritt besteht darin, zu verstehen, wie es zu dem Anderen außerhalb des Selbst wird.

## 6. Kapitel

Schluss: »Das Unbewusste hat Augen und kann sehen«[69]

## Die Sinnesorgane an der Schnittstelle zwischen Innen und Außen

Freuds Theorie enthält zahlreiche Implikationen, die für unsere Sichtweise der äußeren Realität relevant sind. Seine eigene negative Einstellung habe ich bereits erläutert; darüber hinaus aber beschäftigte er sich mit weiteren Aspekten der Beziehung zwischen Individuum und Umwelt, die auch zeigen, wie sich diese Beziehung im Laufe der Entwicklung herausbildet. So gesehen, scheint es sich um einen Widerspruch zu handeln, sofern man nicht die Unterscheidung zwischen der Annahme, dass die frühe Bedürfnisbefriedigung Lust vermittelt, und dem Gewahrsein, dass die *Quelle* dieser Befriedigung der *Außenwelt* angehört, sorgfältig aufrechterhält. Was die infantile Entwicklung betrifft, so nahm Freud an, dass das Lustempfinden, das die halluzinatorische Wunscherfüllung dem Säugling verschafft, durch quälenden Hunger unterbunden und dadurch die Suche nach Gratifikation angeregt wird, der die Erinnerung an die zuvor stattgefundene Befriedigungserfahrung zugrunde liegt. Dies setzt voraus, dass die Sinnesorgane den Kontakt

---

[69] Die Überschrift dieses Kapitels paraphrasiert de Masi ([2000] 2003, S. 12). Howard Levine und Dominique Scarfone haben sich mit den hier entwickelten Überlegungen intensiv auseinandergesetzt und mich veranlasst, einige schwierige Konzepte, die den Kontakt zwischen der Sinneswahrnehmung und der äußeren – als äußerlich erlebten – Welt betreffen, klarer herauszuarbeiten.

mit der äußeren Realität als *lustvoll* erleben. Freud spricht deshalb von einer angeborenen Organlust.[70] Die an der Brust erlebte Lust setzt objektiv eine Beziehung zwischen Innen und Außen voraus, wird damit aber nicht in Verbindung gebracht; ebenso wenig wird die Existenz eines Objekts in dieses frühe Schema eingeführt. Diese Sichtweise ist mit Freuds Theorie des primären Narzissmus vereinbar, nach der jedes Lustempfinden zunächst so erlebt wird, als entstamme es einer inneren Quelle.

César und Sára Botella haben betont, dass diese Gratifikation Ersatzcharakter hat, weil sie den Säugling zwingt, sich von der halluzinatorischen Wuncherfüllung abzukehren und die Befriedigung seines Bedürfnisses in der Außenwelt zu suchen. Die Autoren vertreten die Ansicht, dass dieser Übergang zur Anerkennung des Unterschiedes zwischen Innen und Außen und zu der Erkenntnis führe: »Nur innen – aber auch außen« (Botella und Botella, 2001, S. 56)[71]. Das heißt, der äußere Charakter der Befriedigung wird anerkannt, und der Unterschied zwischen Halluzination und realer Befriedigung führt zu dem *verlorenen Objekt der halluzinatorischen Wuncherfüllung*, für das es keinen Ersatz gibt. Diese Sequenz setzt einen Realitätssinn voraus, der durch die Verlusterfahrung in einer vom primären Narzissmus bestimmten Phase manifest wird. Freuds Theorie zufolge, auf die C. und S. Botella einen Großteil ihrer Überlegungen stützen, steht diese Entwicklungsphase im Zeichen der Internalisierung von Lust und der Projektion von Unlust. Daher ist es mit einer Anfangsphase des primären Narzissmus nicht vereinbar, die Fähigkeit, Gratifikationserfahrungen wiederzufinden, der äußeren Umwelt zuzuschreiben, die als dem Subjekt äußerlich erlebt wird und folglich aus einer späteren Zeit stammen muss. Die Theorie

---

[70] Melanie Klein hielt in ihrer Theorie an der angeborenen Scheidung zwischen Innen und Außen fest, führte deren Interaktion aber ohne Berücksichtigung der Sinnesorgane auf Introjektion und Projektion als Aspekte der oralen Triebaktivität zurück.

[71] Meines Erachtens enthält jede reale Befriedigung auch eine Gratifikation der unbewussten Omnipotenz; dass sie dem Bereich der Selbstrepräsentation »äußerlich« ist, scheint mir deshalb nicht gesichert.

des primären Narzissmus (Freud, 1925h, S. 13) besagt, dass das Ich alles Gute besitzt und die ersten Befriedigungserfahrungen deshalb so erlebt werden, als seien sie selbsterzeugt.

Mit dem Gewahrsein, das Säuglingen im Allgemeinen zugeschrieben wird, ist es nicht vereinbar, dass man den Übergang zwischen Träumen und Wachen betont, um die äußere Realität einzuführen, und den Fokus auf die organische Frustration des Säuglings, dem die halluzinatorische Wunscherfüllung versagt bleibt, und die lustvolle Befriedigungserfahrung durch den Kontakt mit der Außenwelt richtet. Freuds Konzeptualisierung des primären Narzissmus sieht kein Objekt vor, sondern lediglich das Fortbestehen von Unbehagen oder Unlust, die sich durch körperliche Bedürfnisse und den durch sie erzwungenen Aktionsbedarf bemerkbar machen. Seine Überlegungen konzentrieren sich auf das Scheitern der halluzinatorischen Wunscherfüllung und auf das Drängen des Triebs und nicht auf ein Objekt, das als verloren erlebt wird.[72]

Der Vorteil dieses Schemas besteht darin, als Modell für die Suche nach *Wahrnehmungsidentität* in der menschlichen Erfahrung zu dienen – vorausgesetzt, dass man diese Suche (ebenso wie Freuds Postulat der Organlust) als das Ergebnis einer wichtigen vorgängigen Entwicklung ansieht. Solange keine Unklarheit hinsichtlich seines Platzes in der Entwicklung besteht, liegen die Vorzüge dieses Schemas auf der Hand: Es betont die lebenslange strikte Scheidung zwischen Ich-Zuständen wie Wachen und Schlafen. Dies ist keine Entwicklungsstufe, die reifungsbedingt untergeht. Der Erfolg der Suche nach Wahrnehmungsidentität hängt von dem Kriterium ab, das Freud in seiner Arbeit über die Träume (siehe 4. Kapitel) einführte, als er die wichtige Rolle der Darstellbarkeit betonte, die Fähigkeit, eine sensorische Spur der Befriedigungserfahrung zu behalten. Mit zunehmender Reife wird es notwendig, dass nicht mehr jede erwünschte Befriedigung und ihre Erfüllung in der äußeren Realität in eins fallen, wobei das Reale als Ersatz für die halluzinierte Gestalt aufrechterhalten wird und das Wiederfinden auf einer Illusion

---

[72] Die von César und Sára Botella implizierte Annahme einer angeborenen Organlust wird, wie ich weiter unten zeigen werde, von Aulagnier nicht geteilt.

beruht. In der Gesundheit begründet diese Illusion die Verbindung zwischen der inneren und der äußeren Realität; gleichzeitig bleibt ein Gewahrsein des Unterschiedes zwischen beiden erhalten. In der Pathologie hingegen wird entweder die innere oder die äußere Realität so beherrschend, dass die andere unterdrückt wird. Im Idealfall bleibt also bei der Integration von Innen und Außen die Qualität beider erhalten. Menschen, die sich vermeintlich an die Katastrophen nicht erinnern, die sie erlebt haben, verbringen möglicherweise ihre Nächte damit, irgendeinen Aspekt der Erfahrung aufs Neue zu durchleben. Aus ebendiesem Grund spielen das Schlafen und das Träumen eine so wichtige Rolle für das psychoanalytische Verständnis, und zwar insbesondere jener Menschen, die sich in ihren Wachstunden exzessiv mit dem Hier und Jetzt beschäftigen.

Das Problem der auf Wahrnehmungen von äußeren Stimuli beruhenden Reaktionen konfrontiert Analytiker mit der Notwendigkeit, zu entscheiden, ob sie Erinnerungen an reale Erfahrungen bearbeiten oder aber Konflikte im Zusammenhang mit verbotenen Wünschen in den Mittelpunkt rücken sollen. Fehlentscheidungen in diesem Bereich können eine Behandlung entgleisen lassen. Dies kann auf zweierlei Weise geschehen: Die Betonung der unbewussten Motivation kann Opfern den Eindruck vermitteln, dass sie wegen des Schicksals, das sie heimgesucht hat, angeklagt werden, weil sie nicht akzeptieren konnten, dass es ihnen äußerlich ist und sich in der Vergangenheit ereignete; zum anderen kann der Analytiker scheitern, indem er die historischen Ereignisse betont, um jenen Opfern, die unter einem exzessiv strengen Über-Ich leiden, zu helfen, sich entlastet zu fühlen; dabei bleibt das exzessiv strenge Über-Ich jedoch unanalysiert. Mit diesem Problem, das meiner persönlichen Erfahrung in meiner zweiten Analyse entspricht (siehe Prolog B), haben sich Inderbitzin und Levy (1994) intensiv auseinandergesetzt. Wenn die Quelle des Traumas nicht bewusst ist – so wie es bei meiner Patientin, die mich im schwarzen Kleid sah, der Fall war –, kann die Betonung der Darstellbarkeit dem Kliniker helfen, die Aufmerksamkeit von der inneren Welt der Phantasien und Wünsche ab- und auf die Wichtigkeit der Sinnesorgane und des ihnen inhärenten

Kontakts zur äußeren Realität hinzulenken. So wichtig die Darstellbarkeit als *Modus der Repräsentation* aber auch sein mag, kann sie die Frage der frühen Entwicklung dennoch nicht vollständig beantworten.

## Erklärung des primären Narzissmus

Die Darstellbarkeit trägt zweifellos entscheidend dazu bei, die Quelle der Reaktion eines Menschen zu identifizieren; der analytische Prozess wird erschwert, wenn die Reaktionsquelle unbekannt bleibt. Mit der Identifizierung des Stimulus oder der Quelle ist aber die Frage nach der *Verursachung* noch nicht beantwortet. Die Ursache von Erfahrungen wird für jene Menschen zu einem Problem, die aufgrund ihres Omnipotenzgefühls glauben, für jeden Aspekt ihres Lebens selbst verantwortlich zu sein. Sie sind nicht in der Lage, zwischen Ereignissen, die sie selbst herbeigeführt haben, und solchen zu unterscheiden, denen sie ausgesetzt waren. Ebendies war das Hauptproblem des Mannes, den ich im vorangegangenen Kapitel vorgestellt habe. Menschen, die von ihrer unbewussten Omnipotenz beherrscht werden, kennen unter Umständen die Quelle ihrer Reaktionen, glauben aber dennoch, die Kontrolle und Verantwortung selbst in der Hand zu haben, und schämen sich deshalb ihrer Verwundbarkeit. Dass sie die Welt durch die Linse ihrer unbewussten Omnipotenz sehen, ist ein Zeichen für eine Regression, die manchmal nur schwierig zu entdecken ist, weil die Omnipotenz das Leistungsvermögen tatsächlich beflügeln kann. Sie beeinträchtigt nicht zwangsläufig die Arbeit der Darstellbarkeit, erklärt aber deren Grenzen als Instrument der Selbsterkenntnis. Diese Grenzen werden dadurch konstituiert, dass die Verwendung der Erinnerungsspur für das Wiederfinden der Befriedigung nicht automatisch mit dem Gewahrsein einhergeht, dass das Objekt ein äußerliches ist. Dies gilt meiner Meinung nach nicht nur für den von Botella und Botella (2001) postulierten Ersatz des *Objekts der halluzinatorischen Wunscherfüllung*, der den Autoren zufolge zu der Einschätzung »nur innen, aber auch außen« führt, sondern gleichermaßen für Freuds Annahme, dass das Fortdauern der hungerbedingten Erregung den Weg zur äußeren Realität bahnt. Beide Konzeptualisierungen implizieren eine angeborene Fähigkeit der Sinnesorgane, den Kontakt mit der äußeren Realität als lustvoll zu empfinden; dies ist aber unvereinbar mit der Annahme eines frühen Lust-Ichs, das auf der »Fähigkeit der Mutter beruht, die Welt in einer Weise zu zeigen, die dem Kind nicht unverzüglich bewusst macht, dass das Objekt nicht von ihm selbst erschaffen wurde« (Anzieu-Premmereur, 2010, S. 209).

Die Zuschreibung der Befriedigungserfahrung an ein Objekt in der äußeren Welt ist ein Entwicklungsschritt, der auf den primären Narzissmus folgt. Anzieu-Premmereur führt in diese Entwicklung die Abhängigkeit von der Lustempfindung ein, die den Sinnesorganen durch den Kontakt mit befriedigenden Objekten vermittelt wird, ohne dass es dazu eines Gewahrseins der Existenz einer Außenwelt bedarf.

## Aulagnier wirft neues Licht auf die früheste Interaktion zwischen Innen und Außen

Das Werk Piera Aulagniers, einer französischen Analytikerin, die ihre Theorie auf die Behandlung psychotischer Patienten stützte, wirft weiteres Licht auf die von Anzieu-Premmereur beschriebene Rolle des Objekts, und zwar insbesondere auf die Förderung der Erogenisierung der Sinnesorgane durch die Bezugsperson. Sie betont, dass die Organlust nicht angeboren ist und die Frage deshalb nicht lautet, ob das Objekt als Teil der äußeren Welt erlebt wird oder nicht; zu fragen ist vielmehr, ob der Kontakt zur Bezugsperson hinreichend lustvoll ist, um eine emotionale Verbindung zwischen den Sinnesorganen und dem, was sie stimuliert, herzustellen. Aulagnier verwirft die Annahme einer angeborenen Organlust, weil die Verbindung zwischen den Sinnen und der Welt, die sie vermeintlich gratifiziert, bei schweren Störungen – Störungen, bei denen das normale Funktionieren der Sinnesorgane gravierend beeinträchtigt ist – fehlt. Unter diesem Blickwinkel betrachtet, erweist sich die Lust, ein Abkömmling des Eros, als Bildner psychischer Struktur.

Aulagnier erklärte die Entstehung schwerer Pathologie als eine Selbstverstümmelung, die zur Durchtrennung des emotionalen – und daraus resultierenden *psychischen* – Kontakts zwischen dem Säugling und der äußeren Realität führt; hervorgerufen wird sie durch das Scheitern der Interaktion mit einem Objekt, das die Lust, die für die normale Entwicklung unabdingbar ist, nicht zu vermitteln vermochte. Die frühe Phase steht dann nicht im Zeichen von *Unlust*, sondern ist durch die gescheiterte Entwicklung der Verbindung charakterisiert. Wenn man an der Nützlichkeit des Todestrieb-Konzepts für das Verständnis dieser primitiven Zustände festhalten möchte, könnte man auch sagen: Die Verbindung wird zusammen mit dem Organ, das dafür verantwortlich ist, den Kontakt emotional bedeutungshaltig zu machen, zerstört.

Als Begleiterscheinung der Unlust und als deren Synonym betrachtet Aulagnier das Bedürfnis nach Selbstzerstörung (Castoriades-Aulagnier, 1975, S. 51). Es weckt einen radikalen, von Beginn an vorhandenen Hass auf eine repräsentationale Aktivität, die aufgrund ihrer Verbundenheit mit dem Körper die Wahrnehmung eines Bedürfniszustands voraussetzt, den es aufzuheben gilt. Das Bedürfnis, kein Bedürfnis haben zu müssen, ist ein dem Bedürfnis selbst inhärentes Ziel. In diesem Kontext erinnerte ich mich an eine merkwürde Mahnung aus dem Neuen Testament, die mit Hilfe von Aulagniers Schema verständlich wird: »Und wenn dein Auge dich ärgert, so wirf es weg; es ist dir besser, einäugig in das Reich Gottes einzugehen, als mit zwei Augen in die Hölle geworfen zu werden.« (Markus 9:47)

Diese Ermahnung weist dem Auge die Verantwortung für das, was es sieht, zu und spricht es schuldig. Das Auge muss geopfert werden, weil zwischen dem Organ und dem einwirkenden Stimulus keine Unterscheidung getroffen wird. Das Negative wird also in diesem *Repräsentationsmodus* durch die Zerstörung des Rezeptors ausgedrückt. Die Erogenisierung von Sinnesempfindungen durch lustvolle Erfahrungen ermöglicht den meisten Individuen irgendwann einen Grad an Rezeptivität, der auch Frustrationserfahrungen zulässt – der erste Schritt zur Wahrnehmung eines »Außen«. Ebendieser wichtige Schritt bleibt laut Aulagnier in Fällen schwerster Psychopathologie aus; diese Erkenntnis überzeugte sie davon, dass unsere Theorien um die Entwicklung der Erogenisierung der Sinnesorgane ergänzt werden müssen; sie geht, so Aulagnier, dem in der traditionellen psychoanalytischen Literatur beschriebenen Primärprozess voraus und fundiert ihn.

Die Aufgabe des »Ur-Vorgangs« [processus originaire][73] besteht laut Aulagnier darin, Piktogramme, also Bildzeichen, zu bilden. Ich hielt diesen Begriff wegen der Bildvorstellung, die er konnotiert, für irreführend, doch Aulagniers Beschreibung lässt keinen Zweifel daran, dass für den Prozess ein Repräsentationsmodus konstitutiv ist, der die Regeln diktiert, nach denen Erfahrung registriert wird. Er impliziert eine Fusion der Sinnesorgane mit den Stimuli, die auf sie einwirken – ein basaler Wahrnehmungsmodus, dessen Fehlfunktionen Licht auf psychotische Zustände werfen können.[74]

Eine kurze Zusammenfassung des von Aulagnier beschriebenen Repräsentationsmodus zeigt, dass er dem mentalen Geschehen zugrunde liegt, aber bereits vor der bewussten Wahrnehmung der Außenwelt einsetzt. In der Entwicklung geht er daher der psychischen Aktivität voraus, die nach *Darstellbarkeit* strebt, also sensorische Bilder von erlebten Befriedigungs- oder Gefahrsituationen zu erzeugen sucht. Meines Erachtens laufen Aulagniers Überlegungen auf eine Infragestellung des Primats der *Darstellbarkeit* hinaus, denn sie implizieren Zweifel an der frühen Existenz eines biologischen Sinnessystems, das Erfahrun-

---

[73] M. Oliner weist an dieser Stelle in einer Fußnote darauf hin, dass sie in ihrem Buch *Cultivating Freud's Garden in France* (Oliner, 1988) Aulagniers Begriff »processus originaire« mit »originating process« ins Englische übersetzt hat. Zu aufschlussreichen Erläuterungen der Terminologie Aulagniers siehe U. Hock (2013). [A.d.Ü.]

[74] Meines Erachtens ist dieser Repräsentationsmodus auch für Störungen relevant, die gewöhnlich mit der Hysterie assoziiert sind, etwa mit der negativen Halluzination, die zwar keine radikale Selbstverstümmelung darstellt, aber dennoch Erfahrungsaspekten Gewalt antut.

gen wahrnehmbar macht – das heißt, darauf eingerichtet ist, Kontakt zur Außenwelt herzustellen, wenn es durch den Verlust der halluzinatorischen Welt des Schlafes dazu angeregt wird. Stattdessen postuliert Aulagnier ein primäres Luststreben, um zu erklären, wie der Kontakt zur Außenwelt mit Hilfe einer hinreichend guten Bezugsperson hergestellt wird. Allerdings führt dieser Kontakt nicht zur Anerkennung der äußeren Welt; das stimulierte Organ wird vielmehr so empfunden, als habe es die gewonnene Lust selbst erzeugt: »Unter diesem Blickwinkel betrachtet, sind das Sinnesorgan und die Stimulationsquelle nicht voneinander zu trennen; es gibt kein Außen, und die Welt wird so erlebt, als werde sie durch das System, welches sie repräsentiert, erschaffen. Die Dualität, die für das System konstitutiv ist, wird ignoriert« (Oliner, 1988a, S. 293).

Nach Aulagnier dient der *Repräsentationsmodus*, der vom Ur-Vorgang bestimmt wird – in dem die Sinnesorgane, die künftig im Dienst des Lustprinzips stehen, allererst erogenisiert werden –, als Basis des lebenslangen psychischen Geschehens und der psychischen Funktionen des Individuums, da er sowohl dem Primär- als auch dem Sekundärvorgang zugrunde liegt und beiden zeitlich vorausgeht. Wenn der Kontakt zum Objekt keine Lust gewährt, führt der auf Nivellierung der Erregungen zielende Todestrieb zur Wiederherstellung »des früheren Schlafs, eines ›Vorher‹, in dem nichts anderes war als Schweigen« (Castoriades-Aulagnier, 1975, S. 51):

> Im Bereich der Psychose kann dieser Repräsentationshintergrund manchmal in den Vordergrund rücken. Das Piktogramm dringt zwar nicht ins Bewusstsein vor, doch obwohl das sekundärprozesshafte Denken auf die ihm eigentümliche Weise kämpft und sich gegen dieses Vordringen zu wehren versucht, wird seine Aufgabe in ihr Gegenteil verkehrt. Es geht nicht länger darum, der Welt Bedeutung zu geben und Gefühlen, die den Begegnungen, durch die sie geweckt wurden, entsprechen, einen Sinn beizulegen, sondern um den verzweifelten Versuch, Erfahrungen wahrnehmbar und verbalisierbar zu machen, die sich aus einer Repräsentation herleiten, in der die Welt nicht mehr ist als die Widerspiegelung eines Körpers, der sich selbst verschlingt, sich verstümmelt, sich ablehnt. (Castoriades-Aulagnier, 1975, S. 29)

Aulagnier betrachtet also den Ur-Vorgang, der sämtlichen anderen mentalen Prozessen vorausgeht und sie fundiert, als einen *Repräsentationsmodus*, der allerdings im reifen Funktionieren nicht erkennbar wird. Auch sein Scheitern an dem Versuch, lustvollen Kontakt zur Welt herzustellen, ist der Introspektion nicht zugänglich, weil es auf die Zerstörung ebenjener Funktionen zurückzuführen ist, die den Kontakt potentiell einleiten könnten. Einfacher formuliert: Der Ur-Vorgang hat zur Folge, dass die Realität als eine Konstituente der Psyche verstanden und zugleich als der Psyche äußerlich erlebt wird (Racamier, zitiert nach Oliner, 1988a, S. 290).

Die Schönheit dieser Formulierung besteht in ihrer Allumfassenheit. Die Geburt der Psyche setzt demnach nicht etwa drei verschiedene Elemente – den Säugling, das Objekt und die durch die Außenwelt vermittelte Gratifikation – voraus. Vielmehr existiert nichts, bevor nicht die Sinnesorgane in einen lustspendenden Kontakt mit den Reizen gebracht werden, die auf sie einwirken und dank der liebevollen Fürsorge der Bezugspersonen des Babys mit ihnen verschmelzen – mit ihnen eins werden. Aulagnier postuliert auch keine Integration von Innen und Außen; sie nimmt vielmehr eine Fusion an, die auf der beim Kontakt zwischen Innen und Außen empfundenen Lust beruht. Jedes Bedürfnis, diesen Kontakt zu vermeiden, führt zu einer Selbstamputation.

Aulagnier geht davon aus, dass der Ur-Vorgang die Basis für das psychische Funktionieren bildet, sich aber selbst nicht manifestiert – mit einer Ausnahme, nämlich dem radikalen Zusammenbruch des Kontakts zur Realität. Das heißt, an diesem Punkt geht nicht nur die äußere Welt verloren; verloren gehen zugleich auch die Sinne, die den Kontakt zu den verlorenen Aspekten der Außenwelt herstellen könnten. Auf einer abstrakteren Ebene schrieb Loewald, dass die unauflösbare Verbindung zwischen dem Säugling und seiner Umwelt auf der »Körpererinnerung« beruhe; diese gründet in etwas Altem, dem Organismus als unbewusste Erinnerungsspur Eingeschriebenem, das in dieser Form zuvor nicht existierte (Loewald, 1980b, S. 41). Diese Theorie hebt hervor, dass »Körpererinnerungen« später auftauchen als die primitive Verschmelzung von Körper, Emotionen und Erfahrungen, durch die sie erzeugt werden. Wenn sie aufgedeckt werden, haben sie bereits die Art von Integration erfahren, die sie einer weiter entwickelten Erinnerung zugänglich macht.

Während Aulagnier von *Repräsentationsmodi* spricht, beschreibt Loewald unterschiedliche *Organisationsstufen*.[75] Weil seine Überlegungen auf einem weiter gefassten, moderneren biologischen Bezugsrahmen als Freuds Theorien beruhen, schrieb er die Bindung, die Systemherstellung oder, anders ausgedrückt, die Synthesefunktion dem Eros und nicht dem Ich zu. Infolgedessen vertrat er die Ansicht, dass die Triebe die Umwelt organisieren (Loewald, [1960] 1986, S. 221) und dass sie von ihr in derselben Weise organisiert werden, wie es auch für das Ich und seine Realität gilt. Er führt die in Freuds früherer Theorie enthaltene Schwierigkeit darauf zurück, dass der Begriff *Trieb* hier lediglich einen *inneren* Reiz bezeichnete: »Triebe bleiben Beziehungsphänomene und werden nicht als Energien innerhalb eines geschlossenen Systems betrachtet, die irgendwo ›abgeführt‹ werden müssen« (Loewald, [1972] 1986, S. 135).

Während also die Ich-Psychologie Loewald zufolge weiterhin das Ich untersuchte, vernachlässigte sie den Trieb; sie schrieb die Synthesefunktion dem Ich zu, statt sie als Abkömmling des Eros zu betrachten – eine logische Ausarbeitung von Freuds letzter Triebtheorie, die eine Modifizierung des Organismus durch den Kontakt mit der äußeren Realität zuließ. Der Aufbau des Ichs, das selbst eine Abkehr vom primären Narzissmus darstellt, und der Aufbau der Außenwelt erfolgen gleichzeitig. Dadurch wird aber auch das Streben erzeugt, die ursprüngliche Einheit wiederherzustellen (Freud, 1914c, S. 167f.). Loewald nimmt nun an, dass das Ich recht eigentlich bestrebt ist, die ursprüngliche Einheit auf höheren Ebenen der Differenzierung und Objektivation wiedereinzurichten; der Verlust der Realität muss gefürchtet werden, denn »Verlust der Realität bedeutet stets auch Verlust des Ichs« (Loewald,

---

75 Das folgende Material habe ich auch in meinem Beitrag »Die Psychoanalyse: ein Zimmer ohne Aussicht« (Oliner, 2008) behandelt. Auf Englisch wurde der Text bislang nicht veröffentlicht.

[1951] 1986, S. 30). In früheren Stadien seiner Bildung nimmt das Ich die Realität nicht als objektiv wahr; vielmehr lebt es in den und erlebt es die verschiedenen Stadien narzisstischer und magischer Realität (Ferenczi, 1913). Im Laufe des Entwicklungsprozesses wird die Realität schließlich objektiv, bis das Ich »eine objektive, von ihm losgelöste Realität vor sich, nicht in sich hat, diese Realität jedoch in seiner synthetisierenden Aktivität für sich bewahrt« (Loewald, [1949] 1986, S. 33f.). Loewald (1980a, S. 32) zufolge ist die *dynamische* Beschaffenheit der Realität der Grund, weshalb Stimulation das Individuum in Bewegung versetzt – eine Funktion, die zuvor den Trieben zugeschrieben worden war. Seine Theorie der triebhaften Bindung zwischen Individuum und Umwelt erklärt jedoch, dass Sinneswahrnehmungen auf unterschiedlichen Organisationsebenen, subsymbolischen wie symbolischen, in die Psyche aufgenommen werden. So verstanden, ist Regression nicht gleich Abwehr; vielmehr wird die Realität im Prozess der Abwehr weniger objektiv. Diese Sichtweise steht mit den Ergebnissen der Erforschung der emotionalen Intelligenz (Bucci, 1997, S. 12) im Einklang. Loewalds Verzicht auf die frühe (unreife) rigide Trennung zwischen Innen und Außen bestätigt die von Bucci (1997, S. 80) berichteten Ergebnisse hirnbildgebender Untersuchungen, die bei der Wahrnehmung eines Bildes und bei der Erinnerung an ein wahrgenommenes Bild identische Aktivierungsmuster nachweisen. Das heißt, wir sehen, wenn wir uns lediglich eine Erinnerung vorstellen.

Aulagniers und Loewalds Theorien sind sicherlich kompliziert (dies gilt insbesondere für Loewalds Beschreibung einer äußeren Welt, die niemals Teil des Ichs ist, sondern gleichzeitig mit dessen Geburt entsteht und sich dann – genauso wie das Ich – nach und nach infolge der Befriedigung, die der Kontakt der Sinnesorgane mit der Außenwelt vermittelt, zunehmend differenziert), haben aber meines Erachtens den unschätzbaren Vorteil, das Auftauchen der psychischen Existenz mit den Sinnesorganen *und* dem Objekt in Verbindung zu bringen und die Unzertrennlichkeit von Innen und Außen hervorzuheben. Obwohl diese und andere Überlegungen – beispielsweise Anzieus (1986a) Konzept des Haut-Ichs, das die Verbindung auf Berührungs- und Temperatursinn zurückführt – ausgesprochen schwierig sind, zeigen sie doch den Weg zu den komplexeren Interaktionen einschließlich der Übertragung auf, denn der tatsächliche Kontakt, der sensorische Input, dient als Stimulus für das Auftauchen der psychischen Realität.[76]

Analytiker, die sich auf die Objektbeziehungen konzentrieren, geben dadurch zu verstehen, dass sie der Außenwelt größere Beachtung schenken als ihre Vorgänger. Die Literatur vermittelt mir jedoch, wie schon erwähnt, den gegenteiligen Eindruck, zum Beispiel aufgrund der Arbeit mit dem Konzept des inneren Objekts.

Zu fehlen scheint derjenige Aspekt der Analyse, der darin besteht, Menschen zu helfen, sensorische Erfahrungen mit ihrer inneren Welt und deren durch äußere und innere Faktoren konstituierte Entwicklungsgeschichte zu integrieren. Soweit ich sehe, leitet sich die Hauptströmung der Objektbeziehungstheorien aus dem kleinianischen Denken her, das die durch sensorische Erfahrungen stimulierte integrative Aktivität tendenziell eher vernachlässigt. Stattdessen kontextualisiert es die menschliche Entwicklung in einer ständigen, durch Introjektion und Projektion erfolgenden Interaktion mit anderen, ohne diese Prozesse mit den durch diese Kontakte stimulierten Sinnesorganen in Verbindung zu bringen. Dieses Denken basiert auf Triebabkömmlingen und geht sowohl von einer früheren Ich-Entwicklung als auch von einem früheren *psychischen* Gewahrsein aus als die klassische Theorie. Symbolisierung oder Repräsentation erscheinen praktisch als biologische Gegebenheiten. Diese Art zu denken wirft für mich folgende Fragen auf: Wer vermittelt unabhängiges Urteilsvermögen, wenn Kognition durch Introjektion vermittelt wird? Ich vermute, dass die Antwort nur lauten kann: »Sehen ist glauben«, und dass Kinder mehr oder weniger gut in der Lage sind, zwischen dem, was ihnen jemand einredet, und dem, was ihre Sinneswahrnehmungen ihnen als real präsentieren, zu unterscheiden.

---

76 Eine Erörterung der Literatur über die Oberfläche des analytischen Dialogs würde den Rahmen dieses Kapitels sprengen. Ich danke Michael Buchholz, der 2009 in einem Vortrag in Magdeburg die Aufmerksamkeit auf dieses Thema gelenkt hat (Buchholz, 2011).

# Post-infantiles Trauma

In den vorangegangenen Kapiteln habe ich die Aufmerksamkeit auf die enge Verbindung zwischen der Wahrnehmung und sämtlichen Aspekten der psychischen Realität gelenkt. Sie ist im Wachzustand wie in den Träumen unverkennbar und stellt deshalb das Konzept eines Unbewussten, das allein durch die Vermittlung des Bewusstseins oder des Ichs Zugang zur äußeren Realität hat, ernsthaft in Frage. Das Es als Dampfkessel unstrukturierter Energie ist, wie Loewald gezeigt hat, undenkbar. Es wird ebenfalls entweder zu Aktivität stimuliert – und zwar nie zufällig – oder bleibt im Dienst der Homöostase relativ inaktiv. Unserem psychoanalytischen Denken und der Lehre war es meines Erachtens nicht zuträglich, die Theorien auf vermeintliche Aspekte der Psyche zu stützen, die bar jeder Verbindung zur äußeren Welt sind; davon ausgenommen sind Fälle extremer Selbstverstümmelung, in denen die Welt zusammen mit den Sinnesorganen, die den Kontakt zu ihr herstellen, zerstört wird. Doch die Verbindung kann auch *weniger radikal* geschwächt sein, wenn nämlich die Aktivität oder die Integration der Sinnesorgane gebremst werden, um den Kontakt zur Außenwelt, den sie eigentlich gewährleisten sollen, zu unterbinden. In diesem Fall werden beide Seiten des Kontakts zwischen Innen und Außen geschwächt: das sensorische Systeme gleichermaßen wie der Auslöser seiner Aktivierung.

Aulagniers Konzept des Ur-Vorgangs, das die Selbstverstümmelung als infantile Form der Bewältigung einer noxischen Umwelt impliziert, erleichtert auch die Konzeptualisierung der höher entwickelten Mechanismen zur Abwehr des Traumas.[77] Die Neuorganisation der posttraumatischen Persönlichkeit beruht auf einer mehr oder weniger radikalen

---

[77] Aulagniers Entwicklungsschema erinnert an Michel Fains Kommentare über das kleinianische Modell. Er sprach sich gegen die Spaltung zwischen guter und böser Brust aus und begründete dies damit, dass Frustration nicht ein urteilsbasiertes Gewahrsein wecke, sondern eine Desorganisation nach sich ziehe.

Zerstörung des Kontakts zwischen dem Individuum und jenem Teil der äußeren Welt – einschließlich realer historischer Ereignisse –, der so lange ausgeblendet werden muss, bis er nach und nach, im Laufe der Zeit, integriert werden kann. Um es mit de Masis (2000) Worten auszudrücken:

Den Neurobiologen zufolge bleibt selbst dann, wenn traumatische Erfahrungen in Gedächtnissystemen gespeichert werden, die dem Bewusstsein nicht zugänglich sind – ganz gleich, ob die Freudsche Verdrängung beteiligt ist oder nicht –, eine unbewusste oder implizite Erinnerung erhalten, genauer: eine Reihe von Erinnerungen an unbewusst gespeicherte Erfahrungen, die jeweils in unterschiedlichen Subsystemen operieren. […] Die neurobiologische Forschung bestätigt aber Daten der Psychoanalyse, die darauf verweisen, dass die Emotionen, abgetrennt von den höheren Verarbeitungssystemen (also jenen, die das Denken, Abwägen und das Bewusstsein unterstützen), ein unbewusstes Leben führen (S. 7).

Die Folgen des post-infantilen Traumas – desaströser Ereignisse, die Auswirkungen auf das Individuum haben – geben sich in der drastischen Neuorganisation der Persönlichkeit zu erkennen, die darauf zielt, die Erinnerung aus dem bewussten Gewahrsein zu verbannen. Die durch den traumatischen Prozess in Gang gesetzte Dynamik wird von den Autoren unterschiedlich gewichtet, vor allem was die Spaltungen betrifft, die eine Integration der Erfahrung unmöglich machen. Ich habe Autoren nach Maßgabe ihrer Relevanz für das psychodynamische Verständnis ausgewählt. Meiner Meinung nach teilen sie alle Freuds Überlegung, dass Traumatisierung und Unglück das Gefühl zerschlagen, unter dem Schutz einer wohlmeinenden Elterninstanz zu stehen (Freud, 1930a, S. 486). Dieser fundamentale Verlust muss abgewehrt werden. Dies kann, wie in der Literatur beschrieben, auf vielerlei Weise geschehen. Brenner (1996, 2001, 2009) erläutert die zur Dissoziation führende Reaktion auf das Trauma. Er definiert die Dissoziation psychodynamisch als

einen defensiven, veränderten Bewusstseinszustand, der autohypnotisch herbeigeführt wird und die Verdrängung oder Spaltung verstärkt. Sie entwickelt sich als primitive, adaptive Reaktion des Ichs auf die Überstimulation durch das äußere Trauma und den damit einhergehenden Schmerz und kann je nach Integrationsgrad mannigfaltige Störungen der Aufmerksamkeit, des bewussten Gewahrseins, der Erinnerungsfähigkeit und der Identität nach sich ziehen. (Brenner, 2009, S. 79)

Brenner (2001) erläutert auch den Verlust der Verbundenheit mit dem vom traumatischen Geschehen betroffenen Selbst.

Das Schicksal, welches das Ich infolge eines Traumas erleidet, wurde in der Literatur als »Armierung« des Ichs (Grubrich-Simitis, 1979, S. 998) beschrieben. Van der Kolk (2000) spricht von der fortschreitenden Verengung des Bewusstseins bei steigendem Arousal, eine Beobachtung, die sich auch bei George Klein findet: »Der Preis, den wir für effiziente Wahrnehmung zahlen, ist die partielle Blindheit« (G. Klein, 1970, S. 218). Quindeau (1995, S. 239) beschreibt eine Anästhesie, und Krystal (1985, S. 151) vermutet Modifizierungen des Bewusstseins, die ein bewusstes Registrieren von Wahrnehmungen zulassen, ohne dass dadurch eine gefährliche Reaktion ausgelöst wird. Er erläutert auch, dass eine unausweichliche Gefahr keine Furcht auslöst, sondern eine Reaktion, die man als katatonoid bezeichnen könnte. Wangh (1968, S. 320) vergleicht die defensive Depersonalisierung bzw. Derealisierung mit einem hyponoiden Zustand, während Shengold (1989) das fehlende Selbstgewahrsein auf einen autohypnotischen Prozess zurückführt.

Green (1993) betont die Folgen der negativen Halluzination, die eng mit der Autohypnose zusammenhängt, und weist darauf hin, dass Freud die negative Halluzination bereits 1890 beschrieben hat:

Wie man den Hypnotisierten nötigen kann zu sehen, was nicht da ist, so kann man ihm auch verbieten, etwas, was da ist und sich seinen Sinnen aufdrängen will, z. B. eine bestimmte Person, zu sehen (die sogenannte negative Halluzination), und diese Person findet es dann unmöglich, sich dem Hypnotisierten durch irgend welche Reizungen bemerkbar zu machen; sie wird von ihm »wie Luft« behandelt. (Freud, 1890a, S. 308)

Weil die oben erwähnten Neuorganisationen als Reaktion auf das Trauma nicht die Abwehrmechanismen in Anspruch nehmen, die sich der

Triebabwehr widmen, sondern den Bewusstseinszustand zu verändern suchen, weichen sie von Freuds vorrangigem Interesse ab: Um der körpernahen triebtheoretischen Formulierung willen wurde das Schicksal des traumatischen Prozesses – mit Ausnahme der sexuellen Verführung, denn in diesen Fällen konnte er eine vorzeitige Überstimulierung postulieren – in der Theorie, wenn auch vielleicht nicht in der Praxis, marginalisiert. Bei diesen Neuorganisationen handelt es sich um Fälle, auf welche die Überstimulierung oder *das Durchbrechen der Reizschranke nicht zutrifft*; typisch für das Bild ist stattdessen eine gravierende Beeinträchtigung der Persönlichkeitsorganisation, häufig infolge eines kumulativen Traumas, das zur Traumaprävention nötigt (Krystal, 1985).

Wenn man bedenkt, dass die Opfer extremer Katastrophen auf Abwehrmechanismen angewiesen sind, um weiterleben zu können, und dass eine sehr vorsichtige Einstellung gegenüber der Vergangenheit einer der wichtigsten dieser Abwehrmechanismen ist, erkennen wir, dass ihr Streben im Konflikt liegt mit dem Bedürfnis, die Realität der vergangenen Ereignisse zu bestätigen. Die Abwehr, die eine oberflächliche – posttraumatische – Anpassung an die Gegenwart, das heißt, das Überleben ermöglicht, gratifiziert zugleich auch irrationale, unbewusste Omnipotenzphantasien. Der scheinbare Realismus hat also seine Grenzen. Er beruht auf einer konsequenten Einengung des Aktivitätsbereichs. Wir müssen aber anerkennen, dass die narzisstische Bestätigung durch das Überleben allzu leicht zu einer Überschätzung der Fähigkeiten führen kann, so dass Anpassung und Realismus – beides unverzichtbare Bemeisterungsfähigkeiten – in Träumen und Phantasien großartiger erscheinen als sie sind, und dass die Beeinträchtigung durch den traumatischen Prozess unterschätzt wird (Oliner, 2011, S. 271f.) Darüber hinaus ist es hilfreich, sich an Aulagniers Theorie der engen Verbindung zwischen sensorischer Wahrnehmung und Außenwelt zu erinnern. Demnach scheint es keine defensive Wahrnehmungsverengung zu geben, die nicht auch zu einer Selbstverstümmelung führt; anders aber als im Falle der durch Störungen des Ur-Vorgangs herbeigeführten Psychose ist sie bei reifen Persönlichkeiten häufig reversibel und analysierbar.

## 7. KAPITEL

PSYCHOANALYSE UNTER ANDEREM BLICKWINKEL:
»JACQUES LACAN – DIE SPRACHE DER ENTFREMDUNG«[78]

# Einleitung

Man hat in Lacan *den* Repräsentanten der französischen Psychoanalyse gesehen – ein Irrtum, der mit der Neuheit seiner Theorien und mit seiner persönlichen Bekanntheit zu erklären ist. Dadurch wurde der Blick auf andere Analytiker, die in Frankreich das gleiche Verständnis der Conditio humana vertraten wie Freud und den Menschen als einen Angehörigen des Tierreiches betrachteten, verstellt. Lacan war Psychiater, hatte aber den Weg jener Künstler und Philosophen eingeschlagen, die die Entdeckung des Unbewussten begeistert aufgriffen, um die Vernunft im Leben wie in der Kunst von ihrem Sockel zu stürzen. Er entstammte dem gleichen Milieu wie die Dichter André Breton und Louis Aragon, die die *Studien über Hysterie* am fünfzigsten Jahrestag ihres Erscheinens als die »größte poetische Entdeckung des ausgehenden 19. Jahrhunderts« bezeichneten (Anzieu, 1975, S. 131).[79] Ebenso

---

[78] Erstveröffentlicht in: P. Marcus und A. Rosenberg (Hg.) (1998). *Psychoanalytic Version of the Human Condition and Clinical Practice*. New York (New York University Press), S. 362-391.

[79] Die von M. Oliner zitierte Passage wurde von Anzieu in die 1988 erschienene und von E. Moldenhauer ins Deutsche übersetzte dritte Ausgabe seines Werkes *L'auto-analyse de Freud et la découverte de la psychanalyse* nicht übernommen. Vgl. Anzieus »Vorwort« in: *Freuds Selbstanalyse und die Entdeckung der Psychoanalyse*. Bd. I. 1895-1898. München/Wien (Verlag Internationale Psychoanalyse 1990), S. XIIIff. [A.d.Ü.]

wie der Surrealist Breton überhöhte Lacan die Rolle des Unbewussten, um zu Freud zurückzukehren. Allerdings hatten die beiden eine ganz spezifische Rückkehr im Sinn, denn sie suchten Freud in der Phase auf, bevor er, wie sie es sahen, seine eigene Entdeckung verriet, indem er die vom Eros hergeleitete Synthesefunktion des Ichs einführte und in einem gewissen Sinn inthronisierte. Lacan hielt die Theorie einer dominierenden psychischen Instanz, die Harmonie in der Persönlichkeit und befriedigende Beziehungen zur äußeren Realität anstrebt, für inakzeptabel.

Dass Lacan die Vorstellung eines kohärenten, integrierten Subjekts – mit Ausnahme des unterworfenen (das heißt verknechteten) Subjekts ablehnte –, war auch ein Ergebnis seiner Hegel-Studien. Bestimmend für seine Rückkehr zu Freud aber war das Ziel, die der Hegelschen Dialektik und der Freud'schen Strukturtheorie inhärente Synthese zu verwerfen. Das auf Ähnlichkeit und Identität basierte Denken entstammt, so Lacan, dem Bereich des Imaginären. Damit versuchte er, an die revolutionären Aspekte der Freud'schen Entdeckung anzuknüpfen, indem er am Bild des gespaltenen Subjekts festhielt, das seinem Begehren entfremdet ist – einem Begehren, das nicht befriedigt werden kann und nicht befriedigt werden darf, weil dem Menschen nicht bestimmt ist, zur Einheit zu finden und die Kluft seiner Getrenntheit zu überwinden. Philosophisch ist dies eine radikale Abkehr von Freuds »Biologismus«, aber auch von den Exzessen Marie Bonapartes, die in der Zeit, als Lacan seine Theorien propagierte, in Frankreich als Freuds führende Repräsentantin galt. Lacan lehnte die Theorie eines psychischen Lebens, das sich aus dem Kohärenzstreben der Selbsterhaltungstriebe entwickelt, vollständig ab. Er führte die Dezentriertheit der menschlichen Existenz – oder »Ex-sistenz« – in die Psychoanalyse ein und ließ sich in seiner Theoriebildung gleichermaßen von der Philosophie, der Kunst und von seiner klinischen Erfahrung inspirieren.

Den aus der Biologie stammenden Begriff des Triebes ersetzte Lacan durch das »Begehren« philosophischer Provenienz. Sartre sagte über den Menschen, er sei »zerrissen zwischen einem ›Begehren zu sein‹ und einem ›Begehren zu haben‹‹, und definierte das Begehren selbst als einen ›Mangel an Sein‹ (manque d'être)« (Macey, 1988, S. 116). Lacan denkt Sartres Überlegung weiter, indem er den anderen oder den Phallus als Metapher für das Objekt des Begehrens, aber auch als Garanten der Getrenntheit einführt. Begehrt wird ein »Signifikant«, kein Körperteil, und dieses Begehren erhält sich als unverzichtbarer Motivator selbst aufrecht. Dieser Ansatz fand in der französischen Psychoanalyse deutlich mehr Anhänger als anderswo, weil er die Themen von Feministinnen, revolutionären Politikern und Politikerinnen, zeitgenössischen Philosophen und Künstlern aufgriff. Er trug Lacan aber auch die Feindschaft der Internationalen Psychoanalytischen Vereinigung ein.

Hinter Lacan sammelte sich zwar eine große Anhängerschaft, doch schon zu seinen Lebzeiten brachen immer wieder erbitterte Meinungsverschiedenheiten auf. Er beeinflusste zahlreiche französische Analytiker, auch solche, die sich nicht als Lacanianer bezeichneten. Einer seiner ehemaligen Schüler, Jean-Bertrand Pontalis, vertrat die Ansicht, dass die Auseinandersetzungen nicht mit Inhalten, sondern mit Übertragungen zu tun hatten. Wenn die »Veteranen« zusammenkamen, so berichtete er, »sagten wir alle: An dem und dem Tag konnte niemand nicht Lacanianer sein; und an jenem Tag konnte man nicht länger Lacanianer sein. Aber die jeweiligen Daten waren je nach Person unterschiedliche« (Pontalis, 1979, S. 9). Nach Lacans Tod im Jahre 1981 konnten seine Schüler die Einheit seines Erbes nicht bewahren; heute machen die Lacanianer lediglich einen Bruchteil der Anhängerschaft aus, die in den 1960er und frühen 1970er Jahren, auf dem Höhepunkt seines Erfolgs, hinter ihm stand.

Im Folgenden versuche ich, die Theorie und Praxis von Lacans Rückkehr zu Freud darzulegen. Ich kann darauf verzichten, die verwirrenden und widersprüchlichen Details zu explizieren, und konzentriere mich stattdessen auf die wesentlichen Aspekte, in denen Lacans Theorie von allen anderen Post-Freudianern abwich. Seine vehemente Opposition ihnen gegenüber verlieh seinen Schriften immer wieder ausgeprägt polemische Züge.

# Entfremdung und die Feier des Unbewussten

Lacan hat sein Leben der Ausarbeitung seiner Grundüberzeugungen gewidmet. Er stützte sich dabei auf die Sprachwissenschaft, die Mathematik, die Philosophie, auf Freuds Schriften und seine eigene klinische Erfahrung, doch als Leitmotiv setzten sich in seinem Werk die Dekonstruktion des Ichs und die Feier des Unbewussten sogar gegen die zentrale Gewichtung der Sprache durch. Was die Linguistik betrifft, so erklärt Macey (1988, S. 122), dass Lacans Interesse an der Sprache ebenso wie sein berühmtes Diktum »Das Unbewusste ist wie eine Sprache strukturiert« als Ausdruck der Faszination des Analytikers an Sprache zu verstehen seien, das heißt, nicht als Ergebnis der Arbeit eines sprachwissenschaftlichen Experten. Laplanche (1981, S. 262) wiederum vermutet, dass die Annäherung von Unbewusstem und Sprache eine Neuformulierung entweder des Freud'schen Unbewussten oder der sprachwissenschaftlichen Konzepte von Metonymie und Metapher notwendig mache. Lacan führt die im »Fort-Da« bei Freud (1920g) und im »Nom-du-Père« (»Namen-des-Vaters«; das französische »nom« klingt wie das englische »no«) manifeste Sprache ein, um die Spaltung, die durch die Auflösung der Mutter-Kind-Einheit entsteht, theoretisch zu fassen. Diese Theorie begreift die Sprache als den Eckpfeiler der menschlichen Existenz; davor und danach war und ist nichts. Lacans Darlegungen sind weder restlos überzeugend noch absolut schlüssig. Im Zentrum seines Schaffens stand gleichwohl die Erforschung der Einbindung des Individuums in die symbolische Ordnung infolge des Verbots, das Objekt des Begehrens der Mutter, ihr Phallus, zu sein. Er versteht diese symbolische Kastration als notwendige Voraussetzung der psychischen Existenz des Menschen und postuliert daher die Existenz einer Lücke im Herzen des Seins. Ein ums andere Mal greift Lacan das Ich, seine Identifizierungen und sein Streben nach Ganzheit, Synthese und Spiegelung an, weil es die Kluft der Getrenntheit zu überwinden sucht. Ich konzentriere mich im Folgenden auf diesen Aspekt seiner Schriften; unberücksichtigt lasse ich dabei, soweit dies möglich ist, all die Exkurse, aber auch die Widersprüchlichkeiten eines Mannes, der durch seinen Stil den Diskurs des anderen, die andere Bedeutung, in diesem Fall: das Unbewusste, selbst zu verkörpern versuchte.

Die Opazität von Lacans Stils ist gewollt. Er zögerte nicht, auch in Texten, die nach sachlicher und wohldurchdachter Argumentation verlangen, frei zu assoziieren. Seine Schriften enthalten zahllose Begriffe aus Fremdsprachen oder anderen wissenschaftlichen Disziplinen, Wortspiele und Neologismen, durch die er sein Misstrauen gegenüber Vernunft und Kohärenz bekundet. So sagt er:

Geschriebenes zeichnet sich in der Tat durch eine Vorherrschaft des *Textes* in dem Sinne aus, den man hier einschlagen sehen wird bei einem solchen Diskursträger (*facteur*) – was hier jene Verengung möglich macht, die dem Leser keinen anderen Ausweg lassen soll als seinen Eintritt, den ich mir schwierig wünsche. Es wird das also nicht eine Schrift in meinem Sinne sein. (Lacan, [1957] 1991, S. 17)

Jede Rückkehr zu Freud, die einer Lehre, dieses Namens würdig, Stoff gibt, wird sich nicht anders als auf dem Wege produzieren, auf dem die verborgenste Wahrheit in den Revolutionen der Kultur sich manifestiert. Dieser Weg ist die einzige Bildung, die wir denen, die uns folgen, zu übermitteln streben können. Ihr Name: Stil. (Lacan, [1957] 2014, S. 23)

Der von Lacan gewählte Stil soll die Ironie bewahren, die darin enthalten ist, dass die bewusste Psyche für jenen anderen Teil spricht, der eine andere oder sogar gegensätzliche Bedeutung hat. Deshalb muss ich mich um der von mir angestrebten Klarheit willen auf eine Übersicht des Lacanschen Terrains konzentrieren. Lacan selbst hatte für die Pedanterie eines Diskurses, der sich als rational versteht, nur Verachtung übrig. Er unterstellte ihm, dass er Gefahr laufe, sich dem Ich in der Paranoia anzuähneln – einem Zustand, der durch eine in sich geschlossene Interpretation einer Welt charakterisiert ist, in der das Ich einen zentralen Platz einnimmt und in die das, was sich in die Synthese nicht einfügt, projiziert wird.

Die Paranoia war das Thema von Lacans medizinischer Dissertation, einer Studie über seine Patientin Aimée, die einen Mordanschlag auf eine Schauspielerin unternommen hatte. Aimée fesselte die Aufmerksamkeit der Surrealisten, die die »konvulsive Schönheit« von Mörderinnen faszinierte. Eluard, ein Dichter, bezeichnete Aimées Schriften als »unwillkürliche Dichtung«. Roudinesco (1986, S. 130) zufolge fand Lacans Doktorarbeit die Anerkennung von Schriftstellern und jungen Psychiatern, aber nicht die Wertschätzung der Psychoanalytiker. Er hatte Freud ein Exemplar gesandt und daraufhin lediglich eine Empfangsbestätigung erhalten. Lacans Thema und dessen Rezeption illustrieren, wie eng seine psychiatrische Ausbildung und die revolutionären Entwicklungen der Künste bei ihm ineinandergriffen.

Die Feindschaft gegenüber dem Ich und die Feier des Unbewussten lagen in Frankreich gewissermaßen in der Luft. Schon im 19. Jahrhundert waren französische Künstler vom Unsichtbaren fasziniert: Die Symbolisten kultivierten eine Dicht- und Malkunst, die das Unsichtbare sichtbar zu machen suchte. Zu ihnen zählten auch der Maler Odilon Redon und der Dichter Stéphane Mallarmé. *Les poètes maudits*, die »verfemten Dichter«, verherrlichten den Wahnsinn. So auch Rimbaud, der mit seinem »Ich ist ein Anderer« noch heute häufig zitiert wird. Daran anknüpfend erklärte Lacan (1977):

> »Ich bin ein Mann« […] kann bestenfalls nicht mehr bedeuten als »Ich bin wie er, den ich als einen Mann erkenne, und so erkenne ich mich selbst als Mann«. Letztlich sind diese verschiedenen Formeln lediglich in Bezug auf die Wahrheit »Ich ist ein Anderer« zu verstehen. (Lacan, 1977, S. 23)[80]

Im 20. Jahrhundert studierte André Breton Freuds Schriften, um seine Bemühungen, das Leben des Unbewussten zu leben und das konventionelle Kunstverständnis zu untergraben, voranzutreiben.[81] Er übte sich in der Methode des »automatischen Schreibens«, das Pierre Janet als psychologisches Behandlungsverfahren eingeführt hatte. Eine ähnliche

---

[80] Der Passus stammt aus Lacans Vortrag »L'Aggressivité en Psychanalyse« von 1948 und ist in der deutschen Teilübersetzung (*Der Wunderblock* 11/12, 1984; ohne Angabe des Übersetzers) nicht enthalten. [A.d.Ü.]

[81] Eine ausführliche Darstellung der Beziehung zwischen Breton und Freud findet sich in Oliner (1988a).

Feier des Wahnsinns war, »was wir mit einer lapidaren Formel an die Wand unserer Wachstube geschrieben hatten: ›Verrückt wird nicht, wer will‹« (Lacan, [1946] 1994, S. 153).

Dem faszinierten Interesse am Wahnsinn lagen philosophische Grundannahmen über die menschliche Natur und die Überzeugung von der Notwendigkeit einer Revolution zugrunde: Lacan verunglimpfte Darwin, der angeblich die Ausbeutungsverhältnisse in der viktorianischen Gesellschaft verteidigt habe. Er habe, wie Lacan ([1948] 1984) es sehr poetisch formulierte, das dadurch verursachte soziale Elend gebilligt und es mit dem Gesetz des Überlebens des Stärksten gerechtfertigt: »Überdies scheint der Erfolg Darwins darin begründet, dass er die Beutezüge der Viktorianischen Gesellschaft und die wirtschaftliche Euphorie, die in ihren Augen die von ihr im Weltmaßstab eingeleitete Verwüstung sanktionierte, projiziert, dass er sie rechtfertigt durch das Bild eines Laissez-faire der stärksten Fresser in der Konkurrenz um ihre natürliche Beute« (S. 72). Vor Darwin jedoch hatte, so Lacan nachdrücklich, Hegels[82] Theorie, die den subjektiven und objektiven historischen Fortschritt auf die Herr-Knecht-Dialektik gründete, die Basis für dieses Aggressionsverständnis geschaffen.

> Wenn im Konflikt von Herr und Knecht die Anerkennung des Menschen durch den Menschen im Spiel ist, so erfolgt diese auch über eine radikale Negation der natürlichen Werte, sei's dass sie sich ausdrückt in der sterilen Tyrannei des Herrn, sei's in der fruchtbaren der Arbeit. (Lacan, [1948] 1984, S. 73)

Lacan macht dafür das Ich verantwortlich:

> Es ist klar, dass das Vorrücken des *Ichs* in unserer Existenz, konform zur *utilitaristischen* Auffassung des Menschen, die ihm sekundiert, darauf hinausläuft, immer weiter den Menschen als Individuum zu realisieren, das

---

[82] Roudinesco (1986, S. 149-161) wie auch Macey (1988, S. 97) betonen, dass Lacan Hegels Werk durch Alexandre Kojève kennenlernte, dessen Vorlesungen er besuchte, und dass sein Denken eher kojèvianisch sei als hegelianisch, zumal das Hegel'sche Syntheseverständnis seinen eigenen Überlegungen zur Zerrissenheit des Subjekts zuwiderlaufe.

heißt in einer Isolierung der Seele, die deren ursprünglicher Verlassenheit immer verwandter wird. (Ebd.)

Er bringt die Aggressivität mit dem narzisstischen Ziel der Raumeroberung in Verbindung und sagt:

> Nichtsdestoweniger haben wir hier noch einige psychologische Wahrheiten beizutragen. Der angebliche »Erhaltungstrieb« des *Ichs* schlägt nämlich gern um in den Taumel der Beherrschung des Raumes. Vor allem aber ist die Furcht vor dem Tod, dem »absoluten Herrn«, die seit Hegel von einer ganzen philosophischen Tradition angenommen wird, psychologisch der narzisstischen Furcht vor der Verletzung des eigenen Körpers untergeordnet. (Ebd., S. 75)

Dieser Sichtweise Lacans zufolge behauptet sich also der Narzissmus gegenüber dem biologischen Überleben.

Lacan war mit Heideggers Werk wohlvertraut, doch seine direkten Verweise auf den Philosophen spiegeln nicht wider, in welch hohem Maße er einige seiner zentralen Konzepte aus dem Denken dieses schwierigen Autors herleitete. Er schreibt Heidegger das Verdienst zu, gezeigt zu haben, dass der Mensch durch seine Sterblichkeit und Endlichkeit bestimmt ist, und wendet dies recht mysteriös auf die Psychoanalyse an, indem er erklärt: »[So] drückt der Todestrieb wesentlich die Grenze der geschichtlichen Funktion des Subjekts aus« (Lacan, [1953] 1996, S. 164). Auch die Entdeckung, dass Wahrheit da liege, wo sie sich verbirgt, schreibt er Heidegger zu. Es scheint, als habe Lacan hier das Fundament für seine Auffassung der Sprache als Schlüssel zum Unbewussten gefunden. Laut Macey (1988) ähnelt seine Unterscheidung zwischen »leerem« und »vollem Sprechen« Heideggers Unterscheidung zwischen *Rede* und *Gerede*:

> Heidegger betont, dass er dem Ausdruck *Gerede* keine »herabziehende Bedeutung« beilege. Er bedeute vielmehr »terminologisch ein positives Phänomen, das die Seinsart des Verstehens und Auslegens des alltäglichen Daseins konstituiert«, sei aber eine Weise des Sprechens, die keine wirkliche Interpretation des Seins zulässt und das Subjekt abschneidet »von den primären und ursprünglich-echten Seinsbezügen zur Welt, zum Mit-

dasein, zum In-Sein selbst«. Nur die Rede kann das Sein erschließen [...] (S. 147f.)[83]

Lacan erwähnt das »sein«, von ihm oft kleingeschrieben, in seinen Schriften häufig, und zwar so, als verstehe sich der Begriff von selbst. Dem Leser bereitet diese Manier unsägliche Schwierigkeiten, zumal sich die Denker, bei denen Lacan Anleihen macht und die er zusammenführt, nicht unbedingt miteinander vertragen. Wenn er Heideggers Gedankengebäude einzelne Elemente entnimmt und das Freud'sche Erbe durch diese Linse betrachtet, muss man fragen, ob er Freud weiterentwickelt oder ob er Konzepte wie den Todestrieb in einer Weise verwendet, die mit den in Freuds Theorie *implizierten* biologischen Grundlagen unvereinbar sind. Die Antwort auf diese Frage hängt davon ab, für wie wichtig man Freuds Philosophie hält. Lacans Werk ist zweifellos undenkbar ohne die enge Beziehung zu einer Philosophie, die die Betonung auf Tod, Riss und Nichts legt, während Freud nie von seiner Überzeugung abrückte, dass im Unbewussten kein »Nein« existiere.

Wenn Lacan den Wahnsinn – ein Begriff, der es den romantischen Dichtern und den Philosophen des 19. Jahrhunderts angetan hatte – erforscht und die Entfremdung betont, scheint er die Psychoanalyse näher an den Marxismus heranzurücken als irgendjemand vor ihm. Seine Verbindungen zur Studentenrevolte von 1968 sind deshalb nicht überraschend; da er bei anderen Autoren aber immer nur »Anleihen« machte und seine theoretischen Konstrukte nie mit deren Systemen übereingingen, brachen die Brücken, die andere beschreiten wollten, stets rasch zusammen. Langfristig ließ Lacan sich mit keinem anderen Denken als seinem eigenen identifizieren, dem Denken eines brillanten, aufrührerischen Psychoanalytikers, der es als seine Aufgabe ansah, andere zu befreien, indem er dem Menschen »aus nichts von neuem die Bahn seines Sinns [öffnet]« (Lacan, [1948] 1984, S. 75).

---

83 Macey zitiert aus Heideggers *Sein und Zeit*, §§ 35-38 (»Verfallen und Geworfenheit«). [A.d.Ü.]

# Abkehr von Freuds »Biologismus«
## und der Ich-Psychologie

Der Weg zum eigenen Sinn liegt für Lacan zweifellos im Bereich der Bedeutung oder Signifikation und nicht in der biologischen Erfüllung. Die sexuelle Befriedigung als solche scheint für ihn kaum von Interesse gewesen zu sein, weil sie in der Welt des Imaginären und ohne Offenbarung der Wahrheit stattfinden kann. Die Wahrheit oder die Bedeutung des Individuums beruht auf der Zerstörung des Objekts (von ihm auch als »Mord am Ding« bezeichnet) in der frühen Kindheit. Diese Überlegung leitet sich aus Freuds (1920g, S. 11ff.) Beschreibung des Fort-da-Spiels eines Kleinkindes in *Jenseits des Lustprinzips* her. Freud betont, dass dieses Spiel dem Kind, das immer wieder eine Garnrolle fortwarf und sie am Faden zu sich heranzog, als Möglichkeit diente, die Abwesenheit seiner Mutter zu bewältigen. Lacan ([1953] 1996) ergänzt, dass es sich um die Geburt des Begehrens handelt, um den »Moment, in dem das Begehren sich vermenschlicht«, und der »zugleich der ist, in dem das Kind zur Sprache geboren wird« (S. 165).

Mit der Einführung des Begriffs »Begehren«, *desir*, in die Psychoanalyse vollzieht Lacan eine weitere Annäherung an die Philosophie. Laut Macey (1988) leitete er den Begriff von Descartes' »Begierde« her und wollte damit »Kojèves Definition wieder anklingen lassen, wonach das Begehren nur insoweit menschlich ist, als es ›auf eine andere Begierde und eine andere Begierde‹[84] verwiesen ist« (S. 117). Lacan (1966) vertritt die Meinung, dass ein Kind, das überfüttert wird, die Nahrung schließlich verweigere und seine Weigerung *sein* Begehren in der Anorexie werde. Durch diese Weigerung, die Mutter zu befriedigen, versucht es, deren Begehren nach ihm zu reduzieren, um sein eigenes Begehren entwickeln zu können. Jeder, der mit dem Freud'schen Verständnis des auf – reale oder phantasierte – Befriedigung drängenden

---

[84] Macey zitiert hier A. Kojève. Antwort auf Nachfrage: Ich habe Kojève nicht selbst gelesen. (M.O.)

»Wunsches« vertraut ist, wird erkennen, dass »Begehren« die Motivation bezeichnen soll, die auf der für die Existenz des Individuums unabdingbaren Frustration gründet. In geringerem Maß ließe sich Gleiches vom Freud'schen »Wunsch« sagen. Ein restlos befriedigtes Individuum (das ohnehin nur theoretisch denkbar ist) wäre kein Individuum. In der menschlichen Entwicklung setzt Getrenntheit voraus, dass das heranwachsende Kind eine optimale Frustration durch die Umwelt erfährt. Gleichwohl ist Wünschen in Lacans System nicht identisch mit Begehren. Ein Wunsch kann befriedigt werden, und sei es vorübergehend, indem er sich dem Ich annehmbar macht, das dann in der äußeren Realität ein Objekt findet, das der Frustration ein Ende bereitet. Begehren setzt an sich aber den anderen voraus, weil es ein Begehren nach Anerkennung ist, ein Begehren, das Objekt des Begehrens des anderen zu sein, das frustriert werden muss, denn seine Gratifikation würde es auslöschen und die Getrenntheit von der anderen, d. h. der Mutter, verunmöglichen. Lacan benutzt nicht den an Mahlers Theorien erinnernden Terminus »Separation«, sondern betont, dass es ohne die Kluft kein Sein gibt.

Der Freud'sche »Wunsch« motiviert das Lustprinzip, das sich das Realitätsprinzip in solcher Weise zunutze machen kann, dass es Befriedigung findet; dies geschieht insbesondere durch Kompromisse mit den Erfordernissen der Realität und den Anforderungen des Gewissens. Im Falle eines Konflikts, der die Befriedigung des Wunsches verwehrt, kann der Wunsch verdrängt werden; er besteht fort als Teil der unbewussten Phantasie und strebt über seine Abkömmlinge nach Befriedigung. Diese Konzeptualisierung ist mit Lacans »Begehren« von Grund auf unvereinbar, denn das Begehren muss existieren, damit es ein Sein geben kann. Es muss daher auf ewig sein Objekt suchen, doch da der Vater ihm dies untersagt, wird die Suche für das Individuum konstitutiv.

Vehement prangert Lacan das Konzept eines Ichs an, das die Triebe mit Hilfe seiner eigenen Abwehrmechanismen so synthetisiert, dass es in der äußeren Realität Befriedigung findet. Für ihn ist eine solche Ganzheit der Tod; sie konstituiert einen Schritt zurück hinter die Entdeckung des Unbewussten. Gespalten zu sein ist das Schicksal des

Menschen, und diese Spaltung geht aus der Struktur des Unbewussten, welches das väterliche Verbot in sich enthält, hervor. Auch dies ist eine Umkehr der Freud'schen Theorie, derzufolge das Ich die Aufgabe hat, zu verbieten, abzulehnen und zu strukturieren. Der bewusste Anteil des psychischen Apparats mit seinem Narzissmus, dem Streben nach Ganzheit, mit Spiegelung, Integration und Identität bildet nach Lacans Verständnis das Imaginäre, das vom Symbolischen unterschieden, mit dem Vater verbunden und wie eine Sprache strukturiert ist.

Das Lacan'sche Unbewusste ist in die durch Sprache und Familienstruktur verkörperte symbolische Ordnung eingefügt. Mithin ist es kein Kessel brodelnder, biologisch angelegter Strebungen wie bei Freud[85]; es ist vielmehr sozial. Gleichwohl wird nicht unmittelbar ersichtlich, weshalb Lacans Theorie mit ihrem Postulat, dass das Individuum in eine soziale, sein Unbewusstes strukturierende Ordnung hineingeboren werde, auf seine Schüler dermaßen befreiend wirkte. Seine Sichtweise war für Linke attraktiv, die sich auch von anderen Auswüchsen des Strukturalismus angezogen fühlten. Doch Lacan stand unerschütterlich zu seiner These, dass die Entfremdung die Verfasstheit des Menschen fundiere und das Gesetz des Vaters mitnichten durch revolutionäre Methoden abzuschaffen, sondern im Gegenteil zu befolgen sei, denn es zu verwerfen würde bedeuten, dass der Mensch dem Bereich des Imaginären und dessen destrukturierenden Einflüsse überlassen bliebe. Was die Hoffnung auf gesellschaftliche Veränderung nährte, war weniger Lacans Theorie über das Schicksal des Menschen als vielmehr die Einstellung seiner politischen Genossen und sein eigenes Verhalten in den etablierten psychoanalytischen Institutionen.

Gleichermaßen verwirrend ist Lacans Beziehung zur Frauenbewegung. Eine Zeitlang wurde er von den Feministinnen gefeiert, weil er den Augenblick, in dem das Kleinkind anerkennt, dass es nicht das Objekt des Begehrens der Mutter, das heißt ihr Phallus, ist und fortan mit der so geschaffenen Kluft lebt, als »symbolische Kastration« bezeich-

---

[85] Freud (1933, S. 80) vergleicht das Es mit einem »Kessel voll brodelnder Erregungen«. [A.d.Ü.]

nete. Da beide Geschlechter diesen konstitutiven Moment erfahren, könnte man sagen, dass Jungen durch ihn keinen besonderen Status erhalten. Mit Fug und Recht kann man aber auch behaupten, dass Lacans Theorie, der genauso wie auch Freuds die Anatomie zugrunde liegt, keineswegs unparteiisch ist. Die Erkenntnis, nicht der Phallus der Mutter zu sein, weckt den Wunsch, ihn zu besitzen; das heißt, zusammen mit dem Gesetz des Vaters, dem Namen-des-Vaters, und dem Begehren, Objekt des Begehrens des anderen (der Mutter) zu sein, taucht »Begehren« in einem phallozentrischen Universum auf. Weil Lacans Konzepte, vollauf beabsichtigt, einer eindeutigen Bestimmung entgleiten, finden sich freilich auch Aussagen, die einer solchen Sichtweise widersprechen; dennoch kann man getrost behaupten, dass seine Äußerungen zu Struktur, Sprache und Vater mehrheitlich in eine phallozentrische Richtung gehen. Dies illustriert zum Beispiel der folgende Kommentar über die »brennende Neugier« des Wolfsmannes, »die ihn an den Phallus der Mutter fesselte« und die er verschoben hatte »auf dies eminente Seinsverfehlen, dessen privilegierten Signifikanten Freud freilegen konnte« (Lacan, [1957] 1991, S. 48). Ganz gleich, wie häufig Lacan auf Freud rekurriert: Seine Konzeptualisierung des Phallus als Signifikant (ohne Bezüge zu einem festen Signifikat, etwa dem Penis) war eine grundsätzliche und gewollte Abkehr von Freud, aber nicht unbedingt vom Phallozentrismus:

> Unter diesem Gesichtspunkt erscheint der Phallus in der Tat allmählich neutral und nur zufällig mit dem Körper des Mannes verbunden. Er wird zu einer unerlässlichen theoretischen Erfindung, welche den Geschlechtsunterschied zu ermessen gestattet – nicht zu einem Organ, sondern zu einer Struktur, nicht zu einem Zeichen der Männlichkeit, sondern zur Grundlage einer neuen kombinatorischen Wissenschaft.
>
> All dies wäre nicht zu beanstanden, wenn Lacans Plädoyer für die Dialektik ihn nicht auch zu der monomanen Weigerung veranlasst hätte, dem weiblichen Körper Bedeutungsmacht zu verleihen. […] Doch Lacan selbst betont unermüdlich, dass jede Übertragung der symbolischen Macht auf das Weibliche eine Häresie wäre und die Symbolische Ordnung an den Rand des Ruins bringen würde. (Bowie, [1991] 2007, S. 139)

Zum Kastrationskomplex wiederum heißt es bei Macey (1988):

> Es ist schwierig zu sehen, was durch die Ersetzung eines Signifikanten durch einen anderen gewonnen wird, sofern nicht die Ersetzung des berüchtigten »Anatomie ist Schicksal« durch »Symbolisierung ist Schicksal« einen Vorteil mit sich bringt. (S. 188)

So hat es letztlich den Anschein, als sei die Entfremdung der Frauen in Lacans Theorie größer als die der Männer, weil weibliches Begehren schwerer fassbar ist:

> Ein Mann, das ist nichts anderes als ein Signifikant. Ein Mann sucht eine Frau im Titel – das wird Ihnen seltsam erscheinen – dessen, was sich situiert nur vom Diskurs her, denn wenn das, was ich vorbringe, wahr ist, nämlich dass die Frau nicht-alle ist, gibt es immer etwas, das bei ihr dem Diskurs entwischt. (Lacan, [1975] 1986, S. 37)

Der Diskurs erhält bei Lacan erhebliche Bedeutung, doch die Frage bezüglich der Situierung der Frau im Diskurs bleibt offen. Allerdings formulierte Lacan seine Texte absichtlich so ambiguos, dass sie verschiedene Auslegungen zuließen. Die Grundlage für diesen Glauben an evokative im Unterschied zu informativer Sprache wird unten, im Zusammenhang mit seinen Theorien über Sprache und Bedeutung, ausführlicher erörtert.

Lacan kultivierte zwar einen poetischen, evokativen Stil, ließ aber keinen Zweifel an der Wichtigkeit der grundlegenden Spaltung des Individuums. Wiederholt vertrat er diese Auffassung in Opposition gegen die amerikanische Ich-Psychologie und betonte ein ums andere Mal, dass das Begehren den Mangel, die Abwesenheit und das Verbot qua Gesetz des Vaters voraussetze. Die Spaltung ist für das Unbewusste konstitutiv, dessen Anfänge Lacan im Zusammenhang mit dem Fort-da-Spiel untersuchte, das diese *Spaltung* (er selbst benutzte häufig das deutsche Wort) postuliert. Die anschließende Einbindung des Kindes in das symbolische Universum erhält diese Spaltung aufrecht, um die Einheit im Unbewussten zu verhindern, die das Individuum ins Nicht-Sein stürzen würde. Von der an Sprache gebundenen und ihren Gesetzen der Metonymie und Metapher[86] unterliegenden Lücke wird das Begehren aktiviert und damit zugleich die Suche nach dem anderen in seinen mannigfachen Manifestationen, nicht jedoch eine Suche nach Gleichheit, die die Spaltung aufheben würde.

Die Suche nach Ganzheit ist jedoch typisch für das Imaginäre, das mit dem Spiegelstadium auftaucht, jenem besonderen Moment, in dem das Kind sich mit einem Spiegelbild identifiziert, das nicht es selbst ist. Die Identifizierung mit dem – seitenverkehrten – Spiegelbild ist nur die erste einer Serie von Fehlidentifizierungen, die auf dem Blick der Mutter oder ihrem Begehren des Kindes beruhen.

> So ist, und dies ist ein wesentlicher Punkt, die erste Wirkung der *Imago*, die beim menschlichen Wesen erscheint, eine Wirkung der *Entfremdung* des Subjekts. Es ist der andere[87], in dem sich das Subjekt identifiziert und sogar allererst erfährt. (Lacan, [1946] 1994, S. 158f.)

Diese ersten, auf visuellen Elementen beruhenden Identifizierungen erfüllen insoweit eine antizipatorische Funktion, als sie zu Stützen des Narzissmus werden. Lacan behauptet in seiner idiosynkratischen Manier, dass diese entfremdenden Identifizierungen einen narzisstischen Suizid konstituieren. »Zu Beginn dieser [der psychischen] Entwicklung sind also miteinander verknüpft das Ur-Ich ~ Moi primordial als wesentlich entfremdetes und das anfängliche Opfer ~ sacrifice primitive als wesentlich suizidäres: Das heißt, die grundlegende Struktur des Wahnsinns. So wäre diese ursprüngliche Unstimmigkeit zwischen dem Ich und dem Sein die Grundnote, die widerhallen würde [...] durch die Phasen der psychischen Geschichte hindurch« (Lacan, [1946] 1994, S. 165).

Es ist nicht einfach zu bestimmen, was mit dem hier angesprochenen »anfänglichen Opfer« gemeint ist. In der Terminologie der amerikani-

---

[86] Metonymie und Metapher sind Ersetzungen für Freuds Verdichtung und Verschiebung.

[87] Die Bedeutung von »der andere« ist in Lacans Werk strikt kontextabhängig. An dieser Stelle bezeichnet »der andere« denjenigen, von dem das Kind begehrt zu werden begehrt.

schen Psychoanalyse wäre es die Aufopferung der Individuation, doch Lacan bezeichnet diese als »Sein«. Er scheint zu sagen, dass der Mensch um des Erwerbs einer imaginären Ganzheit willen – einer Ganzheit, die der Conditio humana nicht bestimmt ist –, bereit sei, das Begehren nach dem anderen in seinen zahlreichen Verkleidungen zu verwerfen. Daher der scheinbare Widerspruch bezüglich eines suizidalen Narzissmus um narzisstischer Ganzheit willen, die eine »erfolgreiche« Synthese durch das Ich impliziert.

Die Verwendung des Begriffs »Sein« erklärt die Entität, die Lacan erörtert und mit dem Ich vergleicht, nicht angemessen, führt aber die Möglichkeit der Vorstellung eines *durch Entfremdung verursachten* »nicht-seins« ein. Hier begegnen wir Lacans freier Adaption des Freud'schen Todestriebs. Freilich findet er für den Begriff eine ganz eigene Verwendung, wenn er sagt:

> Am Kreuzungspunkt allein dieser zwei Spannungen müsste jene Aufnahme seiner ursprünglichen Zerrissenheit durch den Menschen ins Auge gefasst werden, derzufolge man sagen kann, dass er in jedem Augenblick seine Welt durch seinen Suizid konstituiert, und deren psychologische Erfahrung zu formulieren Freud die Kühnheit besaß, so paradox ihr Ausdruck in biologischen Termini, das heißt als »Todestrieb«, auch sein mag. (Lacan, [1948] 1984, S. 75)

In einem anderen Kontext zeigt Lacan ([1958] 1999) die Verbindung zwischen dem Vater und dem Tod auf:

> Wie sollte sie Freud auch nicht erkennen, nachdem ihn seine Überlegungen notwendig dahin geführt haben, die Erscheinung des Signifikanten des Vaters als Autors des Gesetzes mit dem Tod, ja sogar mit dem Vatermord zu verbinden – damit zeigend, dass, ist dieser Mord das fruchtbare Moment der Schuld, durch die das Subjekt sich auf Lebenszeit mit dem Gesetz verbindet, der Symbolische Vater, sofern er dieses Gesetz bedeutet, wohl der Tote Vater ist. (S. 89)

Diese Verweise auf Suizid und Tod im Unbewussten zeigen jedem Freudianer unmissverständlich, dass Lacan die traditionelle Annahme, im Unbewussten gebe es keine Verneinung, nicht teilt. Beide Konzepte jedoch, Sein und Tod, sind in Heideggers Philosophie von zentraler Bedeutung. Ebenso wie Heidegger vor ihm benutzt Lacan den Tod als dringend benötigte Grenze in einer Theorie, in der sämtliche anderen Konzepte eine fast unbegrenzte Signifikantenkette entlanggleiten. Die Lacan'sche Welt, die nie weiter geht als bis zu dem Zugeständnis eines privilegierten Signifikanten (des Phallus), lässt ein Signifiziertes unterhalb des Signifikanten nicht zu – auch dies eine Abkehr von Freuds Biologismus, die eine Theorie hervorbringt, derzufolge Bedeutung durch »Mangel« auf der Suche nach einer Signifikantenkette definiert ist.

# Leben mit der Paradoxie

Die Paradoxie des Lacan'schen Universums besteht in der Annahme eines Seins, das durch Unterwerfung unter die Unvermeidlichkeit der Selbstentfremdung befreit wird. Konstitutiv für Lacans Verständnis der menschlichen Verfasstheit ist die Anerkennung des von einer Struktur gelebten Seins; weil er ein strukturiertes Unbewusstes betont, dem erlaubt werden muss, durch unser oberflächliches Identitätsgefühl zu leben, hat man ihn mit dem Strukturalismus in Verbindung gebracht. Doch ebenso wie im Falle anderer Ähnlichkeiten zwischen Lacan und den führenden Repräsentanten anderer Felder ist auch hier die Bedeutung wesentlicher als die Etikettierung. Lacan gelangte vom cartesianischen »Ich denke« zum lacanianischen »Es spricht«. Er unterstreicht die Paradoxie, wenn er sagt: »Ich denke da, wo ich nicht bin, also bin ich da, wo ich nicht denke« (zit. nach Lang, 1986, S. 250). Wenn es ein »Ich« gibt, welches das Subjekt repräsentiert, ist es in seiner Sprache. Wie in den vorangegangenen Kapiteln erwähnt, hat das Konzept des »von etwas gelebt werden« den Weg in die Literatur über das Trauma gefunden: Eine der Folgen der Traumatisierung besteht darin, dass ein unbekanntes Ereignis die Reaktionen des Betroffenen vorgibt.

# Die zentrale Funktion der Sprache

Weil an Lacans Theorie tatsächlich nichts unkompliziert ist, können wir nicht erwarten, dass seine starke Gewichtung der Sprache auf ein Vertrauen in dieselbe schließen lässt. Er vertraut ihr mitnichten, sondern hält sie lediglich für die einzige Möglichkeit des Individuums, seine Bedeutung zu offenbaren. Er unterscheidet zwischen »leerem Sprechen« und »vollem Sprechen«. Letzteres appelliert an eine Antwort und schert sich nicht um die Leere hinter dem Sprechen. In diesem Kontext ist – worauf Laplanche und Pontalis ([1967] 1973) verweisen – auch daran zu erinnern, dass Lacan »es ablehnt, für einen Signifikanten eine fixierte Verbindung mit einem Signifikat zu bestimmen« (S. 488). Leeres Sprechen versucht, genau dies zu tun, während volles Sprechen die Lücke hinter dem Wort anerkennt. Illustriert wird diese Lücke durch das Beispiel desjenigen, der sagt: »Ich bin ein Analytiker«, aber anerkennt, dass es keine Eins-zu-eins-Entsprechung zwischen dem »Ich« und dem Analytiker gibt, selbst wenn er als ein solcher arbeitet. Jede engere Entsprechung würde bedeuten, dass das Individuum »sich für das nimmt«, was zu sein es behauptet – ein Irrsinn, in dem wir »die Ausbildung eines einzigartigen Wahns« erkennen müssen, »der – sei er nun fabelhaft, phantastisch oder kosmologisch, deutend, fordernd oder idealistisch – das Subjekt in einer Sprache ohne Dialektik objektiviert« (Lacan, [1953] 1996, S. 121). Die Dialektik entfaltet sich in der Lücke zwischen dem gesprochenen Wort und dem, was es bedeutet; sie bahnt den Weg zum Unbewussten und zu der Signifikantenkette, die zu einer wahreren Bedeutung hinführt.

Lacan ([1946] 1994) stützte seine gesamte Theorie auf die Möglichkeit, die Wahrheit des Begehrens durch das Sprechen, das einzig mögliche Analyseinstrument, zu finden. Die Sprache des Analysanden manifestiert

> diese Wahrheit als Intention […], indem sie sie ständig auf die Frage hin öffnet, wie das, was die Lüge von seiner Besonderheit ausdrückt, dahin gelangen kann, das Allgemeine seiner Wahrheit zu formulieren. Es ist diese

eine Frage, in die sich die ganze Geschichte der Philosophie einschreibt, von den platonischen Wesens-Aporien zu den Pascalschen Abgründen der Existenz – ja, bis hin zu der radikalen Ambiguität, die an ihr Heidegger aufzeigt, insofern Wahrheit révélation ~ Unverborgenheit bedeutet. (S. 141f.)

Mit diesem Ansatz handelte er sich die Kritik ein, dass die religiösen Konnotationen von »révélation«, Offenbarung, der Psychoanalyse fremd seien und die Betonung der Sprache zur Vernachlässigung der Affekte und des Verhaltens führe. Diese Kritik ist überaus gerechtfertigt. Es trifft auch zu, dass Lacan für Freuds »Sach-« oder »Dingvorstellung« hinter der »Wortvorstellung« keinen Ersatz zuließ. Das Ergebnis ist eine »Philosophie des menschlichen Subjekts«, die »bewusst dünn, leer und leicht« (Bowie, [1991] 2007, S. 74) ist. »Er erfindet ein Subjekt ohne subjektiven Inhalt« (ebd.), denn er lässt die »Sache« hinter dem Wort, die er de Saussures Linguistik zugesteht, nicht zu. Er hat »die Einheit von Saussures Zeichen, das sich aus Signifikant und Signifikat zusammensetzt, entschlossen zerbrochen« (Macey, 1988, S. 132). Dieser Bruch ist beabsichtigt, denn: »Das Unbewusste ist der Teil des konkreten Diskurses als eines überindividuellen, der dem Subjekt bei der Wiederherstellung der Kontinuität seines bewussten Diskurses nicht zur Verfügung steht« (Lacan, [1953] 1996, S. 97). Sosehr Lacan den Diskurs betont, den wir im Allgemeinen nicht als solitäre Aktivität zu betrachten pflegen, erscheint er in seinen Schriften doch als das Vehikel des Wunsches nach Anerkennung und Spiegelung. »Die menschliche Sprache bildet also eine Kommunikation, bei der der Sender vom Empfänger seine eigene Botschaft in umgekehrter Form wieder empfängt« (ebd., S. 141). Was hier porträtiert wird, ist eine in sich geschlossene Welt, in der die Sprache, die außer als Glied in der Kette keine fixierte Bedeutung besitzt, die einzige Substanz ist, die Lacan gelten lässt. Leavy (1977), ein amerikanischer Analytiker, der Lacans Werk und die Sprache studiert hat, schreibt dazu:

Lacans theoretische Position verlangt nach einer Ausarbeitung, die vom sprachlichen Denkmodus nicht abweicht, aber einen Abkömmling in diesen Modus integriert – nämlich die Vorstellung der »symbolischen Ordnung«, wobei »symbolisch« mehr oder weniger im selben Sinn wie von

Levi-Strauss zu verwenden ist. Das heißt, das gesamte System der Signifi-kanten ist bereits organisiert, bevor irgendein Individuum den Schauplatz betritt. Natürlich werden wir durch unseren Spracherwerb in dieses System eingeführt, aber auch dadurch, dass wir all die anderen sozialen Formen kennenlernen, die – wie Levi-Strauss (1969, S. 67, S. 193) zu zeigen ver-suchte – selbst »wie eine Sprache strukturiert« sind. (S. 209)

Lacans konsequente Betonung des Psychischen lässt für eine nicht-psy-chische Realität *an sich* keinen Raum. Er postulierte *le réel*, das Reale, als dritte Instanz neben dem Symbolischen und dem Imaginären. Es ist nicht symbolisierbar und entzieht sich jeder Diskursivierung. Es ist das Unmögliche, und es ist – im Einklang mit Freud – dasjenige, welches als das Reale in der Psychose wiederkehrt, weil es nicht symbolisiert werden kann.

Ich habe gezeigt, dass Lacans Menschenbild dem Geist seiner Zeit entsprach. Mit seiner Betonung einer Struktur, die durch das Subjekt lebt, schloss er sich der Revolte gegen den Humanismus an, der den Menschen zum Mittelpunkt des Universums gemacht und zu der Ka-tastrophe, die Europa heimsuchte, seinen Beitrag geleistet hatte. Doch obwohl er von zahlreichen Studenten und Analytikern, die gegen eta-blierte Gesellschaften revoltierten, als geistiger Führer anerkannt wur-de, bezog er eine mehrdeutige Position, deren inhärente Unterwerfung klarer war als ihre positiven Grundannahmen, weil jener Andere, das Unbewusste, jenes Begehren, das den Menschen strukturiert, letztlich eine Rückkehr zu einer Vorstellung war, die der des göttlichen Willens vergleichbar ist. Man hat behauptet, dass Lacans katholische Anfänge in seinen psychoanalytischen Theorien unverkennbar seien. Dass er sich zum Sprecher des Anderen machte, verschaffte ihm eine mäch-tige, wenn nicht autokratische Rolle in der französischen Psychoana-lyse.

Aufgrund der Schwierigkeit seiner Konzepte und des Widerstandes, den sie in den angelsächsischen psychoanalytischen Kreisen weckten, haben seine Überlegungen nur in der lateinamerikanischen Psycho-analyse – außerhalb Frankreichs aber auch für Wissenschaftler anderer Disziplinen – eine wichtige Rolle gespielt. Den meisten Analytikern bleibt er ein Rätsel, insbesondere jenen, die sich Heinz Hartmanns Projekt anschlossen, die Psychoanalyse zu einer allgemeinen Psychologie auszuarbeiten. So eigenwillig Lacans Ansatz gewesen sein mag: Er verkörperte eine mächtige Gegenkraft wider den Versuch, die Psychoanalyse aus dem exklusiven Bereich des Psychischen herauszuführen. So fragt er, auf Freud bezogen: »Soll das nun heißen, dass, wenn der Platz des Meisters leer bleibt, der Grund dafür weniger in seinem Tod zu suchen ist als in einer zunehmenden Verwischung des Sinns seines Werks?« (Lacan, [1953] 1996, S. 80) Aus Lacans Interpretation dieses Sinns ging das Bild eines Menschen hervor, der seinem transindividuellen Unbewussten entfremdet ist und in seinen Beziehungen zur Außenwelt lediglich Ähnlichkeit und Selbstbestätigung sucht.

## Individuelle Psychopathologie

Fand Freud ausgehend von der Hysterie und damit vom Problem der Sexualität zur Psychoanalyse, so galt Lacans Hauptinteresse der Paranoia, jener Erkrankung, die eine trügerische Kohärenz der Persönlichkeit exemplifiziert und dadurch charakterisiert ist, dass »der andere Schauplatz«, wie Freud das Unbewusste nannte, in den zur Außenwelt gehörenden Anderen hineinprojiziert wird. Die Betonung, die bei Freud auf dem der Paranoia zugrundeliegenden homosexuellen Konflikt lag, verschiebt sich auf die Bedeutsamkeit des Konflikts mit dem Anderen, insoweit er sich der von der paranoiden Persönlichkeit begehrten Gleichheit entzieht. Die Paranoia repräsentiert das Extrem der normalen Persönlichkeit auf der Suche nach Kohärenz und zugleich das aggressive Streben nach Raum. Auch der Depression liegt trügerische Kohärenz zugrunde, doch laut Lacan (1977) erzeugen

die depressiven Brüche in den erfahrenen Umkehrungen der Minderwertigkeit […] im Wesentlichen die tödlichen Verneinungen, die [das Ich des

Menschen] in seinem Formalismus fixieren. »Ich bin nichts von dem, was mir geschieht. Du bist wertlos.« (S. 20)[88]

Deshalb ist die Depression ein weiteres Beispiel für die Synthesefunktion des Ichs, die der Erfahrung nicht entspricht. Während aber die Depression zur Folge haben kann, dass viele gute und wünschenswerte Anteile der Persönlichkeit verleugnet werden, verleugnet die Paranoia die unerwünschten Eigenschaften. Das Ich erlangt Einheit um den Preis seiner Amputation.

Die in der Psychose auftretende Verleugnung veranlasste Lacan, in das psychoanalytische Vokabular einen neuen Begriff einzuführen: Verwerfung. Er ging davon aus, dass die Verdrängung, die neurotische Abwehr, die dem Symptom zu sprechen ermöglicht, die Funktion der Sprache und des Vaters nicht in der radikalen Weise wie die Psychose abschafft, die auf einem Mangel, einer Lücke, beruht, der im Unbewussten durch die Verwerfung des Namens-des-Vaters erzeugt wird. Die Verwerfung des Namens-des-Vaters kennzeichnet tatsächlich das Fehlen einer Lücke, und zwar der Lücke zwischen der Artikulation eines Wortes und der Signifikantenkette. Sie ist die Verleugnung der ursprünglichen Kastration, die zur Zeit der Trennung von der Mutter und der Annahme des Namens-des-Vaters als desjenigen stattfindet, der verbietet, dass das Kind zum Objekt des Begehrens der Mutter, zu ihrem Phallus, wird. In der Signifikantenkette wird sich

das, was bedeutet werden soll, das Sein des Seienden also, auswirken durch die von uns als Metapher und Metonymie beschriebenen Effekte des Signifikanten. (Lacan, [1953] 1996, S. 108)

Der Defekt, der die Psychose wesentlich bedingt und ihr eine Struktur gibt, die sie von der Neurose unterscheidet, besteht unserer Auffassung nach in einem Defekt dieses Registers und dessen, was in ihm sich erfüllt, nämlich die Verwerfung des Namen-des-Vaters am Platz des Anderen und im Misslingen der Vater-Metapher. (Ebd.)

---

[88] Dieser Passus aus »L'Aggressivité en Psychanalyse« ist in der deutschen Teil-übersetzung (*Der Wunderblock* 11/12, 1984) nicht enthalten.

Damit die Psychose ausgelöst wird, muss der Namen-des-Vaters, der verworfen, d. h. nie an den Platz des Anderen gekommen ist, daselbst aufgerufen werden in symbolischer Opposition zum Subjekt. Das Fehlen des Namens-des-Vaters leitet nämlich durch ein Loch, das es im Signifikat aufreißt, jene kaskadenartigen Verwandlungen des Signifikanten ein, die einen progressiven Zusammenbruch des Imaginären zur Folge haben, bis an den Punkt, wo Signifikant und Signifikat sich in der delirierenden Metapher stabilisieren.

Wie aber kann der Namen-des-Vaters vom Subjekt angerufen werden an dem einzigen Platz, von dem aus er ihm hätte zukommen können, und wo er nie gewesen ist? Durch nichts anderes als durch einen realen Vater, nicht unbedingt durch den Vater des Subjektes, durch Einen-Vater (*Un-père*).

Darüber hinaus muss dieser Eine-Vater an jenen Platz kommen, wo das Subjekt ihn von früher her nicht rufen konnte. Es genügt dafür, wenn dieser Eine-Vater in Drittposition steht in einem Verhältnis, das das imaginäre Paar *a–à*, d. h. Ich-Objekt oder Ideal-Realität, zur Basis hat, das das Subjekt in das von ihm induzierte erotisierte Aggressionsfeld miteinbezieht. (Ebd., S. 110f.)

Solange der reale Vater das dritte Mitglied einer imaginären Dyade ist, kehrt er von Außen, aus dem Realen, zurück, weil die imaginäre Dyade seinen Platz und den Platz des Gesetzes, das er verkörpert, im Unbewussten verworfen hat.

Lacan ([1953] 1996) betont, dass er mit dieser Theorie nicht über Freud hinausgehe, sondern sich selbst gegen jene abgrenze, die in eine frühere Phase zurückgekehrt seien. »Jedenfalls hält uns dies von allen Gegenständen ab außer dem einen: den Zugang wiederherzustellen zu der Erfahrung, die Freud freigelegt hat.« (S. 117) Bezogen auf den ausschlaggebenden Unterschied zwischen der Behandlung der Neurose und der Behandlung der Psychose sagt er: »Denn verwendet man die von ihm eingerichtete Technik unabhängig von der Erfahrung, der sie verbunden ist, handelt man ebenso stupid wie einer der hechelnd die Ruder schwingt in einem Schiff, auf Sand liegt.« (Ebd.)

Obwohl sich Lacan lebenslang der psychoanalytischen Praxis widmete und vor dem Versuch warnte, Probleme psychoanalytisch zu behandeln, die nicht in den Anwendungsbereich der Psychoanalyse fallen, konzentrieren sich seine theoretischen Formulierungen im Wesentlichen auf die Psychose. Dies zeigen seine intensive Beschäftigung mit dem konkretistischen Sprechen und seine Konzentration auf Probleme des Narzissmus genauso wie sein nie ermüdendes Misstrauen gegenüber dem Ich, seine Betonung der Spaltung und die polemischen Angriffe auf all jene Autoren, die die grundlegende Gespaltenheit oder Zerrissenheit nicht als konstitutiv für das Subjekt betrachten. Kompromissbildung, Abkömmlinge des Unbewussten oder ein im Dienst des Lustprinzips operierendes Realitätsprinzip sind in seiner Theorie nicht vorgesehen. Eine solche Fusion zwischen Bewusstem und Unbewusstem ist im Lacan'schen System undenkbar. Um sein Misstrauen gegenüber dem Denken an sich, Descartes' *cogito*, zu untermauern, zieht er das Beispiel des Abbé de Choisy heran, der in seinen Memoiren schrieb: »Ich denke, wenn ich bin« – was Lacan ([1966] 1996) zufolge bedeutet: »*Ich denke, wenn ich* der *bin*, der sich als Frau verkleidet« (S. 55, Anm. 38). Lacan misstraut dem bewussten Denken, weil er das Konzept der ins Bewusstsein dringenden Abkömmlinge des Unbewussten ablehnt. Das Unbewusste gibt sich seiner Meinung nach lediglich durch den symbolischen Gebrauch der Sprache zu erkennen. Zur Rechtfertigung beruft er sich abermals auf Freud:

[…] der beiläufige Rückgriff auf unbekannte Denkvorgänge ist hier nicht mehr als eine Entschuldigung, die aus der Not eines vollständigen Zutrauens zu Symbolen geboren ist, das dadurch unsicher wird, sich über alle Maßen bestätigt zu finden.
Wenn Freud in der Psychopathologie der Psychoanalyse für ein neurotisches oder nicht neurotisches Symptom das Minimum an Überbestimmtheit fordert, das ein Doppelsinn dergestalt konstituiert, dass das Symptom zugleich Symbol eines abgestorbenen Konflikts ist und darüber hinaus eine Funktion in einem gegenwärtigen, *nicht minder symbolischen* Konflikt besitzt, wenn er uns ferner lehrt, im Text der freien Assoziationen der wachsenden Verästelung einer Linie von Symbolen zu folgen, um an den Punkten, an denen die sprachlichen Formen sich überschneiden, die Knoten ihrer Struktur zu ermitteln –, dann ist bereits vollkommen einleuchtend, dass das Symptom sich ganz in einer Sprachanalyse auflöst, weil es selbst wie eine Sprache strukturiert ist, und dass es eine Sprache ist, deren Sprechen befreit werden muss. (Lacan, [1953] 1996, S. 108f.)

Das Symptom ist hier Signifikant eines aus dem Bewusstsein des Subjekts verdrängten Signifikats. In den Sand des Fleisches und auf den Schleier der Maja geschrieben, hat es als Symbol teil an der Sprache aufgrund der semantischen Ambiguität in seiner Konstitution, auf die wir bereits hingewiesen haben.

Aber es ist Sprechen im vollen Sinn, denn es umfasst im Geheimnis seiner Chiffrierung den Diskurs des anderen. (Ebd., S. 122)

Lacan war überzeugt, dass Freud die Verschiebung des Signifikanten aus dem bewussten Gewahrsein des Subjekts entdeckt hatte. Seine Präsenz im Unbewussten determiniert die Neurose, während seine Verwerfung für die Psychose ausschlaggebend ist. Im Falle der Neurose versucht der Analytiker, dem Symptom die Sprache zurückzugeben, die infolge der Verdrängung und aufgrund der Aktivität des Imaginären – dessen Suche nach Ganzheit den Irruptionen des Unbewussten entgegenwirkt – verloren ging. Die Analyse stellt die Dreigeteiltheit des Subjekts wieder her: das Symbolische, das Imaginäre und das Reale, von Bowie ([1991] 1994) als »Mangel, Schwindel und Abwesenheit« (S. 108) bezeichnet.

Lacan hat sich mit keinem Aspekt der Psychopathologie systematisch beschäftigt. Seine einschlägigen Äußerungen finden sich vielmehr in Zusammenhängen, in denen man sie nicht von vornherein vermuten würde. Eine faszinierende Passage über seine Weigerung, nach der Uhr zu arbeiten – das heißt, einer Zeitmessung zu gehorchen, die dem Unbewussten zuwiderläuft –, findet sich in seiner berühmten Abhandlung »Funktion und Feld des Sprechens und der Sprache in der Psychoanalyse« (Lacan, [1953] 1996). Hier erläutert er die Übertragung des zwangsneurotischen Patienten und dessen Bereitschaft, so lange zu arbeiten, wie der Analytiker Richter über den Wert der Produktionen des Patienten bleibt. Lacan vertritt die Ansicht, dass die willkürliche Unterbrechung der Sitzung die Vergeblichkeit der Bemühungen des Patienten unterstreiche, und dass eine gewisse Geringschätzung seiner knechtischen Hingabe an die Arbeit hilfreich sei. Die Freiheit des Analytikers, die Sitzung zu terminieren, ohne der Uhr zu gehorchen, bringt diese Geringschätzung zum Ausdruck; Lacan war nicht bereit, sich Regeln zu unterwerfen, die man als willkürlich ansehen kann, etwa die Dauer der Sitzung. In diesem Zusammenhang gibt er eine ergötzliche Beschreibung des Zwanghaften:

> Bekanntlich durchzieht ein Moment von Zwangsarbeit beim Subjekt selbst seine Freizeit.
>
> Aufrechterhalten wird es durch die subjektive Beziehung zum Herrn, insofern es dessen Tod erwartet.
>
> Der Zwanghafte zeigt in der Tat eine der Verhaltensweisen, die Hegel in der Dialektik von Herr und Knecht nicht entwickelt hat. Der Knecht hat angesichts der Todesgefahr nachgegeben, in der die Gelegenheit zu herrschen ihm im Kampf um reine Anerkennung angeboten worden ist. Da er aber weiß, dass er sterblich ist, weiß er auch, dass der Herr sterben kann. Infolgedessen kann er sich darauf einlassen, für den Herrn zu arbeiten und in der Zwischenzeit auf Genuss zu verzichten. In der Ungewissheit über den Augenblick, in dem der Tod des Herrn eintreten wird, wartet er.
>
> Das ist der intersubjektive Grund des Zweifelns wie des Aufschiebens, die Charakterzüge des Zwanghaften sind.
>
> All seine Arbeit verläuft unter Anleitung dieser Intention und wird durch sie doppelt entfremdend. Denn nicht bloß wird das Werk des Subjekts ihm von einem anderen entwendet, was die Grundbeziehung jeder Arbeit ist, sondern die Anerkennung seines eigenen Wesens durch sich selbst entgeht dem Subjekt nicht weniger in seinem Werk, in dem diese Arbeit ihre Begründung findet; denn es selbst »ist nicht in ihm«. Es ist in dem antizipierten Augenblick des Todes des Herrn, von dem an es selbst leben wird; doch während es diesen Augenblick erwartet, identifiziert es sich mit dem Herrn als einem Toten und ist aufgrund dessen selbst bereits tot.
>
> Nichtsdestoweniger bemüht es sich, den Herrn durch die Vorführung der guten Absichten zu täuschen, die in seiner Arbeit zutage treten. (S. 160)

Ganz offensichtlich will Lacan der Hingabe des Patienten nicht auch noch Vorschub leisten, indem er bereit ist zu warten – und sei's auf das konventionelle Ende der Sitzung. Er sagt es zwar nicht ausdrücklich, scheint aber die Bereitschaft des herkömmlichen Analytikers, abzuwarten, als ein Agieren der Todeswünsche zu betrachten, die der Patient gegen ihn hegt. Offenbar glaubt Lacan, dass ein Patient, der in seiner Psychopathologie nicht unterstützt wird, zu seinem eigenen Begehren zurückkehren und die Übertragung, die auf dem Tod eines der Beteiligten beruht, aufgeben wird.

Der Zwanghafte möchte den Tod überlisten und findet dabei die Unterstützung seines Ichs. In dieser Kooperation zwischen Todeswünschen und ihrer Vermeidung aber ist das Subjekt nur ein Schatten seiner selbst, »denn es annulliert im voraus Gewinn wie Niederlage, indem es zuerst dem Begehren entsagt« (Lacan, [1957] 2014, S. 17). Er beschreibt die Lust, die der Zwanghafte sich gestattet, indem er den anderen an die Stelle des Zuschauers setzt, um sich mit dessen Lust zu identifizieren und darauf zu warten, dass der andere stirbt.

Lacan widerspricht der Auffassung, dass das Ich in der Neurose schwach sei. Vielmehr zeige es seine Stärke nicht nur, indem es den Ausschluss des Unbewussten betreibe, sondern auch darin, dass der Neurotiker sich der Kooperation anderer versichere, die vermeintlich normal sind.

Lacan vergleicht die beiden großen Neurosen und schreibt:

> In der Tat werden wir nicht erstaunt sein, zu bemerken, dass die hysterische Neurose wie auch die Zwangsneurose in ihrer Struktur die Terme geltend machen, ohne welche das Subjekt keinen Zugang haben kann zum Begriff seiner Beschaffenheit in Bezug auf sein Geschlecht einerseits, in Bezug auf seine Existenz andererseits. Worauf die eine und die andere dieser Strukturen eine Art Antwort ist. (Ebd., S. 15)

Gleichermaßen anschaulich beschreibt er das Dilemma der Hysterischen, vor allem in einem Beitrag über die Fragen, die in Freuds Behandlung Doras offen blieben. Die Hysterikerin kann ihr eigenes Geschlecht nicht »inkorporieren«; um Lust aus ihrer eigenen Sexualität zu gewinnen, versucht sie deshalb, sich mit einer anderen Frau zu identifizieren. Sie ist ganz und gar unfähig, die Lust eines Mannes in einer heterosexuellen Beziehung zu verstehen; stattdessen identifiziert sie sich mit ihm und seinem Wunsch, der Frau, durch die sie Zugang zu ihrem eigenen Begehren zu finden hofft, Lust zu vermitteln.

> So erfährt sich die Hysterikerin in den Huldigungen, die an eine andere gerichtet sind, und bietet die Frau, in der sie ihr eigenes Mysterium anbetet,

dem Mann [an], dessen Rolle sie übernimmt, ohne sie genießen zu können. (Ebd., S. 17)

Freuds Fehler, so Lacan, bestand darin, blind gewesen zu sein für Doras Identifizierung mit den Männern in ihrem Leben, einschließlich seiner selbst. Dieser Fehler veranlasst sie zum Agieren und zum Abbruch der Analyse.

Ebenso wie Lacan das Ich in der Paranoia als Modell für das Ich im Allgemeinen benutzte, scheint ihm die Hysterie bei der Beschreibung der Frau als Vorlage gedient zu haben. Letztlich ist der weibliche Körper der Hysterischen nicht nur fremd; vielmehr hat Lacan nie eine Theorie ausgearbeitet, in der die weibliche Sexualität mehr wäre als das Pendant zur männlichen und als *jouissance*, der Genuss, zu dem sie fähig ist, der sie aber aus dem Bereich der Sprache hinausführt – eine unaussprechliche Ekstase, die beschrieben wird, ohne dem Symbolischen oder dem Imaginären eingeschrieben zu sein. Ich vermute, dass *jouissance* in Lacans Denken der Abkömmling der konvulsiven Schönheit der Surrealisten ist, die Schönheit der Frau, die in dem Bestreben, ihren Traum zu verwirklichen, dem Gesetz trotzt. Sie ist nicht neurotisch, denn neurotisch ist derjenige, der sich auf Kosten seines Begehrens, seines Seins, der Vernunft, seinem Ich, seinem Narzissmus unterwirft. Nicht so die ekstatische Frau, die es wagt, über das, was symbolisiert werden kann, hinauszugehen. Das *Symbolische* ist von seinem bewussten Gewahrsein abgespalten in einer Geste, die Lacan als seinen »Suizid« bezeichnet.

Beim »*befreiten*« Menschen der modernen Gesellschaft aber enthüllt diese Zerrissenheit bis auf den Grund des Seins den schrecklichen Riss. Es ist die Selbstbestrafungsneurose mit den hysterisch-hypochondrischen Symptomen ihrer funktionalen Hemmungen, mit den psychasthenischen Formen ihrer Derealisierung des anderen und der Welt, mit ihren sozialen *Folgen von* Misserfolg und Verbrechen. Dies ergreifende Opfer, entwichen, ohne Verantwortung zu tragen übrigens, im Bruch dem Bann, der den modernen Menschen auf den furchtbarsten gesellschaftlichen Galeerendienst *verpflichtet, nehmen* wir auf, *wenn es* an *uns kommt,* und unsere tägliche Aufgabe ist, diesem Wesen aus nichts von neuem die Bahn seines Sinns zu öffnen in einer Brüderlichkeit voll Takt, im Maße welcher wir stets zu ungleich sind. (Lacan, [1948] 1984, S. 75)

## Die Rolle des Analytikers, wie Lacan sie verstand

Für Lacan ist der Analytiker der andere, insofern er das Unbewusste des Patienten repräsentiert. Seine Aufgabe sah er darin, die Sprache dieses Unbewussten so wiederherzustellen, dass der Patient erneut Zugang zu seinem Begehren findet. Um zwischen Motivationsordnungen zu unterscheiden, stellte er drei Kategorien auf: Erstens das Begehren, das ständig wach, *exzentrisch* und unersättlich ist; der Anspruch, die zweite Kategorie, findet Ausdruck im Sprechen zum anderen, »dessen Signifikanten er in seinen Formulierungen übernimmt« (Lacan, 1977, A.d.Ü., S. viii); die dritte Kategorie, das Bedürfnis, ist kein Gegenstand der Analyse, weil ihm organische Erfordernisse zugrunde liegen, die durch spezifische Objekte befriedigt werden. Der Analysand begegnet dem Analytiker mit der Intention, ihn zur Befriedigung eines an ihn gerichteten Anspruchs zu veranlassen. Ein Beispiel dafür ist der oben geschilderte Zwangsneurotiker, der nach Anerkennung seiner Unterwerfung und seiner Arbeitswilligkeit verlangt. Der Analytiker hat die Aufgabe, nicht zu antworten, sondern sich als Dialektiker zu verhalten, der auf die Lücken in den manifesten Aussagen hört, weil sie es ihm erlauben, eine für das Unbewusste sprechende Antithese aufzustellen. Das bedeutet in der Praxis und nach den Gerüchten zu urteilen, dass Lacan in den Sitzungen länger schwieg, als es bei Analytikern anderer Schulen üblich war. Dazu Leavy (1983): »Lacans Doktrin der inneren Bezogenheit der Signifikanten und ihrer Herrschaft über den Diskurs (Lacan, 1966, S. 30) befreit den Analytiker davon, sich strikt an das Sprechen des Patienten zu halten« (S. 52). Dieses Verständnis des psychoanalytischen Dialogs setzt die Suche nach der Bedeutung der Symptome des Patienten in Gang. Die Bedeutung ist sprachlich strukturiert durch

Metapher und Metonymie, die Lacan an die Stelle von Freuds Konzepten Verdichtung und Verschiebung setzt.[89] Von der Synthese, dem dritten Begriff der Hegel'schen Dialektik – These, Antithese, Synthese – ist nirgends die Rede. Synthese wäre, von der Warte der Lacan'schen Bedeutungskette aus betrachtet, ein allzu statisches Konzept; außerdem erinnert sie zu sehr an die Ich-Psychologie, die zu verunglimpfen Lacan nicht müde wurde. Leavy (1980) schreibt in diesem Zusammenhang:

> Lacans eigentlicher Beitrag (zu dem, was Analytikern streng genommen nicht neu war) bestand darin, die »Andersheit« des Unbewussten als Gegenstück zu seiner Offenbarung durch die Person des äußeren anderen, des Analytikers, zu beschreiben. Das Unbewusste gibt sich aufgrund ebendieser Tatsache als dialektisch zu erkennen, und zwar weniger personal als vielmehr transpersonal. (S. 528)

Der Analytiker gibt im Wesentlichen zurück, was bereits da ist; dies ist die Signifikanz der Überschneidung zwischen dem anderen als dem Unbewussten, dem anderen als dem Nom-du-Père im Unbewussten und dem anderen als dem Analytiker. Dazu Leavy (1977):

> Lacan ist keineswegs der erste Analytiker, der uns zur Konzentration auf die psychoanalytische Situation auffordert. Er unterscheidet sich allerdings von anderen Theoretikern dadurch, dass er sämtliche psychoanalytischen Konzepte an dieses Setting zurückbindet. In einem gewissen Sinn ist sogar sein Interesses an der Sprache seinem Interesse am psychoanalytischen Dialog untergeordnet, genauer: Er lehrt die radikale Einheit von Dialog und Sprache. Wir können Rückschlüsse über die Psyche außerhalb der Analyse ziehen – das heißt, unsere psychoanalytische Psychologie ausarbeiten –, weil die Analyse als Modell aller anderen Formen des realen wie auch imaginierten Dialogs dient. Unter diesem Blickwinkel betrachtet, ist es nicht übertrieben zu sagen, dass die Theorie der psychoanalytischen Technik die einzige Metapsychologie sei – obwohl ich nicht glaube, dass Lacan es so formulieren würde. (S. 203)

---

[89] Im Grunde ist Lacan der Meinung, dass er das Unbewusste, das Freud beschrieben hat, ohne von den Entdeckungen der modernen Sprachwissenschaft profitieren zu können, lediglich neu konzeptualisiert.

Lacan ([1953] 1996) zeigt eine Analogie zwischen der psychoanalytischen Technik und der Zen-Praxis auf, »die als Mittel der Offenbarung des Subjekts in der traditionellen Askese gewisser fernöstlicher Schulen angewandt wird« (S. 161). Der Analytiker ist kein Objekt in dem Sinn, dass er die Eltern repräsentiert oder Personen, die in den Erinnerungen, Phantasien oder Erfahrungen des Analysanden eine wichtige Rolle spielen. Lacan bagatellisiert den Aspekt der Analyse als Prozess, in dem die Wiederholung eine andere Funktion hat als die, das Sprechen zu erhellen. Dies entspricht der Zurücknahme der Betonung der haltenden Umwelt oder der containenden Aspekte, welche den mütterlichen Bereich repräsentieren.[90] Auch das Arbeitsbündnis oder die Fähigkeit zur Selbsterforschung werden von ihm nicht konzeptualisiert, denn sie stellen Ich-Funktionen dar, die in diesem System nicht gut angesehen sind, ganz gleich, ob sie vom Patienten oder vom Analytiker ausgeübt werden.

Gleichermaßen heftig opponiert Lacan auch gegen die Analyse des Widerstands. Er behauptet, dass die einzige bedeutsame Aufgabe des Analytikers darin bestehe, dem Patienten die Sprache seines Unbewussten zurückzugeben. Die Ergebnisse indes wecken im Analytiker seiner Ansicht nach ein Gefühl des Unbehagens:

> Zweifelsohne verweist die gesamte Entwicklung, die zur gegenwärtigen Tendenz der Psychoanalyse geführt hat, von Anbeginn an auf das schlechte Gewissen des Analytikers angesichts des Wunders, das er durch sein Sprechen wirkt. Er interpretiert ein Symbol, und auf einmal verschwindet ein Symptom, das jenes Symbol mit Buchstaben ins Fleisch des Subjekts eingeschrieben hat. Diese Wundertätigkeit verstößt gegen die guten Sitten. Schließlich sind wir Wissenschaftler und sollten nicht die Praktiken der Ma-

---

[90]  1993 erschien im *International Journal of Psycho-Analysis* ein Beitrag mit dem Titel: »Tiresias and the breast: thinking of Lacan, interpretation and caring«, dessen Autoren die Ansicht vertraten, dass Lacans Theorien eine schwierig zu fassende mütterliche Färbung eignet (Webb, Bushnell und Windseth, 1993). Ich denke vielmehr, dass die Analogie genauso elusiv ist wie die Brüste, die Teiresias sich appliziert, um für eine Frau gehalten zu werden. Ich halte sie für allzu weit hergeholt, als dass man sie ernst nehmen könnte.

gie verteidigen. Man entledigt sich ihrer, indem man dem Patienten magisches Denken vorwirft. (Lacan; [1953] 1996, S. 151)

Die Widerstandsanalyse setzt voraus, dass das Ich ein Bündnis eingeht; weil sie den Analysanden objektiviert, kann sie laut Lacan nicht den Weg zur Subjektivität bahnen.

> Wenn ich aber den, mit dem ich spreche, bei irgendeinem Namen nenne, den ich ihm gebe, so lege ich ihm die subjektive Funktion zu, mir zu antworten, die er auch dann erfüllt, wenn er sie zurückweist. Hierbei zeigt sich infolgedessen die entscheidende Rolle meiner eigenen Antwort. Diese Rolle besteht nicht nur, wie man gesagt hat, darin, vom Subjekt als Billigung oder Ablehnung seines eigenen Diskurses aufgenommen zu werden, sondern darin, es als Subjekt anzuerkennen oder abzutun. Gerade darin besteht, jedesmal wenn er sprechend eingreift, die *Verantwortung* des Analytikers. (Ebd., S. 145)

Wenn der Patient seine Wahrheit ausspricht, wartet der Analytiker auf »Bedeutungsknoten«. Für die Salienz dieser Knoten gilt das Gesetz der Überdeterminiertheit; in dieser Hinsicht steht Lacan also mit dem psychoanalytischen Mainstream in Einklang. Seine Antwort auf den Patienten aber bezieht keine Aspekte der Kompromissbildung zwischen Trieb und Abwehr, Bewusstem und Unbewusstem, Oberfläche und Tiefe mit ein. Ihn interessiert nur eines: das Sprechen für das Begehren im Unbewussten.

> Um das Sprechen des Subjekts zu befreien, führen wir es in die Sprache seines Begehrens ein, das heißt in die *erste Sprache* (langage premier), in der es schon jenseits dessen, was es uns von sich[91] sagt, vor allem mit der Symbolik seiner Symptome ohne sein Wissen zu uns spricht. (Ebd., S. 136f.)

---

[91] M. Oliner erläutert an dieser Stelle in einer Fußnote, dass sie die Aussage anders versteht als der englische Übersetzer der Abhandlung, Alan Sheridan. Bei Sheridan heißt es: »[…] beyond what he tells us of himself« (Lacan, 1977, S. 60). Dem entspricht die hier zitierte deutsche Übersetzung von Klaus Laermann, »[…] was es uns von sich sagt«. Im Original lautet die Stelle: »[…]au-delà dece qu'il nous dit de lui« (Lacan, 1966, S. 294). M. Oliner bezieht »lui« nicht auf das Subjekt, wie es die genannten Übersetzer tun, sondern auf das »Begehren«. [A.d.Ü.]

216

Stets muss man im Verhältnis der Instanz des Ich eines Subjekts (moi du sujet) zum personalen Ich seines Diskurses (je de son discourse) den richtungweisenden Sinn dieses Diskurses begreifen, um die Entfremdung des Subjekts aufzuheben.

Doch wird man nicht dahin gelangen, wenn man der Vorstellung verhaftet bleibt, dass die Instanz des Ich (moi) im Subjekt identisch ist mit der Gegenwart, die zu einem spricht.

Dieser Irrtum wird durch die Terminologie der Topik[92] begünstigt, die für ein objektivistisches Denken eine allzu große Versuchung darstellt, indem sie ihm erlaubt, vom Ich (moi), das als System der Wahrnehmung und des Bewusstseins […], das heißt als System der Objektivationen des Subjekts definiert ist, zu einem Ich (moi) abzuleiten, das als Korrelat einer absoluten Realität begriffen wird, und damit in einer merkwürdigen Wiederkehr des verdrängten psychologistischen Denkens eine »Realitätsfunktion« im Ich wiederzufinden […] (Ebd., S. 148)

Die von Lacan empfohlene Technik zielt auch auf die Vermeidung einer narzisstischen Übertragung, in welcher der Analytiker das Bild des Doppelgängers verkörpert. Ich habe schon kurz erwähnt, dass Lacan zwischen Aggressivität und Narzissmus einen engen Zusammenhang sieht; würde der Analytiker als Doppelgänger wahrgenommen, wäre er aufgrund der auf ihn projizierten Aggression auch das Angstobjekt.

Lacan hat seine Technik mit dem Dummy im Bridge-Spiel und mit dem Zen-Meister verglichen, der sich selbst zur Frage wird; vor allem aber wird berichtet, dass sehr lange Schweigephasen, in denen der Patient sich selbst überlassen blieb, für Lacans Technik typisch waren. In solchen Phasen muss auch der Analytiker abwarten, bis Es spricht, bis der andere spricht, denn er muss vermeiden, über das Imaginäre Kontakt zum Patienten aufzunehmen. Etchgoyen (1991) schrieb über diesen Aspekt: »Die Kunst und Wissenschaft des Analytikers besteht

---

[92] Die Franzosen haben die Unterscheidung zwischen dem topischen Modell und dem Strukturmodell nie übernommen. Sie hielten am topischen Modell fest und bezeichnen auch das Strukturmodell als Topik. Lacan legte Wert darauf, Struktur im Sinne der Ich-Psychologie nicht mit der Struktur des Unbewussten, wie er sie konzipierte, zu verwechseln. Deshalb gibt es für ihn nur eine, nämlich die auf der Sprache beruhende Struktur.

darin, die symbolische Ordnung wiederherzustellen, ohne sich von der Spiegelungssituation gefangen nehmen zu lassen« (S. 124). Bedeutung wird produziert; sie ist kein vorab Gegebenes:

> Das positive Ergebnis der Offenbarung der Unwissenheit ist das Nicht-Wissen, das heißt, nicht eine Verneinung des Wissens, sondern seine höchstentwickelte Form. Die Ausbildung eines Kandidaten könnte ohne die Aktion des Meisters oder der Meister, die ihn zum Nicht-Wissen schulen, nicht abgeschlossen werden; ohne sie wird er nie etwas anderes sein als ein Automaten-Analytiker. (Lacan, 1966, S. 358f.)

> Das Sein des Analytikers ist in Aktivität selbst während er schweigt, und es ist auf der niedrigsten Stufe der Wahrheit, die es aufrechterhält, dass das Subjekt sein Sprechen vorbringt. (Lacan, 1966, S. 359)

Schneidermann (1983), ein von Lacan analysierter amerikanischer Analytiker, formulierte es humorvoll: »Lacan lehrte nicht, wie man mit anderen Menschen zurechtkommt, sondern wie man mit den Toten verhandelt und in Kontakt tritt« (S. 63). Nach dieser Auffassung des psychoanalytischen Prozesses besitzt die Übertragung keinen privilegierten Stellenwert; ob Lacan annimmt, dass sie vermieden werden kann, wenn der Analytiker strikt an seiner Position des Dialektikers festhält, ist nicht klar. Er sagt allerdings, dass die Übertragung in der Behandlung Doras auftauchte, als der dialektische Prozess stockte. Da die Übertragung laut Etchegoyen immer ein imaginäres Phänomen ist und die Aufgabe des Analytikers darin besteht, die Beziehung in eine symbolische zu transformieren, büßt das Übertragungskonzept einen Großteil seiner vorrangigen Bedeutung ein. Demnach wäre die Übertragung unter Umständen nicht einmal unvermeidlich.

Antiautoritarismus und Aufbegehren sind in dieser Rückkehr zu Freud unverkennbar. Der Analytiker, das vermeintlich wissende Subjekt, offenbart sich in seiner Unwissenheit; die analytische Ausbildung ist der Willkür anheimgestellt, und die geheiligte Fünfzig-Minuten-Sitzung wird vom Analytiker, der nichts anderes weiß, als dass in der verbleibenden Zeit nichts Produktives mehr geschehen wird, abgebrochen.

Um die ganz unterschiedlichen Einschätzungen dieser Praxis zu demonstrieren, ziehe ich zwei Berichte über Lacans Technik heran. Sie illustrieren auch Pontalis' oben zitierte Behauptung, dass die Übertragung vorgibt, wie Lacan beurteilt wird. Schneiderman betonte die Vorteile, die die Indifferenz des Analytikers mit sich bringt. Er schildert, dass Lacan in einer seiner Sitzungen Geldscheine zählte und ihm, dem Analysanden, dadurch zu verstehen gab, dass er genügend Geld hatte und auf seines nicht angewiesen war. Man könnte auch sagen, Lacan gab zu verstehen, dass der Patient auf sich allein gestellt war. Diese positive Haltung steht in krassem Gegensatz zu Didier Anzieus Urteil. Er wurde ebenfalls von Lacan behandelt, war der Sohn jener berühmten Patientin Aimée und verfasste einen sehr kritischen Bericht über die Methode:

Zu Beginn meiner Analyse gab er mir Sitzungen von normaler Dauer, vierzig bis fünfundvierzig Minuten, und er empfing mich zu den vereinbarten Terminen. Nach zweijähriger Arbeit tauchten Schwierigkeiten auf. Die Dauer der Sitzungen wurde auf dreißig und schließlich auf zwanzig Minuten reduziert. Das Wartezimmer füllte sich mit Personen, die nicht sicher waren, ob er sie überhaupt empfangen würde – Lacan öffnete die Tür und nannte den Auserwählten, der dann bereits zehn bis fünfzehn Minuten später wieder den Rückweg antrat. Ich las. Lacan tippte mir auf die Schulter: Ich war an der Reihe. Entweder durfte ich vor aller Augen ins Behandlungszimmer gehen oder ich wurde fortgeschickt und sollte an einem anderen Tag wiederkommen […] Tief aufseufzend, vertraute mir der Meister, als sei ich sein Freund, an, dass er überlastet sei, ein Termin dazwischengekommen sei oder dass er es mit einem schwierigen Fall zu tun habe – womit er mir zu verstehen gab, dass ich kein schwieriger Fall war, dass ich deshalb wiederkommen könne und dass er sich meines Verständnisses sicher sei. Dies nährte meinen Narzissmus, der dies mitnichten nötig hatte, und machte es schwierig für mich, Verwunderung und Widerspruch, also eine negative Übertragung, zu äußern, ohne die eine Psychoanalyse unvollständig bleibt. In den Sitzungen war Lacan nur zeitweise aufmerksam. Statt in seinem Analysesessel sitzen zu bleiben, stand er gelegentlich auf und wanderte im Zimmer auf und ab, um sich die Beine zu vertreten oder um ein Buch zur Hand zu nehmen; er setzte sich an seinen Schreibtisch und las, blätterte in einem Buch mit chinesischen Schriftzeichen, die er offensichtlich lernte […] Manchmal klopfte sein Hausmädchen an die Tür, um ihm Tee, Sandwiches oder die Post zu bringen oder um ihm mitzuteilen, dass man ihn am Telefon verlangte. Lacan erklärte ihr, was sie dem Anrufer sagen sollte, oder ging sogar selbst ans Telefon. »Lassen Sie sich nicht daran hindern, Ihre Sitzung während meiner Abwesenheit fortzusetzen«, beschied er mich einmal, bevor er aus dem Behandlungszimmer verschwand. (Anzieu, 1986a, S. 34)

Es ist schwierig zu beurteilen, inwieweit dieses Verhalten typisch war; es entspricht aber Lacans Einstellung zu jenen Regeln, die nicht dem Unbewussten, dass er zu repräsentieren glaubte, angehören.

# Schluss

Dass Lacans Grundannahmen in sich schlüssig sind, ist unverkennbar. Im Laufe der Jahre änderte er zahlreiche Details, etwa die Bedeutung des anderen oder des Anderen, hielt aber unbeirrt an seiner grundsätzlichen Auffassung der Psychoanalyse fest. Seiner Überzeugung nach ist die Verfasstheit des Menschen bestimmt, das zu werden, was das Begehren befriedigen würde, das nie befriedigt werden darf; in dieser Hinsicht unterscheidet er sich radikal von anderen Analytikern – Freud natürlich inbegriffen –, die Befriedigung durch Liebe und Arbeit als erstrebenswertes Ziel des Menschen betrachteten.

Bowie ([1991] 1994) ist überzeugt, dass Lacan und Freud »nach Art professioneller Erforscher menschlichen Verhaltens […] bei der Untersuchung psychischer Strukturen auf eine Reihe von lebensleitenden Prinzipien zu stoßen hoffen« (S. 96). Doch auch wenn Lacan sich in seinem Werk immer wieder auf Freuds Autorität beruft, beharrt er darauf, dass die Psychoanalyse nur sich selbst, die Sphäre des Psychischen, zum Modell nehmen könne, während Freud sie an der Grenze zwischen Psyche und Soma zu positionieren versuchte. Hielt Freud die Triebbefriedigung für ein wünschenswertes Ergebnis der Synthese, so finden wir bei Lacan eine, wie Whitebook (1992) es formuliert hat, »Essenzialisierung der Fragmentierung« (S. 103). Diese »kann auf Lacans apriorische ›Heraklit'sche‹ Vorliebe für Defizienz, Diskord und Fragmentierung und auf ein Misstrauen gegenüber allen Formen der Endgültigkeit, Wiedervereinigung und Synthese zurückgeführt werden« (S. 15). Dieser Ansatz ist nicht dualistisch, sondern privilegiert die Dezentrierung und das Ungeschehenmachen der Aktivität des Freud'schen Eros. Man nimmt an, dass Lacan diese Sichtweise unter dem Einfluss der modernen Philosophie entwickelte; dies ist zweifellos richtig, doch nicht weniger erwähnenswert ist die Klage des deutschen Dichters Heinrich Heine, der schon 1823 bedauerte, dass der französischen Philosophie der Aufklärung ein wesentliches Element fehle: die Liebe. Die Liebe, Eros oder sein Abkömmling, die Synthesefunktion des Ichs, tauchen auch in Lacans Werk lediglich als Angriffsziel auf – eine Widerspiegelung der französischen Tradition. Lacan betonte seine Unterscheidung zwischen der Tendenz des Ichs, sich selbst zu täuschen, und seiner Fähigkeit, sich der Wahrheit zu nähern, weil er es ablehnte, dem Ich Synthese und Harmonie zuzubilligen. In dieser Hinsicht ist sein Denken, auch wenn es als Produkt der modernen Philosophie daherkommt, von Grund auf französisch. Lacan hat den Franzosen ihre eigene Psychoanalyse gegeben.

Nicht abzusprechen aber ist seinem unablässigen Erinnern an die wahren Grundlagen des psychoanalytischen Wagstücks das Verdienst, jedem Versuch, entweder die Theorie oder ihre Anwendung in der klinischen Praxis zu reifizieren, entgegenzuarbeiten. Er ermahnte die Psychoanalytiker, stets daran zu denken, dass es nicht ihre Aufgabe sei, die haltende Umwelt zu schaffen, das empathische Echo oder den zeitweiligen Mutterleib, in dem der Kranke Zuflucht sucht; Aufgabe des Psychoanalytikers ist es vielmehr, mit dem Patienten eine Unternehmung in Angriff zu nehmen, bei der jeder der beiden Beteiligten spezifische Aufgaben hat und die am Ende dem Patienten zu der Selbstkenntnis verhelfen soll, die er braucht, um sein Leben weiterzuführen. Ich bin der festen Überzeugung, dass Lacan in diesem Punkt Recht hatte. Ich war zwar nie Lacanianerin, teile aber seit jeher sein Misstrauen gegenüber der Ich-Psychologie, weil sie Gefahr läuft, die Rückkehr zu einer akademischen Psychologie zu vollziehen. Gleiches gilt für den von Margaret Mahler befürworteten genetischen Ansatz, der einer Reifizierung des Separationsprozesses nahe kommt. Lacans Position ist, so gesehen, ein willkommenes Antidot gegen diese Entwicklungen in der Psychoanalyse.

Lacans Erbe zerfällt. Dies liegt an der Ambiguität seiner Schriften, aber auch daran, dass Lacan ein Mensch seiner Zeit war und dass diese Zeit vergangen ist. Genauso wie der Surrealismus und der Strukturalismus sich überlebt haben, ist auch Lacans Psychoanalyse konstruktiveren Bemühungen um ein Verständnis der psychoanalytischen Situation gewichen.

Alberini, C. M. (2011). The role of reconsolidation and the dynamic process of long-term memory formation and storage. *Frontiers in Behavioral Neuroscience* 5: 1-10.

Anissimov, M. (1998). *Primo Levi. Die Tragödie eines Optimisten.* Übers. von B. I. Gerstner et al. Darmstadt (Wiss. Buchgesellschaft) 1999.

Anzieu, D. (1975). *Freuds Selbstanalyse.* 2 Bde. Übers. von E. Moldenhauer. München/Wien (Verlag Intern. Psychoanalyse).

Anzieu, D. (1986a). *Une Peau pour les Pensées.* Paris (Clancier-Guernaud).

Anzieu, D. (1986b). Paradoxical transference – from paradoxical communication to negative therapeutic reaction. *Contemporary Psychoanalysis* 22: 520-547.

Anzieu, D. (2007). Le double interdit de toucher. In: C. Chabert (Hg.). *Psychanalyse des Limites.* Paris (Dunod), S. 165-182.

Anzieu-Premmereur, C. (2010). Fondements maternels de la vie psychique. *Bulletin de la Société Psychanalytique des Paris* 98: 193-238.

Arlow, J. A. (1969a). Unconscious fantasy and disturbances of conscious experience. *Psychoanalytic Quarterly* 38: 1-27.

Arlow, J. A. (1969b). Fantasy, memory, and reality testing. *Psychoanalytic Quarterly,* 38: 28-51.

Arlow, J. A. (1981). Theories of pathogenesis. *Psychoanalytic Quarterly* 50: 488-514.

Arlow, J. A. (1991). Conflict, trauma, and deficit. In: S. Dowling (Hg.). *Conflict and Compromise: Therapeutic Implications.* Madison, CT (Intern. Universities Press), S. 3-14.

Arlow, J. A. (1995). Stilted listening: psychoanalysis as discourse. *Psychoanalytic Quarterly* 64: 215-233.

Balter, L. (1999). On the aesthetic illusion. *Journal of the American Psychoanalytic Association* 47: 1293-1333.

Bergeret, J. (1994). *La Violence et la Vie.* Paris (Editions Payot & Rivages).

Bergeret, J. (1996a). *La Viololence Fondamentale.* Paris (Dunod). Erstveröffentlichung 1984.

Bergeret, J. (1996b). *La Pathologie Narcissique.* Paris (Dunod).

223

Bergmann, M. S. (2000). A world of illusion: the creation of perverse solution as a reaction to parental emotional absence. *Canadian Journal of Psychoanalysis* 8: 41-66.

Bergmann, M. S., M. E. Jucovy und J. S. Kestenberg (1982). *Kinder der Opfer – Kinder der Täter. Psychoanalyse und Holocaust.* Übers. von E. Vorspohl. Frankfurt am Main (S. Fischer) 1995.

Berman, E. (2011). Zur Analyse von Objektbeziehungen in der analytischen Dyade und im äußeren Leben des Patienten. In: P. Diederichs, J. Frommer und F. Wellendorf (Hg.). Äußere und innere Realität. Stuttgart (Klett-Cotta), S. 83-100.

Bion, W. R. (1963). *Lernen durch Erfahrung.* Übers. von E. Krejci. Frankfurt am Main (Suhrkamp).

Blévis, J.-J. (2004). Remains to be transmitted. *Psychoanalytic Quarterly* 73: 751-770.

Blum, H. P. (1987). The role of identification in the resolution of trauma: The Anna Freud Memorial Lecture. *Psychoanalytic Quarterly* 56: 609-627.

Blum, H. P. (1996). Seduction trauma: representation, deferred action, and pathogenic development. *Journal of the American Psychoanalytic Association* 44: 1147-1164.

Blum, H. P. (1997a). The prototype of preoedipal reconstruction. *Journal of the American Psychoanalytic Association* 45: 757-785.

Blum, H. P. (1997b). Clinical and developmental dimensions of hate. *Journal of the American Psychoanalytic Association* 45: 359-375.

Bohleber, W. (2010). *Destructiveness, Intersubjectivity, and Trauma. The Identity Crisis of Modern Psychoanalysis.* London (Karnac).

Bollas, C. (1987). *Der Schatten des Objekts. Das ungedachte Bekannte. Zur Psychoanalyse der frühen Entwicklung.* Übers. von C. Trunk. Stuttgart (Klett-Cotta) 1997.

Botella, C., und S. Botella (1992). Névrose traumatique et cohérence psychique. *Revue Française Psychosomatique* 2: 25-35.

Botella, C., und S. Botella (2001). *La Figurabilité Psychique.* Lausanne (Delachaux et Niestlé).

Botella, S. (2007). La naissance de la pulsion. Les processus originaires et la pratique psychanalytique. *Revue Française de Psychanalyse* 71: 27-39.

Bowie, M. (1991). *Lacan.* Übers. von K. Laermann. Gießen (Psychosozial-Verlag) 2007.

Braunschweig, D., und M. Fain (1981). Bloc-notes et lanternes magiques. *Revue Française de Psychanalyse* 45: 1221-1241.

Brenner, I. (1996). Trauma, perversion, and »multiple personality«. *Journal of the American Psychoanalytic Association* 44: 785-814.

Brenner, I. (2001). *Dissociation of Trauma: Theory, Phenomenology, and Technique.* Madison, CT (Intern. Universities Press).

Brenner, I. (2009). A new view from the Acropolois: dissociative identity disorder. *Psychoanalytic Quarterly* 78: 57-106.

Bucci, W. (1985). Dual coding: a cognitive model for psychoanalytic research. *Journal of the American Psychoanalytic Association* 33: 571-607.

Bucci, W. (1997). *Psychoanalyis and Cognitive Science.* New York (Guilford Press).

Buchholz, M. B. (2011). Das Unbewusste an der Oberfläche – Seelische Innenwelt und Konversation. In: In: P. Diederichs, J. Frommer und F. Wellendorf (Hg.). Äußere und innere Realität. Stuttgart (Klett-Cotta), S. 195-216.

Buk, A. (2009). The mirror neuron system and embodied simulation: clinical implications for art therapists working with trauma survivors. *The Arts in Psychotherapy* 36: 61-74.

Casoni, D. (2002). Never twice without trice. *International Journal of Psychoanalysis* 83: 137-159.

Castoriades-Aulagnier, P. (1975). *La Violonce de l'Interpr*étation. Paris (Presses Universitaires de France).

Chasseguet-Smirgel, J. (1984). *Kreativität und Perversion.* Übers. von N. Geldner. Frankfurt am Main (Nexus).

Damasio, A. R. (1994). *Descartes' Irrtum.* Übers. von H. Kober. München (dtv) 1995.

Damasio, A. R. (2003). *Der Spinoza-Effekt. Wie Gefühle unser Leben bestimmen.* Übers. von H. Kober. München (List) 2005.

Davoine, F., und J.-M. Gaudillière (2004). *History Beyond Trauma.* Übers. von S. Fairfield. New York (Other Press).

De Masi, F. (2000). Das Unbewusste und die Psychosen. Übers. von T. Müller. *Psyche* 57 (2003): 1-34.

De Toffoli, C. (2011). The living body in the psychoanalytic experience. *Psychoanalytic Quarterly* 80: 595-618.

Delbo, C. (1990). *Days and Memory.* Marlboro, VT (Marlboro Press).

Erreich, A. (2003). A modest proposal: (re)defining unconscious fantasy. *Psychoanalytic Quarterly* 72: 541-574.

Etchegoyen, R. H. (1991). *The Fundamentals of Psychoanalytic Technique.* London (Karnac).

Faimberg, H. (1988). The telescoping of generations: Geneology of certain identifications. *Contemporary Psychanalysis 24:* 99-117.

Faimberg, H. (2005). *»Teleskoping«. Die intergenerationelle Weitergabe narzisstischer Bindungen.* Übers. von E. Vorspohl. Frankfurt am Main (Brandes & Apsel) 2009.

Faimberg, H. (2007). A plea for a broader concept of Nachträglichkeit. *Psychoanalytic Quarterly* 76: 1221-1240.

Felman, S., und D. Laub (1992). *Testimony*. New York (Routledge).

Fenichel, O. (1945). *Psychoanalytische Neurosenlehre*. 2 Bde. Übers. von K. La-ermann. Gießen (Psychosozial-Verlag) 2005.

Ferenczi, S. (1956). Entwicklungsstufen des Wirklichkeitssinnes. In: ders. *Bausteine zur Psychoanalyse*. Bd. I. Bern (Huber) 1984, S. 62-83.

Ferro, A. (2003). Commentary on I. Kogan's »On being a dead, beloved child«. *Psychoanalytic Quarterly* 72: 777-783.

Fink, K. (2003). Magnitude of trauma and personality change. *International Journal of Psychoanalysis* 84: 985-995.

Fischer, G., und P. Riedesser (2003). *Lehrbuch der Psychotraumatologie*. München (Ernst Reinhardt).

Freedman, A. (1978). Psychoanalytic study of an unusual perversion. *Journal of the American Psychoanalytic Association* 26: 749-778.

Freud, A. (1946). *Das Ich und die Abwehrmechanismen*. Frankfurt am Main (Fischer) 1994.

Freud, S. (1890a). Psychische Behandlung (Seelenbehandlung). *GW* Bd. 5, S. 287-315.

Freud, S. (1899a): Über Deckerinnerungen. *GW* Bd. 1, S. 531-554.

Freud, S. (1900a). *Die Traumdeutung. GW* Bd. 2/3.

Freud, S. (1901a). Über den Traum. *GW* Bd. 2/3, S. 643-700.

Freud, S. (1901b): *Zur Psychopathologie des Alltagslebens. GW* Bd. 4; darin Kapitel IV: »Über Kindheits- und Deckerinnerungen«, S. 51-60.

Freud, S. (1905d). *Drei Abhandlungen zur Sexualtheorie. GW* Bd. 5, S. 33-145.

Freud, S. (1914b). Der Moses des Michelangelo. *GW* Bd. 10, S. 172-201.

Freud, S. (1914c). Zur Einführung des Narzissmus. *GW* Bd. 10, S. 137-170.

Freud, S. (1914g). Erinnern, Wiederholen und Durcharbeiten. *GW* Bd. 10, S. 126-136.

Freud, S. (1915c). Triebe und Triebschicksale. *GW* Bd. 10, S. 210-232.

Freud, S. (1920g). *Jenseits des Lustprinzips. GW* Bd. 13, S. 1-69.

Freud, S. (1923b). *Das Ich und das Es. GW* Bd. 13, S. 237-289.

Freud, S. (1926d). *Hemmung, Symptom und Angst. GW* Bd. 14, S. 111-205.

Freud, S. (1930a). *Das Unbehagen in der Kultur. GW* Bd. 14, S. 419-506.

Freud, S. (1937d). Konstruktionen in der Analyse. *GW* Bd. 16, S. 43-56.

Frosch, A. (2002). Transference: psychic reality and material reality. *Psychoanalytic Psychology* 19: 603-633.

Furer, M. (2006). Review of *The Telescoping of Generations* by H. Faimberg. *Journal of the American Psychoanalytic Association* 54: 1431-1435.

Gottlieb, R. M. (1997). Does the mind fall apart in multiple personality disorder? Some proposals based on a psychoanalytic case. *Journal of the American Psychoanalytic Association* 45: 907-932.

Green, A. (1993). *Le Travail du N*égatif. Paris (Les Éditions de Minuit).

Green, A. (1998). The primordial mind and the work of the negative. *International Journal of Psychoanalysis* 79: 649-665.

Greenacre, P. (1949). A contribution to the study of screen memories. *Psychoanalytic Study of the Child* 3-4: 74-84.

Grubrich-Simitis, I. (1979). Extremtraumatisierung als kumulatives Trauma: Psychoanalytische Studien über seelische Nachwirkungen der Konzentrationslagerhaft bei Überlebenden und ihren Kindern. *Psyche* 33: 991-1023.

Grubrich-Simitis, I. (2004). *Michelangelos Moses und Freuds »Wagstück«*. Frankfurt am Main (S. Fischer).

Heine, H. (1968). Über Polen. In: ders., *Werke*. Hg. von W. Preisendanz. Frankfurt am Main (Insel)., S. 63-88.

Hesdörffer, H. (1998). *Bekannte traf man viele ...* Zürich (Chronos).

Hock, U. (2013). Einblicke aus Frankreich. Eine metapsychologische Studie zum Unbewussten und seinen Repräsentanzen. *Psyche* 67: 931-961.

Hustvedt, A. (2011). *Medical Muses. Hysteria in Nineteenth-Century Paris*. New York (Norton).

Inderbitzin, L. B., und S. T. Levy (1994). On grist for the mill: external reality as defense. *Journal of the American Psychoanalytic Association* 42: 763-788.

Johnson, M. K. (2006). Memory and reality. *American Psychologist* 61: 760-771.

Kandel, E. R. (2006). *Auf der Suche nach dem Gedächtnis*. Übers. H. Kober. München (Siedler) 2006.

Kestenberg, J. S. (1982). Die Analyse des Kindes eines Überlebenden: Eine metapsychologische Beurteilung. In: Bergmann, M. S., M. E. Jucovy und J. S. Kestenberg (Hg.). *Kinder der Opfer – Kinder der Täter. Psychoanalyse und Holocaust*. Übers. von E. Vorspohl. Frankfurt am Main (S. Fischer) 1995, S. 173-206.

Khan, M. M. R. (1963). Das kumulative Trauma. In: ders., *Selbsterfahrung in der Therapie*. Übers. von B. Brumm. München (Kindler) 1977, S. 50-70.

Klein, G. S. (1970). *Perception, Motives and Personality*. New York (Knopf).

Klein, H., C. Biermann und C. Nedelmann (Hg.) (2003). *Überleben und Versuche der Wiederbelebung*. Stuttgart (Fromann-Holzboog).

Krause, R. (1998). *Allgemeine Psychoanalytische Krankheitslehre*. Bd. 1. Stuttgart (Kohlhammer).

Kris, E. (1956). The personal myth. *Journal of the American Psychoanalytic Association* 4: 653-681.

Krystal, H. (1985). Trauma and the stimulus barrier. *Psychoanalytic Inquiry* 5: 131-161.

Krystal, H. (2000). Psychische Widerständigkeit: Anpassung und Restitution bei Holocaust-Überlebenden. Übers. von I. Hölscher. *Psyche* 54: 840-859.

Lacan (1957). Die Psychoanalyse und ihre Lehre. Übers. von H. Lühmann. Private Übersetzung. 2014. http://www.google.de/webhp?nord=1#nord=1&q=%22So+ erf%C3%A4hrt+sich+die+Hysterikerin+in+den%22

Lacan (1948). Die Aggressivität in der Psychoanalyse. Teilübersetzung in: *Der Wunderblock* 11-12 1984.

Lacan (1946). Vortrag über die psychische Kausalität. Übers. von H.-J. Metzger. In: *Schriften III*. Hg. von N. Haas und H.-J. Metzger. Weinheim (Quadriga) 1994, S. 123-171.

Lacan (1958). Über eine Frage, die jeder möglichen Behandlung der Psychose vorausgeht. Übers. von C. Creusot und N. Haas. In: *Schriften II*. Hg. von N. Haas und H.-J. Metzger. Weinheim (Quadriga) 1991, S. 61-117.

Lacan (1953). Funktion und Feld des Sprechens und der Sprache in der Psychoanalyse. Übers. von K. Laermann. In: *Schriften I*. Hg. von N. Haas und H.-J. Metzger. Weinheim (Quadriga) 1996, S. 71-169.

Lacan (1957). Das Drängen des Buchstabens im Unbewussten oder die Vernunft seit Freud. Übers. von C. Creusot und N. Haas. In: *Schriften II*. Hg. von N. Haas und H.-J. Metzger. Weinheim (Quadriga) 1991, S. 15-55.

Lacan (1966). Écrits. Paris (Éditions du Seuil).

Lacan (1966b). Parenthese der Parenthesen. Übers. von R. Gasché. In: *Schriften I*. Hg. von N. Haas und H.-J. Metzger. Weinheim (Quadriga) 1996, S. 54-60.

Lang, H. (1986). *Die Sprache des Unbewussten*. Frankfurt am Main (Suhrkamp).

Langer, L. L. (1991). *Holocaust Testimonies: The Ruins of Memory*. New Haven, CT (Yale University Press).

Lansky, M. R. (2004). Conscience and the project of a psychoanalytic science of human nature: clarification of the usefulness of the super-ego concept. *Psychoanalytic Inquiry* 24: 151-174.

Laplanche, J. (1981). *L'Inconscient et le Ça. Problematiques IV*. Paris (Presses Universitaires de France).

Laplanche, J., und J.-B. Pontalis (1967). *Das Vokabular der Psychoanalyse*. Übers. von E. Moersch. Frankfurt am Main (Suhrkamp) 1973.

Laub, D., und N. C. Auerhahn (1993). Knowing and not knowing massive psychic trauma: forms of traumatic memory. *International Journal of Psychoanalysis* 74: 287-302.

Lear, J. (1996). The introduction of Eros. *Journal of the American Psychoanalytic Association* 44: 673-698.

Leavy, S. A. (1977). The significance of Jacques Lacan. *Psychoanalytic Quarterly* 46: 201-219.

Leavy, S. A. (1980). Review of *The Four Fundamental Concepts of Psychoanalysis* by Jacques Lacan. *Psychoanalytic Quarterly* 49: 526-529.

Leavy, S. A. (1983). Some linguistic approaches to psychoanalysis. *Psychoanalytic Quarterly* 52: 34-55.

Leuzinger-Bohleber, M. (2003). Die langen Schatten von Krieg und Verfolgung: Kriegskinder in Psychoanalysen. Beobachtungen und Berichte aus der DPV-Katamnesestudie. *Psyche* 57: 982-1016.

Levi, P. (1986). *Die Untergegangenen und die Geretteten.* Übers. von M. Kahn. München (Hanser) 1990.

Lewin, B. D. (1973). The nature of reality, the meaning of nothing, with an addendum on concentration. In: J. A. Arlow (Hg.). *Selected Writings of Bertram D. Lewin.* New York (The Psychoanalytic Quarterly, Inc.), S. 320-322.

Loewald, H. W. (1951). Ich und Realität. In: ders., *Psychoanalyse. Aufsätze aus den Jahren 1951-1979.* Übers. H. Weller. Stuttgart (Klett-Cotta) 1986, S. 15-34.

Loewald, H. W. (1952). The Problem of defense and the neurotic interpretation of reality. In: ders., *Papers on Psychoanalysis.* New Haven, London (Yale University Press), S. 21-32.

Loewald, H. W. (1960). Zur therapeutischen Wirkung der Psychoanalyse. In: ders., *Psychoanalyse. Aufsätze aus den Jahren 1951-1979.* Übers. H. Weller. Stuttgart (Klett-Cotta) 1986, S. 209-247.

Loewald, H. W. (1965). Überlegungen zur Wiederholung und zum Wiederholungszwang. In: ders., *Psychoanalyse. Aufsätze aus den Jahren 1951-1979.* Übers. H. Weller. Stuttgart (Klett-Cotta) 1986, S. 65-80.

Loewald, H. W. (1972). Perspektiven der Erinnerung. In: ders., Loewald, H. W. (1973). Über Verinnerlichung. In: ders., *Psychoanalyse. Aufsätze aus den Jahren 1951-1979.* Übers. H. Weller. Stuttgart (Klett-Cotta) 1986, S. 130-157.

Loewald, H. W. (1973). Über Verinnerlichung. In: ders., *Psychoanalyse. Aufsätze aus den Jahren 1951-1979.* Übers. H. Weller. Stuttgart (Klett-Cotta) 1986, S. 46-64.

Loewald, H. W. (1980b). Hypnoid state, repression, abreaction, and recollection. In: ders., *Papers on Psychoanalysis.* New Haven, London (Yale University Press), S. 33-42.

Loftus, E. F. (2003). Makebelieve memories. *American Psychologist* 58: 867-872.

Macey, D. (1988). *Lacan in Context.* London (Verso).

McDougall, J. (1972). Primal scene and sexual perversion. *International Journal of Psychoanalysis* 53: 371-384.

Mercier, P. (2004). *Nachtzug nach Lissabon.* München (Hanser).

Moss, D. (2001). On hating in the first person plural: thinking psychoanalytically about racism, homophobia, and misogyny. *Journal of the American Psychoanalytic Association* 49: 1313-1334.

Neubauer, P. (1967). Trauma and psychopathology. In: S. Furst (Hg.). *Psychic Trauma.* New York (Basic Books), S. 85-107.

Noy, P. (1978). Insight and creativity. *Journal of the American Psychoanalytic Association* 26: 717-748.

Noy, P. (1979). The psychoanalytic theory of cognitive development. *The Psychoanalytic Study of the Child* 34: 169-216.

Oliner, M. M. (1982). Hysterische Persönlichkeitsmerkmale bei Kindern Überlebender. In: Bergmann, M., Jucovy, M., Kestenberg, J. (Hg.), Kinder der Opfer, Kinder der Täter. Psychoanalyse und Holocaust. Übers. von E. Vorspohl. Frankfurt am Main (S. Fischer) 1990, S. 292-321.

Oliner, M. M. (1988a). *Cultivating Freud's Garden in France.* Northvale, N.J./ London (Aronson).

Oliner, M. M. (1988b). Anal components in overeating. In: Schwartz, H. (Hg). *Bulimia: Psychoanalytic Treatment and Theory.* Madison, CT (International Universities Press), S. 227-254.

Oliner, M. M. (1996a). Äußere Realität. Die schwer fassbare Dimension der Psychoanalyse. Übers. von H. Wollenberg. *Jahrbuch der Psychoanalyse* 37: 9-43.

Oliner, M. M. (1996b). External reality: The elusive dimension of psychoanalysis. *Psychoanalytic Quarterly* 65: 267-300.

Oliner, M. M. (1998). Jacques Lacan: The language of alienation. In: P. Marcus und A. Rosenberg (Hg.). *Psychoanalytic Versions of the Human Condition.* New York (New York University Press), S. 362-391.

Oliner, M. M. (2000). The unsolved puzzle of trauma. *Psychoanalytic Quarterly* 69: 41-61.

Oliner, M. M. (2001). Über die Schwierigkeiten, seine Feinde zu hassen. Übers. von E. Vorspohl. In: W. Bohleber und S. Drews (Hg.). *Die Gegenwart der Psychoanalyse – die Psychoanalyse der Gegenwart.* Stuttgart (Klett-Cotta), S. 208-222.

Oliner, M. M. (2004). Die externalisierende Funktion der Gedenkstätten. In: M. Frölich, Y. Lapid und C. Schneider (Hg.). *Repräsentationen des Holocaust im Gedächtnis der Generationen.* Frankfurt am Main (Brandes & Apsel) S. 42-61.

Oliner, M. M. (2005). Auf der Jagd nach Nazis. In: *Trauma der Psychoanalyse?* Wien (Mille-Tre), S. 155-172.

Oliner, M. M. (2007). Personal reflections on object loss. *Round Robin* 22: 5-6, 15-16.

Oliner, M. M. (2008). Die Psychoanalyse: Ein Zimmer ohne Aussicht? Übers. von E. Vorspohl. *Psyche* 62: 1122-1147.

Oliner, M. M. (2009). Persönliche Betrachtungen über den Objektverlust. Übers. von L. Gast. *Jahrbuch der Psychoanalyse* 58: 213-223.

Oliner, M. M. (2010a). Life is not a dream: the importance of being real. *Journal of the American Psychoanalytic Association* 58: 1139-1157.

Oliner, M. M. (2010b). Die zufällige Analytikerin. In: L. M. Hermanns (Hg.). *Psychoanalyse in Selbstdarstellungen.* Bd. 8. Frankfurt am Main (Brandes & Apsel), S. 187-243.

Oliner, M. M. (2011a). Das Leben ist kein Traum: Die Bedeutung des Realen. Übers. von U. Stopfel. *Psyche* 65: 385-408.

Oliner, M. M. (2011b). Drehen Sie sich nicht um, Frau Lot. In: P. Diedrichs, J. Frommer und F. Wellendorf (Hg.). *Innere und äußere Realität. Theorie und Behandlungstechnik der Psychoanalyse im Wandel*. Stuttgart (Klett-Cotta), S. 261-275.

Pontalis, J.-B. (1979). Le metier a tisser. *Nouvelle Revue de Psychanalyse* 20: 5-12.

Proust, M. (1919). *Unterwegs zu Swann. Auf der Suche nach der verlorenen Zeit*. Bd. 1. Übers. von E. Rechel-Mertens, rev. Von L. Keller. Frankfurt am Main (Suhrkamp).

Quindeau, I. (1995). *Trauma und Geschichte*. Frankfurt am Main (Brandes & Apsel).

Reisner, S. (2003). Trauma: the seductive hypothesis. *Journal of the American Psychoanalytic Association* 51: 381-414.

Riccio, D. C., V. C. Rabinowitz und S. Axelrod (1994). Memory: when less is more. *American Psychologist* 49: 917-926.

Roudinesco, E. (1986). Histoire de la Psychanalyse en France. Bd. 2. Paris (Seuil).

Roussillon, R. (1999). *Agonie, Clivage et Symbolisation*. Paris (Presses Universitaires de France).

Sandler, P. C. (1997). The apprehension of psychic reality. *International Journal of Psychoanalysis* 78: 43-52.

Schneider, C. (2004). Der Holocaust als Generationsobjekt. Generationsgeschichtliche Anmerkungen zu einer deutschen Identitätsproblematik. In: M. Fröhlich, Y. Lapid und C. Schneider (Hg.). *Repräsentationen des Holocaust im Gedächtnis der Generationen*. Frankfurt am Main (Brandes & Apsel), S. 234-252.

Schneiderman, S. (1983). *Jacques Lacan*. Cambridge, MA (Harvard University Press).

Shengold, L. (1989). *Soul Murder – Seelenmord. Die Auswirkungen von Missbrauch und Vernachlässigung in der Kindheit*. Übers. von S. Sernau. Frankfurt am Main (Brandes & Apsel) 1995.

Stern, F. (1997). The worst was yet to come. Buchbesprechung von *Nazi Germany and the Jews* von Saul Friedländer. *New York Times Book Review*, 23. Februar, S. 12.

Strous, R. D., M. Weiss, I. Felsen, et al. (2004). Video testimony of long-term hospitalized psychiatrically ill Holocaust survivors.

Tarantelli, C. B. (2003). Life within death. *International Journal of Psychoanalysis* 84: 915-928.

Terr, L. (1990). *Too Scared to Cry*. New York (Harper & Row).

Van der Kolk, B. A. (2000). Diskussionsbeitrag: From Hysteria to posttraumatic stress disorder: psychoanalysis and the neurobiology of traumatic memories. The Association for Psychoanalytic Medicine. New York, 2. Mai.

Wangh, M. (1968). A psychogenic factor in the recurrence of war: symposium on psychic traumatization through social catastrophe. *International Journal of Psychoanalysis* 49: 319-323.

Webb, R. E., D. B. Bushnell und J. C. Widseth (1993). Tiresias and the breast: thinking of Lacan, interpretation and caring. *International Journal of Psychoanalysis* 74: 597-612.

Whitebook, J. (1992). Reflections on the autonomous individual and the decentered subject. *American Imago* 49: 97-116.

Winnicott, D. W. (1945). Die primitive Gefühlsentwicklung. In: ders., *Von der Kinderheilkunde zur Psychoanalyse*. Über. G. Theusner-Stampa. Frankfurt am Main (Fischer) 1983, S. 58-76.

Winnicott, D. W. (1960). Die Theorie von der Beziehung zwischen Mutter und Kind. In: ders., *Reifungsprozesse und fördernde Umwelt*. Übers. von G. Theusner-Stampa. Frankfurt am Main (Fischer) 1984, S. 47-71.

Winnicott, D. W. (1969). Objektverwendung und Identifizierung. In: ders., *Vom Spiel zur Kreativität*. Übers. M. Ermann. Stuttgart (Klett-Cotta), S. 101-110.

Yovell, Y. (2000). From hysteria to posttraumatic stress disorder: Psychoanalysis and the neurobiology of traumatic memories. *Neuro-Psychoanalysis* 2: 171-181.

*Marion M. Oliners* persönliche Geschichte als Zeugin des Zweiten Weltkriegs hat in ihrer beruflichen Laufbahn eine wichtige Rolle gespielt und entscheidend zu ihrem Bedürfnis beigetragen, über die menschliche Natur nachzudenken und anderen zu helfen, ihr Leid zu bewältigen. Nachdem sie 1952 am Bryn Mawr College einen Bachelor-Abschluss in Liberal Arts erworben hatte, promovierte sie 1958 am Teachers College, Columbia University, mit einer hoch gelobten Arbeit zum Thema »Geschlechtsrollenakzeptanz und empfundene Ähnlichkeit mit dem gleichgeschlechtlichen Elternteil«. Diese Dissertation war eine streng empirische Untersuchung, denn die Psychoanalyse wurde von der Fachbereichsleitung damals als Quacksalberei abgelehnt. 1960 wurde Marion Oliner in das Ausbildungsprogramm der New York Society for Freudian Psychologists aufgenommen, einem Institut, das ein klassisches psychoanalytisches Curriculum für Nicht-Mediziner anbot. Dass sie fließend französisch sprach, ermöglichte es ihr, die in der amerikanischen Psychoanalyse tonangebende Ich-Psychologie zu ergänzen und von ihrer Liebe zu der französischen psychoanalytischen Tradition und der Stringenz zu profitieren, die den französischen Zugang zur analytischen Theorie auszeichnet. In ihrem Buch *Cultivating Freud's Garden in France* (1988) stellte sie dieses Denken den Amerikanern vor. Etwa zu dieser Zeit arbeitete sie in einer Studiengruppe mit, deren Mitglieder die Auswirkungen des Holocaust auf die zweite Generation erforschten und dabei auch Unzulänglichkeiten des psychoanalytischen Verständnisses der äußeren Realität aufdeckten. Ebendies wurde zu einem der zentralen Themen ihrer Veröffentlichungen. In den 1990er Jahren vermochte sie ihre geistige Verwandtschaft mit jenen deutschen Theoretikern anzuerkennen, deren Forschungen von ihrer intensiven

Auseinandersetzung mit den katastrophalen Ereignissen zeugten, die sich in ihrem Land abgespielt hatten. Aus dieser Arbeit gingen zahlreiche Artikel der Gruppenmitglieder hervor.

Von Anfang war es ein Hauptanliegen Marion Oliners, die Psychoanalyse lebendig zu erhalten und das gemeinsame Erbe aller Psychoanalytiker als Fundament zu nutzen, auf dem es aufzubauen und das es zu erweitern gilt. Vor allem die Konzentration auf das Trauma war richtungsweisend für die Verbesserung der theoretischen Basis, die dem Verständnis der Beeinflussung der psychischen durch die äußere Realität zugrunde liegt.

Marion Oliner arbeitet in privater Praxis, engagiert sich in der Lehre und Supervision, hält Vorträge und ist Mitglied zahlreicher Komitees sowie des Vorstands der New York Freudian Society, der sie seit 1970 als Mitglied angehört. In den vergangenen Jahren war sie Vorsitzende des Ethik-Ausschusses des Instituts; sie hat einen Kurs ausgearbeitet, der mittlerweile von angehenden Psychoanalytikern als staatlich vorgeschriebener Pflichtkurs zu absolvieren ist. Sie ist Mitglied der Internationalen Psychoanalytischen Vereinigung, der National Psychological Association for Psychoanalysis und des Metropolitan Institute for Psychoanalytic Psychotherapy.

**Brandes & Apsel**

**Der Frankfurter Verlag**
**für Psychoanalyse**

Peter Wegner / Heinz Henseler
(Hrsg.)

## Psychoanalysen, die ihre Zeit brauchen

Zwölf klinische Darstellungen

*356 S., geb., € 39,90*
*ISBN 978-3-95558-050-6*

»**Die dargestellten** Behandlungen
sind beeindruckende Dokumente
menschlichen Leidens, die von der
Kompliziertheit und Tiefe psychischer Prozesse und der schwierigen
psychoanalytischen Arbeit Zeugnis
ablegen.«

*(Winfrid Trimborn, Psyche)*

Joachim F. Danckwardt
Gerd Schmithüsen / Peter Wegner

## Mikroprozesse psychoanalytischen Arbeitens

*188 S., Pb. Großoktav, € 24,90*
*ISBN 978-3-95558-068-1*

**Das Buch stellt** eine differenzierte
und systematische Untersuchung von
Mikrobewegungen in psychoanalytischen Prozessen dar. Als Pilotstudie
rückt sie kleinteilige Prozesselemente
in den Vordergrund und zeigt, dass
man mit einer solchen Untersuchung
zu hilfreichen Einsichten und
Fortschritten im Verständnis von
Behandlungsprozessen kommen
kann.